OS CINCO CONVITES

FRANK OSTASESKI

OS CINCO CONVITES

DESCOBRINDO O QUE A MORTE PODE NOS ENSINAR SOBRE VIVER PLENAMENTE

SEXTANTE

Título original: *The Five Invitations*

tradução: Débora Chaves

preparo de originais: Sheila Til

revisão: Hermínia Totti e Tereza da Rocha

diagramação: DTPhoenix Editorial

capa: Angelo Allevato Bottino e Fernanda Mello

impressão e acabamento: Bartira Gráfica

CIP-BRASIL. CATALOGAÇÃO NA PUBLICAÇÃO
SINDICATO NACIONAL DOS EDITORES DE LIVROS, RJ

O94c Ostaseski, Frank
Os cinco convites/ Frank Ostaseski; tradução de Débora Chaves; Rio de Janeiro: Sextante, 2018.
272p.; 16 x 23cm.

Tradução de: The Five Invitations
ISBN 978-85-431-0535-2

1. Técnicas de autoajuda. 2. Autoconfiança. I. Chaves, Débora. II. Título.

CDD: 158.1
17-46035 CDU: 159.947

GMT Editores Ltda.
Rua Voluntários da Pátria, 45 – Gr. 1.404 – Botafogo
22270-000 – Rio de Janeiro – RJ
Tel.: (21) 2538-4100 – Fax: (21) 2286-9244
E-mail: atendimento@sextante.com.br
www.sextante.com.br

Este livro é dedicado aos homens, às mulheres e às crianças que me concederam a honra de estar ao seu lado na hora da morte. Meus verdadeiros professores.

E a Stephen Levine, amigo do peito.

SUMÁRIO

PREFÁCIO

Toda tempestade tem um vão
no qual uma gaivota pode voar em silêncio.
HAROLD WITTER BYNNER

Como médica, aprendi que a morte é o oposto da vida, um evento físico marcado por mudanças fisiológicas específicas. Fui treinada para "gerenciar os que estavam morrendo", para prolongar a vida sempre que fosse possível e controlar a dor e o sofrimento quando não fosse. A dor dos que ficavam era mais difícil de administrar, mas, com o tempo, a maioria se consolava com a ideia de vida após a morte e encontrava uma forma de seguir em frente.

Apesar da longa experiência com gente que falecia ou enfrentava sua jornada final, eu e meus colegas de trabalho tínhamos pouca ou nenhuma reação emocional diante da morte e, com certeza, nenhuma curiosidade a respeito dela. Essa curiosidade seria considerada mórbida. A ideia de que a morte poderia oferecer algo de importante aos vivos seria vista como bizarra. Numa forma menos extrema, nossa postura profissional era o reflexo de uma atitude cultural como um todo diante da morte e dos que morriam.

Foi nesse ambiente que Frank Ostaseski começou seu trabalho corajoso e pioneiro e ofereceu pela primeira vez sua genialidade ao enxergar cada morte como única e significativa, como uma oportunidade de sabedoria e cura – não só para os que morrem, mas também para os que continuam vivos. A experiência profunda que ele traz para este livro só pode ser acumulada pelas criaturas destemidas que encontraram o caminho da serenidade e da presença, que possuem a capacidade de se conectar com o coração e a alma dos outros e que são abençoados com o dom de compartilhar experiências. *Os cinco convites* está repleto de histórias tão profundas que funcionam como uma bússola, como um modo de viajar por uma estrada desconhecida até o destino desejado. Muitas dessas histórias podem ser lidas como verdadeiras parábolas, relatos de sabedoria que nos permitem viver com mais propósito e sabedoria.

Meu primeiro encontro com a morte aconteceu quando nasci. Pesava 950 gramas e passei meus primeiros seis meses de vida entre dois mundos, numa incubadora, intocada pelas mãos humanas. Encarei-a novamente aos 15 anos, quando minha doença crônica se manifestou no meio da noite. Fui levada inconsciente para um hospital de Nova York, onde passei quase um ano em coma. Muitas das pessoas do meu convívio eu conheci no limiar entre a vida e a morte, atraídas, como eu, pelo profundo desejo de descobrir o que é mais real. Frank Ostaseski é uma dessas pessoas – meu colega, meu companheiro de viagens, meu professor. *Os cinco convites* é um lindo livro sobre a vida no limite – sobre a vida como um todo, na verdade – e, nele, Frank nos convida a acompanhá-lo nesse espaço entre os mundos. A nos sentarmos à mesa do desconhecido. A imaginarmos juntos. A nos tornarmos mais sábios.

Meu avô era cabalista e místico por natureza. Para ele, a vida era um diálogo constante com a alma do Universo. Todos os eventos eram portais e o mundo se revelava constantemente. Ele era capaz de ver a mais profunda das materializações na mais ordinária das ocorrências. A maioria de nós não tem esse dom. Precisamos de algo maior, de algo que nos detenha em nosso hábito de ver e ouvir, de algo que desafie nosso modo de pensar e nossa percepção para que reconheçamos a verdadeira natureza das coisas. A morte é um desses portais. A consciência é o grande dom da morte. Para muita gente, a vida autêntica começa na hora da morte – não a nossa própria morte, mas a morte de outra pessoa.

Falando de forma simples, a natureza da própria vida é sagrada. Estamos sempre em solo sagrado. Mas raramente a experiência do sagrado faz parte do nosso cotidiano. Para a maioria das pessoas, ela aparece como um relâmpago, no espaço profundo entre uma respiração e a seguinte. É como se o que há de mais real na vida fosse coberto por um tecido no dia a dia e essa capa fosse percebida como a própria realidade – até algo abrir um buraco nela e revelar a verdadeira natureza do mundo. Ainda assim, o convite para que fiquemos atentos é constante. No brilhante livro *O negócio é ser pequeno*, E. F. Schumacher sugere que só podemos ver o que nossos olhos foram desenvolvidos para ver. Ele propõe que o eterno debate sobre a natureza do mundo não trata de suas diferenças, mas das diferentes capacidades que nossos olhos possuem.

O livro que você tem nas mãos apresenta práticas simples e poderosas que lhe permitem enxergar o que é mais real em meio ao que lhe é familiar. É uma oportunidade de ver além do comum. Diferentemente de muitos livros sobre a morte e o morrer disponíveis hoje em dia, este não trata de teorias nem ciências, sejam elas tradicionais ou pessoais. Não são ideias e crenças de alguém sobre o que é e o que significa a experiência de morrer. Este livro é o compartilhamento de experiências profundas de um observador extremamente consciente. Ele o convida a desenvolver o seu olhar.

Meu avô me ensinou que o professor não é um sábio, mas alguém que aponta um dedo e direciona nossa atenção para a realidade que nos cerca. Frank Ostaseski é esse tipo de professor. Este livro lembrará você de muitas coisas. Ele me lembrou de que há poucas coisas que realmente importam, e quão importantes elas são; que, com frequência, sentimos fome espiritual no meio da abundância; e que numerosos professores nos cercam, oferecendo com paciência tudo de que necessitamos para viver bem e sabiamente. Ele me lembrou que, assim como o amor, a morte é uma experiência pessoal, e que essa intimidade é a condição para o nosso aprendizado. Ele me lembrou também da simplicidade dos verdadeiros professores e do poder que as histórias têm de nos unir numa teia de conexões muito mais profunda do que as coisas superficiais que nos separam. Por fim, ele me lembrou que estamos todos convidados para o baile. Sinto profunda gratidão por ter sido convidada para participar inteiramente da dança da vida. Você também sentirá.

Em última análise, a morte é um encontro íntimo e pessoal com o desconhecido. Muitos que morreram e voltaram à vida pelas mãos habilidosas da ciência nos dizem que essa experiência lhes revelou o propósito da vida – que não é ser rico, famoso ou poderoso. O propósito de toda existência é crescer em sabedoria e aprender a amar melhor. Se esse é o seu propósito, *Os cinco convites* é o livro certo para você.

DRA. RACHEL NAOMI REMEN
Autora de *As bênçãos do meu avô* e *Histórias que curam*

INTRODUÇÃO

O PODER TRANSFORMADOR DA MORTE

Amor e morte são os maiores presentes que recebemos;
em geral, são passados adiante sem sequer serem abertos.

— RAINER MARIA RILKE

Vida e morte caminham juntas. É impossível separá-las.

No zen japonês, *shoji* se traduz como "vida-morte". Não existe separação entre os termos, apenas um hífen, um traço que os conecta.

Não podemos estar realmente vivos sem termos a consciência de que morreremos um dia.

A morte não fica à nossa espera no fim de uma longa estrada. Ela segue sempre conosco, na essência de cada momento. Ela é a professora escondida à vista de todos e que nos ajuda a perceber o que realmente importa. E a boa notícia é que não precisamos esperar o nosso fim para compreender o que ela tem a nos ensinar.

Ao longo dos últimos trinta anos, acompanhei milhares de pessoas em seus momentos finais. Algumas partiram muito decepcionadas. Outras floresceram e entraram porta adentro na nova jornada cheias de curiosidade. O que fez a diferença foi seu desejo de se aprofundarem cada vez mais no que significa ser humano.

Este livro é um convite – cinco, na verdade – para refletirmos previamente sobre a morte e deixar que ela nos direcione a uma vida mais significativa e amorosa. Afinal, seria insensato supor que, em nossos momentos finais, teríamos a força física, a estabilidade emocional e a clareza mental necessárias para conseguir o que muitos levam uma vida inteira para alcançar.

Refletir sobre nossa finitude pode ter um impacto profundo e positivo não apenas sobre como morremos, mas também sobre como vivemos. À luz da morte, fica mais fácil distinguir o que nos faz sentir completos e o que nos faz sentir isolados e tristes.

Essa completude é mais bem expressa como interconectividade. Cada célula de nosso corpo é interdependente e faz parte de um todo orgânico que precisa funcionar em harmonia para manter uma boa saúde. Da mesma forma, tudo existe em uma constante interação de relacionamentos que reverberam, afetando os demais. Quando fazemos algo que ignora essa verdade básica, sofremos e provocamos sofrimento. Quando temos consciência disso, apoiamos e recebemos apoio dessa rede de conexões.

Nossos pensamentos não são inofensivos. Eles se tornam ações, que se transformam em hábitos, os quais se cristalizam em nosso caráter. Mas podemos fazer uma escolha consciente de nossas atitudes se ficarmos atentos às nossas visões e crenças e questionarmos nossa tendência ao hábito. Hábitos arraigados calam o pensamento e nos deixam propensos a viver no piloto automático. Por outro lado, abrir a mente e estar disposto a fazer perguntas desconfortáveis a nós mesmos pode ajudar a descobrir quem realmente somos.

É comum o ser humano encarar a existência como algo corriqueiro e se perder na busca da autogratificação. Contudo, quando não nos afastamos da ideia da morte, ela nos lembra que não devemos nos apegar demais ao que temos. Talvez passemos a levar nossas ideias e a nós mesmos menos a sério. Talvez desapeguemos com mais facilidade. Quando reconhecemos que a morte chega para todos, fica mais fácil sermos gentis uns com os outros.

Podemos aproveitar essa consciência para agradecer por estarmos vivos, para fazer uma autoanálise e esclarecer nossos valores, para encontrar significado e agir de forma positiva. É a fragilidade da vida que nos dá perspectiva. Quando entramos em contato com sua vulnerabilidade, também passamos a lhe dar o devido valor. A partir daí, não queremos perder um minuto. Queremos abraçá-la e viver de maneira responsável.

Pensar em nossa finitude é uma forma de viver bem e morrer sem arrependimentos. Essa sabedoria também pode ajudar a lidar com perdas ou com situações em que você se sinta descontrolado ou preso a mesquinharias – por exemplo, ao enfrentar uma separação, uma doença ou demissão, o fim de um sonho, um acidente de carro ou mesmo um desentendimento com uma pessoa querida.

Logo após sofrer um ataque cardíaco quase fatal, o psicólogo Abraham Maslow escreveu uma carta: "O confronto com a morte – e seu adiamento – faz com que tudo pareça tão mais valioso, sagrado e bonito que eu sinto o ímpeto de amar a vida, aceitá-la e me permitir ser dominado por ela com mais força do que nunca. Meu rio jamais pareceu tão lindo... A morte e sua constante possibilidade tornam o amor, o amor apaixonado, mais possível."

Não sou romântico em relação à morte. Ela é difícil. Talvez a tarefa mais complicada que enfrentaremos. Nem sempre ela acaba bem. Pode ser triste, cruel, confusa, linda ou misteriosa. Acima de tudo, porém, ela é normal. Todo mundo passará por isso.

No papel de acompanhante de doentes terminais, professor de cuidados compassivos e um dos fundadores do Zen Hospice Project, trabalhei em geral com gente comum, que enfrentava o que supunha ser impossível ou insuportável, caminhando em direção à própria morte ou cuidando de algum ente querido em seus dias finais. Ainda assim, a maioria encontrou em si e nessa experiência os recursos, a percepção, a força, a coragem e a compaixão para enfrentar tudo de maneira extraordinária.

Também trabalhei com algumas pessoas que viviam em condições terríveis – em quartos infestados de ratos ou bancos de praça. Eram alcoólatras, prostitutas ou moradores de rua, sujeitos marginalizados que mal conseguiam sobreviver. Com frequência, se resignavam diante do fim ou ficavam zangados por não ter nenhum controle sobre ele. Muitos tinham perdido a fé na humanidade.

Algumas das pessoas que conheci vinham de culturas diferentes e falavam idiomas que eu não entendia. Algumas haviam se afastado da religião, enquanto outras se apoiavam na fé para enfrentar os tempos difíceis. Uma tinha medo de fantasmas, outra recebia "visitas" da mãe falecida. Um pai hemofílico havia renegado o filho homossexual. Anos depois, ambos morreram de Aids no mesmo quarto, cuidados pela esposa e mãe.

Muitos com quem trabalhei partiram com 20 e poucos anos, mas foi uma senhora de 93 anos que me perguntou: "Por que a morte chegou tão cedo para mim?" Alguns dos que acompanhei estavam lúcidos, enquanto outros não conseguiam se lembrar do próprio nome. Alguns eram cercados pelo amor da família e dos amigos. Outros estavam totalmente sozinhos.

Cuidamos de policiais e de bombeiros que salvaram inúmeras vidas; de enfermeiras que tinham atenuado a dor e a falta de ar de outros; de médicos que haviam declarado a morte de pacientes acometidos da mesma doença que os consumia. Pessoas ricas, poderosas e com os melhores planos de saúde. E refugiados com pouco mais do que a roupa do corpo.

Para alguns, a morte se tornava uma dádiva. Fazia com que se reconciliassem com a família, demonstrassem livremente seu amor e perdão ou descobrissem a bondade e aceitação que passaram a vida inteira buscando. Mas outros se fechavam e se isolavam, desesperançados, e assim permaneciam.

Todas essas pessoas foram meus professores.

Elas me permitiram compartilhar seus momentos mais vulneráveis e me proporcionaram uma relação próxima e pessoal com a morte. Nesse processo, me ensinaram a viver.

De certa forma, nada nos prepara para a morte. Ainda assim, tudo o que você fez, aprendeu e enfrentou ao longo de sua jornada pode ajudar. Uma mulher que estava quase morrendo me disse: "Eu vejo os sinais de saída com muito mais clareza do que você."

Num lindo conto, Rabindranath Tagore, ganhador do prêmio Nobel de Literatura, descreve os caminhos sinuosos entre as vilas na Índia. Guiadas pela imaginação ou por riachos, contornando rochas pontiagudas ou pegando atalhos para vistas deslumbrantes, as crianças saltitam descalças pelas trilhas do campo. Quando elas crescem, passam a usar sandálias e começam a carregar cargas pesadas; as rotas se tornam estreitas, retas, e o percurso ganha um objetivo.

Eu andei descalço durante anos. Não segui um caminho linear no meu trabalho, vaguei. Foi uma jornada de descobertas contínuas. Eu tinha pouca experiência e nenhum diploma além de um certificado de primeiros socorros da Cruz Vermelha que já deve ter expirado. Fui tateando meu caminho, seguindo a intuição, confiando em que escutar com atenção é a forma mais poderosa de se conectar, propondo o refúgio do silêncio e permitindo que meu coração se escancarasse. Foi dessa maneira que descobri o que de fato ajudava.

A morte e eu somos companheiros de longa data. Minha mãe morreu quando eu era adolescente e meu pai se foi poucos anos depois. Mas eu tinha perdido ambos anos antes. Eles eram alcoólatras. Minha infância foi marcada por caos, negligência, violência, lealdade equivocada, culpa e vergonha. Amadureci rápido demais. Acostumei-me a pisar em ovos, a ser o confidente de minha mãe, a encontrar garrafas de bebida escondidas, a enfrentar meu pai e a guardar segredos. De certo modo, a partida deles foi um alívio.

O meu pesar foi uma faca de dois gumes. Cresci me sentindo envergonhado, assustado, sozinho e indesejado. Ainda assim, o mesmo sofrimento me ajudou a ter empatia pela dor das outras pessoas e isso se tornou parte da minha vocação para buscar situações que muitos evitariam.

A prática budista, com sua ênfase na efemeridade, no encadeamento de experiências breves que é a vida, foi uma influência inicial importante para mim. Na tradição budista a morte é vista como um estágio final de crescimento e enfrentá-la é considerado fundamental para amadurecer a sabedoria e a compaixão e fortalecer nosso compromisso com o despertar.

Praticar diariamente a compaixão e a atenção plena é ainda uma forma de fortalecer as qualidades mentais, emocionais e físicas que nos preparam para o inevitável. Foi dessa maneira que aprendi a não deixar que meu antigo sofrimento me imobilizasse e, em vez disso, fiz dele a base da minha compaixão.

Quando meu filho Gabe estava para nascer, eu quis entender como trazer sua alma ao mundo. Então, me inscrevi em um workshop com Elisabeth Kübler-Ross, a renomada psiquiatra suíça conhecida pelo trabalho inovador sobre a morte. Ela havia ajudado muita gente a partir; imaginei que poderia me ensinar como convidar meu filho a chegar.

Elisabeth ficou fascinada com a ideia e me "adotou". Ela me convidou para diversos programas ao longo dos anos, embora não me desse muitas instruções. Eu sentava quieto no fundo da sala e a observava lidar com pessoas que estavam de luto ou diante da morte. Isso moldou a maneira como mais tarde eu ofereceria cuidados paliativos aos necessitados. Elisabeth era habilidosa, intuitiva e quase sempre obstinada. Porém, acima de tudo, ela me mostrou como amar os pacientes sem restrições ou apego. Às vezes, a angústia na sala era tão avassaladora que, para me acalmar ou executar as práticas compassivas, eu meditava imaginando que poderia transformar a dor que presenciava.

Numa noite chuvosa, após um dia particularmente difícil, eu estava tão abalado que, no caminho de volta para minha sala, caí de joelhos numa poça de lama e comecei a chorar. Minhas tentativas de aliviar a angústia dos participantes tinham sido apenas estratégias para tentar proteger a mim mesmo do sofrimento.

Elisabeth apareceu naquele exato momento e me ajudou a levantar. Ela me levou até sua sala para tomar um café. "Você precisa se abrir e deixar que a dor passe por você", disse. "Ela não é sua; não a carregue." Considerando o sofrimento que viria a testemunhar nas décadas seguintes, acredito que eu não poderia ter feito meu trabalho de forma saudável sem esta lição.

Stephen Levine, poeta e professor de budismo, foi outra figura influente em minha vida. Ele foi meu principal professor e um bom amigo por 30 anos. Foi um guia muito intuitivo que adotava diversas tradições espirituais e ao mesmo tempo evitava o dogma de qualquer abordagem. Stephen e sua esposa, Ondrea, foram pioneiros, líderes de uma revolução amorosa na forma como cuidamos daqueles que estão morrendo. Muito do que criamos no Zen Hospice Project é uma expressão de seus ensinamentos.

Stephen mostrou que era possível pegar meu sofrimento e transformá-lo em combustível para o atendimento abnegado. No início, como um aluno aplicado, espelhei meu trabalho – e algumas vezes meu comportamento – no exemplo dele. Stephen foi gentil e generoso ao me emprestar sua voz até que eu encontrasse a minha.

Como chegamos ao ponto em que estamos? A vida nos faz acumular experiências, nos oferece oportunidades de aprendizado, e, se tivermos sorte, prestamos atenção.

Durante uma viagem pelo México e pela Guatemala quando tinha 30 e poucos anos, eu me voluntariei para atender refugiados. Essas pessoas tinham passado por muitas dificuldades e presenciado mortes tenebrosas. Quando voltei a São Francisco, a aids havia se tornado uma epidemia. Quase 30 mil moradores foram diagnosticados como portadores do HIV. Trabalhei na linha de frente como agente de saúde e cuidei de muitos amigos que morreram em consequência desse vírus devastador.

Logo ficou claro que a minha resposta individual não era suficiente. Então, em 1987, trabalhando ao lado da querida amiga Martha deBarros e um grupo de outras pessoas, criamos o Zen Hospice Project. A brilhante ideia de criar a casa de repouso foi de Martha. Ela foi a mãe do programa, com o apoio do San Francisco Zen Center.

O Zen Hospice Project foi o primeiro asilo budista da América, uma fusão de visão espiritual e ação social. Nós acreditávamos que havia uma parceria natural entre os praticantes do zen que cultivavam um "coração atento" por meio da meditação e as pessoas que precisavam ser ouvidas – aquelas que estavam morrendo. Não tínhamos uma pauta, os planos eram poucos, mas no fim acabamos treinando milhares de voluntários. Apesar de as histórias que compartilho serem basicamente sobre meus encontros, ninguém criou sozinho o Zen Hospice Project. Fizemos isso juntos. Uma comunidade de corações generosos comprometidos com um propósito comum em resposta a uma necessidade.

Ainda que buscando inspiração na sabedoria da antiga tradição zen de 2.500 anos, não tínhamos interesse em promover nenhum dogma ou modo budista de morrer. Meu lema era "Vá ao encontro deles". Eu incentivava os cuidadores a apoiarem os pacientes a descobrir o que precisavam. Raramente ensinávamos as pessoas a meditar e nunca impúnhamos nossas ideias a respeito da morte. Confiávamos em que as próprias pessoas nos mostrariam como precisavam morrer. Criamos um ambiente bonito e receptivo, onde os residentes se sentiam amados, apoiados e livres para explorar quem eles eram e em que acreditavam.

Aprendi que o cuidar em si é bastante simples. Você prepara uma sopa, faz uma massagem nas costas, troca os lençóis, ajuda a pessoa a tomar os remédios, ouve as histórias que ela viveu e que estão chegando ao fim, demonstra calma e uma presença amorosa. Nada excepcional. Apenas bondade humana.

Ainda assim, descobri que essas atividades cotidianas, quando feitas de maneira consciente, podem nos ajudar a despertar em relação às nossas visões rígidas e aos nossos hábitos de fuga. Independentemente de sermos quem arruma as camas ou quem está confinado nelas, precisamos enfrentar a incerteza da vida. Nós nos conscientizamos da verdade fundamental: tudo um dia passa – seja um pensamento, um ato de amor ou a própria vida. Entendemos que a morte está presente na vida. Negar esta verdade só causa sofrimento.

Outras experiências cruciais moldaram a maneira como passei a encarar o sofrimento e influenciaram minha percepção do que a morte pode nos ensinar sobre a vida. Eu me uni a outros líderes espirituais e mergulhei fundo no sofrimento humano ao atuar como facilitador num retiro singular realizado em Auschwitz-Birkenau. Coordenei grupos de luto, aconselhei muita gente com doença terminal, orientei retiros para pessoas com enfermidades sérias e atuei em muitos velórios.

No meio de tudo isso, fui pai de quatro crianças, ajudei a criá-las e a transformá-las em adultos admiráveis que agora têm os próprios filhos. Posso dizer que criar quatro adolescentes ao mesmo tempo muitas vezes foi mais difícil do que tomar conta de pacientes terminais.

Em 2004, criei o Metta Institute para estimular que os cuidados do fim da vida fossem compassivos e conscientes. Reuni ótimos professores – entre eles, Ram Dass, Norman Fischer e Rachel Naomi Remen – para formar um corpo docente de nível internacional. Nosso legado foi o projeto voltado para reivindicar mais compaixão nos tratamentos e valorizar a vida na morte. Treinamos centenas de profissionais de saúde e criamos uma rede nacional de apoio formada por clínicos, educadores e guardiões.

Por fim, há alguns anos, eu mesmo passei por uma crise – um ataque cardíaco que me deixou cara a cara com minha mortalidade. A experiência me mostrou como a perspectiva muda quando você se torna o paciente. Isso aumentou ainda mais minha empatia com as lutas que presenciei em alunos, clientes, amigos e membros da família.

Como é comum ao ser humano, nós vamos muito além do que nos julgamos capazes, e romper esse limite nos leva à transformação. Alguém certa vez disse: "A morte não chega para você, mas para outra pessoa a quem os deuses já prepararam." Para mim, isso é verdade. A pessoa que eu sou hoje, vivendo esta história, não é a mesma que vai partir um dia. Vida e morte vão me modificar. Serei diferente. Para que algo novo surja dentro de nós, precisamos estar dispostos a mudar.

De maneira geral, nossa sociedade atual está mais aberta a falar de morte. Existem mais livros sobre o assunto; casas de repouso para doentes terminais foram integradas à assistência médica continuada; existem orientações prévias para não reanimar o paciente. A morte assistida já é prevista pela legislação de diversos estados e países.

No entanto, a visão predominante ainda é a de que a morte é um evento médico e que o máximo que podemos esperar é tirar o melhor proveito de uma situação ruim. Presenciei a dor de pessoas que estavam à beira da morte sentindo-se vítimas das circunstâncias, sendo prejudicadas por causa de fatores que estavam fora de seu controle ou, pior ainda, acreditando que eram as únicas responsáveis por seus problemas. Como resultado, muitas morriam aflitas, culpadas e com medo. Nós podemos mudar isso.

Quando você guia sua vida pela consciência do fim, é mais fácil nortear suas escolhas. Muitos de nós nos imaginamos morrendo em casa, cercados pelas pessoas que amamos e que nos amam, confortados pelos familiares. Mas isso raramente acontece. Apesar de sete em cada dez norte-americanos afirmarem que gostariam de falecer em casa, é em hospitais, asilos ou instituições de cuidados paliativos que esse mesmo percentual falece.

Já ouvi muitas vezes a frase: "Nós morremos como vivemos." De acordo com minha experiência, isso não é bem verdade. Mas imagine se, em vez de tentar apenas evitar o inevitável, levássemos uma vida inspirada no que a morte tem a ensinar. Podemos aprender muito sobre viver plenamente quando aceitamos o fim com naturalidade.

Suponha que paremos de afastar a morte da vida. Imagine que a encaremos como o estágio final do nosso crescimento e uma oportunidade única de transformação. Podemos, então, nos dirigir à morte como faríamos a um professor e perguntar: "Como devemos viver?"

Morrer é inevitável e pessoal. Vi pessoas comuns no fim da vida desenvolverem percepções profundas a partir de um intenso processo de transformação que as ajudou a ser melhores, mais conscientes e mais abertas. Não se trata de um final feliz de contos de fadas que contradiz o sofrimento anterior, e sim de uma transcendência. A descoberta dessa capacidade ocorre a muitos em seus meses, dias ou, às vezes, minutos finais.

"Tarde demais", você poderia dizer. No entanto, o valor não está no tempo em que desfrutaram a experiência, e sim na possibilidade de que tal transformação aconteça.

A morte tem muito a ensinar a quem se orienta por ela. Testemunhei essa abertura emocional não apenas em pessoas à beira da morte, mas também em seus cuidadores. Eles descobriram em si um amor tão profundo que nem sequer imaginavam. Descobriram também que confiavam no Universo e na bondade humana que nunca os abandonou, independentemente do sofrimento pelo qual passaram.

Se essa possibilidade existe na hora de morrer, ela existe também aqui e agora.

Neste livro, vamos explorar juntos este potencial, a capacidade inata de amar, cuidar, confiar e perdoar que existe em cada um de nós. A proposta é nos lembrar do que já sabemos, algo que as religiões mais importantes tentam explicar, mas quase sempre se perdem na maneira de transmitir: a morte é muito mais do que um evento médico. É um momento de crescimento, um processo de transformação. Ela nos abre para as mais profundas dimensões de nossa humanidade, desperta a *presença*, a intimidade consigo mesmo e com tudo o que é vivo.

As principais tradições religiosas e espirituais têm diversos nomes para o inominável: Absoluto, Deus, Buda, Eu Verdadeiro. Em minha opinião, nenhum desses nomes dá conta da grandeza que tenta representar. Nenhum daria. Por isso, prefiro usar uma palavra simples – *Ser* – para destacar o que é mais profundo e abrangente do que as nossas individualidades. Entretanto, essa é uma escolha individual, e cada pessoa deve se apegar ao termo que melhor represente o que ela conhece e acredita no fundo do coração.

No meu entendimento, a compreensão de que o *Ser* é a nossa natureza mais fundamental e benevolente está no cerne de todos os ensinamentos espirituais. Porém, nossa forma de viver é algo que aprendemos, e, no condicionamento que ocorre à medida que crescemos e nos desenvolvemos, essa bondade inata pode ser obscurecida.

O *Ser* tem determinadas qualidades essenciais guardadas na forma de potenciais dentro de cada um de nós. Esses atributos nos ajudam a amadurecer, a nos tornarmos mais funcionais e produtivos. Preenchem nossa humanidade e acrescentam riqueza, beleza e capacidade a nossa vida. Entre essas qualidades estão amor, compaixão, força, tranquilidade, clareza, alegria, humildade e tranquilidade, para citar algumas.

Com a ajuda de práticas como contemplação e meditação, podemos aquietar a mente, o corpo e o coração e, assim, aguçar nossa capacidade de realmente perceber aquilo que vivenciamos. Na quietude, conseguimos notar nossas qualidades inatas. Elas são mais do que emoções. Pense nelas como nosso sistema interno de orientação para nos guiar a uma maior sensação de bem-estar.

Esses aspectos de nossa natureza essencial são inseparáveis do *Ser*. Dito de outra maneira, já temos tudo o que é necessário para nossa jornada. Está tudo dentro de nós. Não precisamos de nada especial para ter acesso a nossas qualidades inatas e utilizá-las para a liberdade e a transformação.

Minha primeira versão de *Os cinco convites* foi escrita em um guardanapo de papel a 30 mil metros de altitude. Eu viajava para me juntar a outros intelectuais no campus da Universidade de Princeton, para colaborar no documentário *On Our Own Terms* (Em nossos próprios termos), que discutiria as formas como se abordava a morte nos Estados Unidos. A sala reuniria os principais especialistas do país na área de saúde, partidários da morte assistida, defensores de mudanças nas políticas do sistema de saúde e um grupo de jornalistas bastante pragmáticos. Não haveria espaço para a retórica budista. Bill Moyers, o produtor do documentário, me perguntou se eu poderia falar sobre encorajar o acompanhamento de pessoas com doenças terminais.

Quando chegou a hora, puxei o guardanapo em que tinha feito anotações durante o voo. Eu tinha escrito:

1. Não espere.
2. Aceite tudo, não rejeite nada.
3. Traga tudo de si para a experiência.
4. Encontre um lugar de descanso no meio de tudo.
5. Cultive o não saber.

Esses tópicos são a minha tentativa de honrar as lições que aprendi ao sentar à cabeceira de tantos pacientes que faleciam. São como cinco convites, princípios que se apoiam mutuamente, impregnados de amor. Eles me ajudaram a enfrentar a morte e também se revelaram guias confiáveis para uma vida íntegra. Eles também podem ser adotados por pessoas que lidam com todo tipo de transição e crise – seja uma mudança de cidade, o início ou o fim de um relacionamento ou a sensação de ninho vazio quando os filhos crescem e vão embora.

Penso nisso como cinco processos inesgotáveis que podem ser explorados sem parar e aprofundados cada vez mais. Contudo, têm pouco valor como teoria; para serem entendidos, precisam ser colocados em prática.

Um convite é um pedido para participar ou para acompanhar um evento específico. O evento em questão é a sua vida e este livro é um convite para que você seja totalmente presente em todos os aspectos dela.

O PRIMEIRO CONVITE

Não espere

O que fazemos de nossa vida determina quem somos ao morrer.
E tudo, absolutamente tudo, conta.

— SOGYAL RINPOCHE

Jack passou quinze anos viciado em heroína e morando dentro de um carro. Certo dia, achando estar com bronquite, procurou um pronto-socorro, mas o diagnóstico foi de câncer de pulmão. Três dias depois, ele se mudou para o Zen Hospice Project.

Jack tinha um diário, que às vezes mostrava para mim e para outros voluntários. Ele escreveu:

Passei anos adiando tudo. Achava que sempre haveria tempo mais tarde. Ao menos consegui realizar um projeto importante. Fiz aquele curso de mecânico de motocicletas. Agora, me deram menos de seis meses de vida. Vou enganar todo mundo. Vou aguentar bem mais do que isso…

Ah, a quem estou enganando? Para dizer a verdade, estou apavorado, zangado, cansado e confuso. Tenho 45 anos e me sinto como se tivesse 145. Tem tanta coisa que eu quero fazer e já não tenho tempo nem para dormir.

Quando as pessoas se confrontam com sua finitude, passam a reconhecer que cada minuto, cada respiração, conta. Mas a verdade é que a morte está sempre conosco, integrada à própria vida. Tudo muda o tempo todo. Nada é permanente. Essa ideia pode tanto nos apavorar quanto nos inspirar. Mas, se prestarmos atenção, a mensagem principal é a seguinte: *Não espere.*

"O problema da palavra *paciência*", disse o mestre zen Suzuki Roshi, "é que ela implica esperar por algo melhor, aguardar que algo bom chegue. Uma palavra melhor seria *constância*, a capacidade de estar com o que é verdadeiro a todo momento."

Aceitar a verdade de que todas as coisas um dia acabam nos encoraja a não esperar para viver cada momento de forma intensa. Paramos de perder tempo com atividades desimportantes. Aprendemos a não ser tão apegados a nossos desejos, nossas opiniões e até a mesmo a nossa identidade. Em vez de apostar num futuro melhor, focamos no presente e em sermos gratos pelo que temos. Ficamos mais amáveis, mais compreensivos, mais generosos. Dizemos "eu te amo" com mais frequência porque entendemos a importância da conexão humana.

Não espere é um caminho para a realização e uma vacina para o arrependimento.

1

A PORTA DE ENTRADA PARA A POSSIBILIDADE

É quase banal dizer isso, mas é importante ressaltar sempre:
Tudo é criação, tudo é mudança, tudo é fluxo, tudo é metamorfose.

– HENRY MILLER

Enquanto eu lavava suas costas, Joe se virou, olhou para mim por cima do ombro e disse, resignado:

– Nunca pensei que seria desse jeito.

– O quê? – perguntei.

– Morrer.

– Como você achava que seria?

Ele suspirou.

– Acho que nunca pensei nisso de verdade.

O arrependimento de Joe por nunca ter refletido sobre a própria mortalidade foi mais sofrido do que seu câncer terminal de pulmão.

O grande mestre zen coreano Seung Sahn ficou famoso por dizer "em breve morto". Um lembrete irônico.

A morte é o elefante na sala. Uma verdade que todos nós conhecemos, mas concordamos em não falar a respeito. Tentamos mantê-la a distância. Projetamos nossos piores medos nela, fazemos piada, tentamos abordá-la com palavras suaves, contorná-la quando possível ou simplesmente evitar o assunto.

Podemos correr dela, mas não podemos nos esconder.

Em sua peça *Sheppey*, W. Somerset Maugham reconta um antigo mito babilônio. Um mercador de Bagdá envia seu servo ao mercado para fazer compras. Mas o homem volta pouco depois de mãos vazias, pálido e tremendo de medo. Ele conta ao chefe que uma mulher na multidão deu um encontrão nele. Ao olhar mais de perto, ele viu que era a Morte. "Ela olhou para mim e fez um gesto ameaçador", afirma o servo. "Senhor, por favor, empreste-me o seu cavalo para que eu saia da cidade e evite o meu destino. Vou para Samarra. Lá a Morte não me encontrará."

O mercador empresta o cavalo e o servo sai cavalgando às pressas.

Mais tarde, o mercador vai ao mercado fazer ele mesmo as compras. Lá, ele vê a Morte e pergunta por que ela ameaçou seu servo mais cedo.

"Aquilo não foi um gesto ameaçador", responde a Morte. "Foi apenas uma reação de surpresa. Eu me surpreendi por vê-lo em Bagdá, pois tenho um encontro marcado com ele hoje à noite em Samarra."

Como ocorreu com Joe, quando fazemos vista grossa para a inevitabilidade da morte, ela nos pega de surpresa. Mesmo fugindo em outra direção, sempre chegamos à sua porta. E nos assustamos porque não percebemos os sinais que ela deixa à vista.

Na maioria das vezes, imaginamos que a morte virá mais tarde e que, portanto, não faz sentido se preocupar com ela agora. O "depois" cria a ilusão confortável de uma distância segura. Mas a mudança constante, a fugacidade, não é algo que só aconteça depois. É agora, sempre. Mudar é a regra.

Quando nos apegamos demais a algo e torcemos para que as coisas nunca mudem, criamos nossa própria armadilha para uma enorme decepção. É uma expectativa irracional. Quando eu era adolescente, meu pai sempre me dizia para "aproveitar cada momento, porque a vida passa num piscar de olhos". Eu não acreditava nele. Alguns anos depois, minha mãe morreu. Não tive a chance de me despedir e de dizer que a amava como eu gostaria de ter feito. Eu vivia numa espécie de ilusão. O arrependimento que isso me causou me aprisionou por muitos anos.

George Harrison disse a verdade quando cantou que "Tudo precisa passar" (*All things must pass*). Este momento dá lugar ao próximo. Tudo desaparece diante de nossos olhos. Não se trata de um truque. É um fato. A fugacidade da vida é uma verdade essencial entremeada no tecido da existência. É inevitável, natural e é nossa companheira mais constante.

O som vem e vai. Uma ideia surge e logo desaparece. Visão, sabores, cheiros, toques, sensações – tudo é igual: breve, transitório, efêmero.

Meu cabelo louro já se foi há muito tempo. Meus músculos estão mais fracos, minha pele está menos elástica, o ritmo do meu metabolismo diminuiu. Não se trata de um problema. Faz parte do processo natural de envelhecimento.

Onde está a minha infância? Onde está o amor de ontem à noite? Tudo o que está aqui hoje será apenas lembrança amanhã. Sendo racionais, podemos compreender que o vaso frágil que nossa mãe adorava um dia cairá da estante, o carro enguiçará e aqueles que amamos morrerão. Nossa tarefa é direcionar essa compreensão racional para dentro do nosso coração.

Podemos verificar essa mesma lei imutável ao observar uma célula humana ao microscópico eletrônico. Lá estarão o núcleo, os prótons, os nêutrons e mesmo as partículas menores em fluxo constante: vivendo e morrendo a todo momento.

Invertendo a perspectiva e olhando pelo telescópio Hubble, por exemplo, observamos a mesma dinâmica. Nosso Universo em eterna expansão é alvo de processos idênticos, ainda que os planetas vivam mais que as células humanas e que o Sol provavelmente continue como está por bilhões de anos. De qualquer forma, a transitoriedade é uma característica também das galáxias. Elas se formam a partir de grandes nuvens de gás, os átomos se aglutinam e, num determinado momento, as estrelas são criadas. Com o tempo, algumas desaparecem e outras explodem. As galáxias nascem, vivem por um tempo e então morrem. Como nós.

Anos atrás, um amigo e eu começamos um projeto com crianças em idade pré-escolar. De vez em quando, nós as levávamos em caminhadas pelas matas próximas para que procurassem "coisas mortas". As crianças adoravam a brincadeira. Coletavam alegremente folhas caídas, galhos quebrados, às vezes alguma peça de carro enferrujada ou os ossos de algum pequeno pássaro ou mamífero. Nós estendíamos uma lona azul no bosque e promovíamos uma espécie de apresentação.

Nessa idade, as crianças não têm medo, apenas curiosidade. Elas examinavam cada item, os esfregavam, cheiravam. Exploravam as "coisas mortas" de um jeito íntimo e pessoal. Depois, elas contavam o que estavam pensando.

Às vezes, elas inventavam as histórias mais incríveis sobre um objeto. Que a peça enferrujada do carro, por exemplo, caiu de uma estrela ou de uma espaçonave que cruzava o céu, ou que certa folha foi usada como cobertor por um camundongo até o verão, mas então deixou de ser necessária.

Lembro que uma delas disse: "Acho que as folhas que caem das árvores são muito legais. Elas abrem espaço para as novas crescerem. Seria triste se as árvores não pudessem ter folhas novas."

Apesar de, em geral, associarmos efemeridade com tristeza e morte, ela não está ligada apenas à perda. No budismo, essa transitoriedade é relacionada à mudança e à transformação. Esses dois princípios correlatos proporcionam equilíbrio e harmonia. Da mesma forma que existe um "desmonte" constante, também existe uma "transformação" ininterrupta.

Nós dependemos da transitoriedade. Um resfriado pego hoje não dura para sempre. Um jantar entediante tem fim. As ditaduras desmoronam, substituídas por democracias. Mesmo árvores antigas caem para que novas possam nascer. Sem essa brevidade, a vida simplesmente não existiria. Seu filho nunca daria os primeiros passos, sua filha não poderia crescer e ir a um baile de formatura.

Como afluentes que deságuam no rio principal, nossas vidas são uma série de momentos diferentes, unidos para dar a aparência de um fluxo contínuo. Vamos passando de causa a efeito, de um evento a outro, de um ponto ao seguinte, de um estado de existência a outro – o que dá a impressão de que a vida é um movimento contínuo e unificado. Na realidade, não é. O rio de ontem não é o mesmo de hoje. Como disse o sábio: "Ninguém pode se banhar duas vezes no mesmo rio."

Todo momento nasce e morre. E, de maneira muito real, nós nascemos e morremos com eles. Existe certa beleza nessa efemeridade. No Japão, as pessoas celebram o rápido, porém exuberante, florescer das cerejeiras a cada primavera. Em Idaho, no lado de fora da cabana onde dou aulas, flores azuis de linhaça se abrem por um único dia. Por que essas plantas parecem tão mais magníficas do que as de plástico? A fragilidade, a brevidade e a incerteza de suas vidas nos cativam e nos convidam à beleza, ao mistério e à gratidão.

Criação e destruição são os dois lados da mesma moeda.

Em 1991, Sua Santidade, o Dalai Lama, visitou São Francisco. Entre os preparativos para sua chegada, monges tibetanos criaram uma mandala de areia no Asian Art Museum, no Golden Gate Park. Usando ferramentas minúsculas, eles aplicaram cristais coloridos de maneira primorosa no chão, formando um desenho intrincado. A obra de arte religiosa retratando o Kalachakra, ou a Roda do Tempo, media 1,80 metro de diâmetro. Os monges trabalharam dias a fio para completar o trabalho.

Mas um dia, não muito tempo depois de a mandala ser finalizada, uma mulher pulou a corda de veludo que protegia a frágil criação e passou como um tornado, espalhando a areia e destruindo a obra meticulosamente confeccionada pelos monges.

Os seguranças e funcionários do museu ficaram chocados. Agarraram a mulher e chamaram a polícia, que a levou presa.

Os monges, no entanto, permaneceram tranquilos. Eles asseguraram à equipe do museu que ficariam felizes em fazer outra mandala; aquela seria desfeita numa cerimônia uma semana depois, de qualquer forma. Os monges espalharam com tranquilidade na ponte Golden Gate a areia da mandala destruída e recomeçaram o trabalho.

O Venerável Losang Samten, líder dos monges artistas, disse aos repórteres: "Nós não sentimos nenhuma negatividade. Não sabemos julgar as motivações dela. Rezamos por ela com amor e compaixão."

Para os monges, a mandala serviu a seu propósito. Desde o início, a criação e a destruição dela tinham por objetivo demonstrar a natureza da vida.

A equipe do museu via a mandala como uma obra de arte insubstituível, um objeto precioso. Para os monges, a mandala era um processo cujo valor e a beleza estava em sua lição sobre efemeridade e desapego.

Quando cozinhamos no dia a dia, temos a mesma experiência que os monges ao preparar a mandala. Adoro fazer pão – pesar os ingredientes, misturar, escolher a forma, bater a massa, deixá-la crescer, ver o pão assando no forno, depois cortá-lo, passar a manteiga e, então, comer. A cada refeição bem preparada e consumida com alegria, somos parte de uma pequena celebração da efemeridade.

Assim que nos damos conta da fragilidade de tudo, é comum vir junto a ansiedade. Como resposta, tentamos tornar as coisas sólidas e seguras. Nós nos esforçamos ao máximo para organizar a vida e gerenciar qualquer circunstância de modo que possamos ser felizes.

Eu, por exemplo, adoro ficar deitado na cama, principalmente nas manhãs frias de inverno. Os lençóis são macios e quentinhos e tudo o que meu corpo descansado deseja é continuar sob o abrigo dos cobertores.

Minha mente está tranquila e ainda não enfrentou as tarefas cotidianas. Por um tempo, tudo está bem no mundo. Um momento de perfeição.

Então, sinto vontade de fazer xixi.

Depois de resistir um pouco, corro para o banheiro. Após o alívio, volto rápido para debaixo das cobertas, na esperança de recriar o momento de perfeição. Mas não posso fazer com que tudo retorne ao jeito que estava minutos antes. Não consigo criar as condições capazes de proporcionar uma felicidade que resista à mudança.

Como a maioria das pessoas, aprecio as coisas boas da vida. Estou entre os felizardos que têm comida suficiente, uma família que lhes dá apoio, ótimos amigos e uma rotina de considerável alegria e facilidade. Não estou defendendo um estilo de vida contemplativo. Estou falando sobre aprender a viver em harmonia com as mudanças constantes.

Em geral, buscamos a felicidade tentando organizar o mundo para encontrar as coisas agradáveis e evitar as desagradáveis. Parece uma atitude natural, certo? Porém assim nós nos enganamos, porque criamos uma felicidade temporária. A sensação é boa na hora, mas logo estamos em busca da próxima experiência satisfatória. Nunca nos saciamos.

A verdade é que a mudança é uma constante em nossa existência. Viver em desarmonia com essa verdade nos causa um sofrimento interminável que só aumenta a ignorância e cria um ciclo de ansiedade, autoproteção e lamentação. Esses hábitos se cristalizam em nosso caráter e frequentemente se tornam obstáculos à paz na hora da morte.

Um dia, três senhoras judias vieram ao meu pequeno escritório no Zen Hospice Project. Eram irmãs, sendo que uma delas era uma consultora política bastante conhecida na cidade. A mãe delas estava morrendo e o médico, um especialista em câncer no cérebro, havia recomendado que conversassem comigo.

Comecei falando sobre a qualidade do atendimento, expliquei o que fazíamos e disse que respeitávamos as crenças de cada pessoa, mas percebi que elas não estavam convencidas. Avaliavam a decoração simples e o espaço limitado do meu escritório, onde mal cabíamos.

Linda, a consultora, perguntou sem rodeios:

– Por que deveríamos trazer nossa mãe para cá? Seria melhor colocá-la num quarto elegante de hotel e contratar cuidadoras para ficarem com ela noite e dia. Por que não faríamos isso, já que temos condições de pagar?

– Com certeza, vocês podem fazer isso – respondi. – Posso indicar profissionais para ajudarem vocês.

Então fiz uma pausa e peguei um folheto com fotos da nossa instituição.

– Mas posso pedir uma coisa? Mostrem estas fotos à sua mãe para que ela possa ver como é aqui e perguntem o que ela acha.

Pensei que nunca mais as veria. Porém, 45 minutos depois, o telefone tocou. Reconheci na hora a voz aguda e potente de Linda.

– Mamãe quer conhecer você.

Fui convocado ao quarto da mãe, em um dos melhores hospitais de São Francisco. Lá, além das três irmãs, encontrei um rabino, um oncologista e um psiquiatra. O clima era tenso.

Apresentei-me à mãe, Abigail, que estava sentada na cama, tranquila, examinando o nosso folheto. Ela me fez todo tipo de pergunta.

– Posso levar minha louça?

– Sim, a senhora pode levar algumas peças.

– E a minha cadeira de balanço? Adoro a minha cadeira.

– Sim, pode levar também.

De repente, Abigail estacou.

– Espere um minuto. Não tem banheiro no quarto? Você quer que eu saia no corredor para usar o banheiro?

Olhei nos olhos dela.

– Pense bem. A senhora tem se levantado muitas vezes para ir ao banheiro ultimamente?

Abigail se recostou no travesseiro.

– Não tenho ido ao banheiro. Não consigo mais andar.

Então ela se virou para as filhas e falou:

– Quero ir com ele.

Acredito que Abigail me escolheu porque não reagi à sua irritabilidade nem tentei transformá-la em outra pessoa. Gostou da minha honestidade. Confiou em mim. Ela não tinha a menor ideia de como passar pelo que estaria por vir, mas acreditou que eu saberia o que fazer. Julgou que se sentiria segura conosco.

Abigail se mudou para nossa casa de repouso no dia seguinte, permaneceu lá uma semana e então faleceu. As filhas estavam à sua cabeceira quando ela se foi.

A atitude de Abigail mudou quando ela se dispôs a enxergar a verdade que estava bem na frente dela – ser honesta, não se recusar a ir em frente nem rejeitar o processo. Ela reconheceu a própria efemeridade e que tudo em sua vida seguia um fluxo e, assim, se alinhou com a mudança e a transformação.

Definir nosso presente é um ato muito poderoso. Permite que nos alinhemos com a verdade de nossas atuais circunstâncias em vez de ficarmos presos ao passado. Então podemos parar de lutar.

Por que esperar até estarmos à beira da morte para só então nos libertarmos?

A efemeridade traz humildade. Ela é uma certeza, embora a maneira como vai se manifestar seja imprevisível. O que está a nosso alcance é decidir se vamos nos encolher de medo ou responder a ela de outra forma.

A grande dádiva da efemeridade é que ela nos coloca no aqui e agora. Temos consciência de que o caminho de todo nascimento acaba na morte. Refletir sobre isso pode nos levar a desfrutar o momento e a trazer mais compreensão e gratidão a nossa vida. Sabemos que tudo o que se acumula é dissipado mais cedo ou mais tarde. Considerar isso pode nos ajudar a agir com mais simplicidade e a descobrir o que tem real valor. Compreendemos que todos com quem nos relacionamos partirão um dia. Refletir a respeito pode evitar que o luto nos derrube e nos inspirar a distinguir amor de apego excessivo.

Dar atenção à mudança constante pode nos preparar para o fato de que o corpo um dia perecerá. No entanto, um benefício mais imediato é que aprendemos a ser mais tranquilos em relação à rapidez com que tudo passa. Quando assimilamos essa fugacidade, a vida ganha mais graça. Conseguimos valorizar cada experiência; sentir intensamente – tudo sem apego. Ficamos livres para desfrutar a vida e para sentir a textura de cada momento, seja ele de tristeza ou alegria. Quando entendemos num nível mais profundo que tudo é breve, aprendemos a aceitar a mudança. Ficamos mais compreensivos e resilientes.

No livro *Living and Dying: A Buddhist Perspective* (Viver e morrer: uma perspectiva budista), Carol Hyman escreveu: "Se aprendermos a mergulhar na incerteza, a confiar em que nossa natureza básica é idêntica à do mundo, então o fato de nada ser sólido e permanente vira uma oportunidade libertadora em vez de uma ameaça."

Tudo vai se desintegrar. Isso vale para nosso corpo, nossos relacionamentos, tudo. Acontece o tempo todo, não apenas no fim, quando as cortinas se fecham. Cada encontro significa uma inevitável separação. Mas não se aflija. Esta é a natureza da vida.

A vida não é sólida e imutável. Saber disso é fundamental para nos prepararmos para a morte ou para qualquer tipo de perda, e também para aceitarmos plenamente as mudanças constantes. Não somos apenas nosso passado; estamos em transformação. Podemos resolver os ressentimentos, perdoar e nos livrar de rancores e arrependimentos.

Não espere. Tudo o que precisamos está bem diante de nós. A efemeridade é o portal de entrada para a possibilidade. A verdadeira liberdade está em aceitá-la.

2

AO MESMO TEMPO AQUI E DESAPARECENDO

Prepare-se para o próprio
desaparecimento gradual.

— DAVID WHYTE

Os equipamentos mais comuns nos hospitais para acompanhar o progresso de pacientes graves são os monitores que traduzem em bipes o ritmo da respiração e registram os batimentos cardíacos num gráfico. Qualquer pessoa que tenha assistido a um seriado médico conhece esta cena: alguém fazendo uma massagem de reanimação cardiopulmonar ou um médico usando o desfibrilador para aplicar um choque no paciente, numa luta contra a parada cardíaca. É essa temida parada cardíaca que as famílias presenciam nos hospitais. O monitor anuncia num tom agudo e regular a ausência de atividade no corpo.

Lamentavelmente, somos tão desconectados da verdadeira experiência da morte que, com frequência, percebo que os familiares olham para os monitores nesse momento, em vez de encarar a pessoa querida. Veem a morte através da máquina, não em seu corpo.

Mas existem indícios mais sutis da chegada da morte do que o som de um monitor. São sinais que promovem a união em vez do afastamento. Que instigam a participar em vez de esperar.

No Sudeste Asiático, é comum que os homens jovens adotem a vida monástica pelo período de um ano, que pode até se estender indefinidamente, como parte de sua educação. Ao ingressar na comunidade, eles têm a cabeça raspada e ganham as vestes amarelo-alaranjadas de aprendiz. Em determinados refúgios na floresta, esses jovens monges recebem ordens de ir para a selva, sentar, meditar e ali permanecerem até sentir que encontraram o pertencimento.

Esse "pertencimento" se refere a mais do que a mera associação a uma comunidade monástica. A ideia é refletir sobre um sentido mais fundamental de harmonização, que envolve o desaparecimento das diferenças.

Isso é parecido com o que ocorre naturalmente no processo da morte. As formas como definimos nosso "eu", as descrições em que nos encaixamos por tanto tempo – de mãe ou pai, provedor ou cuidador, solitário ou sociável, rico ou pobre, bem-sucedido ou fracassado –, são retiradas aos poucos pela doença e pela velhice, ou então abrimos mão delas de maneira espontânea. É aí que descobrimos algo mais elementar e agregador, uma verdade fundamental da natureza humana.

Muitas teorias e tradições espirituais, inclusive a dos gregos antigos, sugerem que toda vida é composta de quatro elementos básicos: terra, água, fogo e ar. O Zohar, o texto místico judeu escrito no século XIII, considera esses quatro elementos a base de qualquer substância. Outras visões de mundo, inclusive o pensamento indiano e a filosofia chinesa, falam também de cinco ou seis elementos fundamentais. O budismo destaca que cada um segue um processo em eterna mudança, em vez de ser estático. Diz-se que todos esses componentes se desfazem quando morremos, num processo interdependente do corpo e da mente. Os quatro elementos são mais do que uma forma física; são estados emocionais e mentais, processos criativos. Eles têm um espectro de características: a suavidade e a rigidez da terra, a fluidez e a coesão da água, o frio e o calor do elemento fogo, a imobilidade e o movimento do ar.

Às vezes, as explicações médicas dos sinais e dos sintomas de aproximação da morte são estranhas e ineficazes. Com frequência, sinto que o modelo dos quatro elementos é útil para abordar os familiares que fazem vigília ao longo de dias quando seu ente querido está morrendo. É um modo de entender como nos desapegamos de nossa identidade e das partes que a integram – com os elementos físicos do corpo, os pensamentos, as percepções, as sensações, tudo se dissolvendo.

Samantha tinha 40 e poucos anos e era guia de trilhas. Eu me sentei ao seu lado na noite interminável em que seu marido, Jeff, estava morrendo. Ela perguntou o que poderia fazer para ajudá-lo.

– O que você faz quando seus filhos ficam doentes? – perguntei.

– Bem, eu me sento quieta ao lado deles na cama ou às vezes os cubro – respondeu ela. – Ouço mais do que falo. Fico perto para que saibam que estou ali com eles. Tento demonstrar com palavras e carinho quanto os amo.

– Isso é lindo – falei. – E o que mais?

Dava para ver que ela estava lembrando o que já sabia.

– Eu tento criar um ambiente que seja tranquilo, para que eles não fiquem com medo – quase sussurrou. – Tento fazer coisas simples de maneira muito atenta. Prometo que não vou sair de perto. Digo que não tem problema eles estarem doentes e que não será assim para sempre.

Ela começou a chorar e a soluçar.

– Mas nunca fiz esse tipo de coisa com alguém à beira da morte. Não entendo o que está acontecendo aqui.

É natural nos desestruturarmos diante de uma grande perda. Não há por que tentar evitar isso. Muitas vezes o mecanismo que sempre usamos para enfrentar as situações difíceis simplesmente não funciona nesse novo contexto. No entanto, manter-se de pé ou se ater ao que há de mais importante pode ajudar a nos manter conectados com o que estamos vivendo. Para algumas pessoas, essa força vem de seus relacionamentos; para outras, da tradição cultural ou da fé religiosa. Para Samantha, vinha da natureza.

Sabendo que ela e Jeff tinham se apaixonado numa viagem de mochileiros, perguntei a Samantha o que ela mais gostava na natureza.

– De estar no meio dela, de tudo... As rochas que eu escalo, a chuva que molha até os meus ossos, a noite fria, os ventos que varrem as montanhas, levando cheiros e sons. É a minha verdadeira casa, o meu lugar.

Samantha e Jeff viviam na natureza. Conheciam suas características e sua linguagem. Viam-se como parte dela. Eu me arrisquei e sugeri que Jeff talvez estivesse "no meio dela, de tudo". O corpo dele era, em essência, feito de terra, de água, de fogo e de ar. Ao morrer, ele retornaria à natureza que tanto amavam.

O corpo de Jeff tinha se tornado estático. Isso acontece quando o elemento terra desaparece. Nos primeiros estágios da morte, as pessoas reclamam de dormência nos pés ou nas pernas. Em geral, elas têm mais dificuldade para se levantar, pois perdem a sensibilidade.

– Você consegue ver o elemento terra em Jeff? Ele era um cara firme? – perguntei.

Samantha segurou a mão dele, beijou sua cabeça, riu e disse carinhosamente:

– Ele sempre foi teimoso e cabeça-dura, mas sua pele é muito macia.

Ela se referiu não apenas às características físicas dele, como também à sua personalidade, que estava vendo desaparecer.

– Certo – falei. – Firme, forma fixa, perdendo a força, a energia, incapaz de se manter.

Quando o elemento terra – a forma – se dissolve, ele abre caminho para a água. A pessoa que está morrendo então fica incapaz de engolir líquidos, tem incontinência urinária ou intestinal e a circulação do sangue fica mais lenta.

Nos dias anteriores, Samantha dera goles de água e depois lascas de gelo a Jeff. Naquele momento, apenas molhava sua boca com uma esponja, porque ele já não conseguia engolir. Ela falou de como pensavam de forma livre e tinham ideias criativas quando planejavam uma excursão pela natureza. Samantha disse que percebera o corpo e a mente de Jeff começando a se contrair de medo nos últimos dias. Eu a relembrei do elemento água e de sua fluidez e sua coesão. Falamos sobre os rios caudalosos e de como alguns secam em determinadas estações, do desprendimento das geleiras do Alasca e da maneira como as bordas glaciais se quebram e deslizam para dentro da água.

O elemento água estava se dissolvendo, abrindo caminho para o fogo. Quando isso acontece, a temperatura do corpo oscila. As infecções podem provocar febre, ao passo que o metabolismo lento pode fazer com que a pele fique fria e úmida.

À medida que Jeff se aproximava da morte, suas mãos e seus pés esfriaram e o calor se concentrou no centro do corpo, perto do coração. Samantha se lembrou do fogo da paixão que eles sentiam, do calor das discussões que eles tinham e de como era terrível quando se afastavam na cama por causa de uma briga. Ela beijou o marido da cabeça aos pés e se desculpou por ter brigado com ele.

O elemento fogo estava se dissolvendo, abrindo espaço para o ar. Nesse estágio final da morte física, as pessoas frequentemente apresentam mudanças dramáticas nos padrões respiratórios – respiração lenta e acelerada com longas pausas entre a expiração e a inspiração. Às vezes, a única coisa que se sobressai no quarto é a respiração. De certa forma, nesse aspecto a morte é muito parecida com o nascimento, com todas as atenções voltadas para algo tão essencial como a respiração.

Não havia mais luta ou agitação em Jeff. A ansiedade, a desorientação e o caos dos últimos dias tinham acabado. Tudo o que restou foi o ritmo errático de seus pulmões.

O tempo passava e Samantha permanecia sentada, quieta, meditando à sua maneira, sentindo a vitalidade, o milagre da vida que ao mesmo tempo se evidenciava e se dissolvia.

Um pouco antes do último suspiro de Jeff, Samantha conversou com ele.

– Estou aqui ao seu lado e quero mergulhar fundo dentro de mim para me encontrar com você uma última vez.

Ela fechou os olhos e ficou ainda mais imóvel. Jeff e Samantha pareciam se encontrar num espaço profundo e insondável. O passado já era, não havia futuro – apenas o presente.

Jeff respirou só mais algumas vezes.

Uma atmosfera de paz e calma nos envolveu. Eu a senti como calor e percebi uma luminosidade, uma espécie de brilho. Depois de algum tempo, Samantha falou em voz alta, como se conversasse mais com o espaço que comigo.

– Achei que fosse perdê-lo, mas ele está em tudo.

A terra se desfaz na água. A água se desfaz no fogo. O fogo se desfaz no ar. O ar se desfaz no espaço. O espaço se desfaz na consciência.

Morrer, em muitos casos, não acontece de repente. É um processo gradual de retirada da vida. Quando menciono os quatro elementos se dissolvendo, não estou falando exatamente da forma física. Antes, estou apontando as inexplicáveis, porém observáveis características de vitalidade que não desaparecem quando só nos sobra o corpo físico após a morte. Existe algo além dos quatro elementos – espírito, alma ou força vital. Nossos aparelhos podem até medir a desintegração física, mas a dissolução interior que acontece ao mesmo tempo é sutil e tranquila.

Tudo está se desfazendo – os elementos e seus estados associados, e, como resultado, o eu também. Isso acontece o tempo todo, mas fica nítido na hora da morte.

Agora, quem é você?

Mesmo pessoas como Samantha, que não acreditam na vida após a morte ou em qualquer outro tipo de consciência sutil, conseguem perceber uma qualidade progressivamente radiante do ser, um fenômeno de que os espiritualistas falam há séculos. Só é preciso se abrir para isso. Esse aspecto sutil da existência parece mais acessível quando a morte se aproxima. Embora inexplicável, ele pode ser sentido, intuído e facilmente reconhecido por pessoas comuns todos os dias, à medida que a suposta solidez do corpo desaparece.

Nós não temos uma linguagem adequada para descrever esse tipo de experiência incompreensível, então a chamamos de Mistério, com letra maiúscula. Ao longo dos anos, descobri que aquilo que conseguimos sentir ou conhecer diretamente pode se revelar bem mais importante do que nossa capacidade de explicar ou medir.

O que é inegável quando nos sentamos ao lado de pessoas com doenças terminais é que a fragilidade e a efemeridade neste mundo são naturais. Tudo está sempre se unindo e se separando – não apenas as propriedades físicas da vida, e não apenas na hora da morte.

É possível enfrentar tudo com amor e compaixão.

É curioso – praticamente todos nós concordamos que a vida é fluxo constante. Ainda assim, preferimos nos apegar à ilusão de que somos criaturas sólidas passando por um mundo em transformação. "Tudo muda, exceto eu", costumamos garantir a nós mesmos.

Mas estamos enganados. Somos muito mais do que os pequenos e rígidos eus que nos obrigamos a ser. Não somos contadores. Não somos professores. Não somos baristas. Não somos engenheiros de software. Nem o autor nem o leitor deste livro. Pelo menos não da maneira como imaginamos, afastados e isolados. Estamos em fluxo. Somos feitos de elementos transitórios. Estamos, como todo o resto, ao mesmo tempo aqui e desaparecendo.

Somos como as janelas da casa de fazenda centenária onde eu morava. Os painéis parecem tão sólidos quanto os de qualquer outra janela. Eu podia bater no vidro e ouvir o som vibrante do contato com os meus dedos. Mas, numa inspeção mais atenta, era nítido que o vidro era mais grosso na base da moldura do que no alto. O vidro não é totalmente sólido, é um fluido sujeito à força da gravidade. Ao longo de muitas décadas, a janela que parecia tão firme, tão imutável, foi se alterando, com o vidro escorrendo para baixo.

Nosso eu é tão transitório quanto aquela vidraça. Tem um propósito, mas não é sólido. Não se deixe seduzir pela aparente rigidez.

Embora a doença possa nos levar a uma percepção ainda mais restrita de nós mesmos, muitas pessoas que estão doentes ou morrendo dizem já não estar limitadas a suas antigas identidades. Elas visualizam a paisagem mais ampla. De uma forma estranha, a doença – como um encontro intenso com a beleza – nos sacode, provoca o amadurecimento e nos abre para dimensões mais profundas do ser.

Não é que a vida se torne calma e organizada. Ainda há muita loucura, desordem e caos. No entanto, incorporamos identidades bem mais abrangentes. A vida interior e o mundo externo se permeiam e se misturam.

Charles era um homem elegante. Quando ele se mudou para o Zen Hospice Project, levou consigo sofisticadas taças de champanhe feitas de cristal e talheres espanhóis de prata no estilo provençal. Nas noites de sexta, recebia amigos para jantar e todos os dias usava ternos italianos e gravatas de seda. Aos poucos, ele foi passando a vestir apenas o roupão e cancelando os jantares íntimos.

Com o tempo, outras de suas características desapareceram. Ele começou a agarrar os peitos das mulheres e a xingar como um estivador. Claro, isso chateava seus amigos, que estavam preocupados com seu comportamento. "Tão diferente de sua personalidade!", resmungavam baixinho. Não é fácil nem divertido presenciar mudanças tão radicais.

Conforme Charles ficava cansado e confuso, se afastava de seu círculo social. Apenas um velho e confiável amigo era sempre convidado. Talvez tenha sido a única pessoa que entendeu que Charles estava agindo daquele modo por causa da demência relacionada à aids. Era como se o seu mundo inconsciente estivesse invadindo sua vida cotidiana.

Desde pequenos aprendemos o que é apropriado ou não. O processo se inicia na primeira infância, porque queremos que nossos pais nos amem e dependemos deles para a nossa sobrevivência. Inevitavelmente, adotamos suas suposições, tendências e preconceitos – bons e ruins – junto com os de nossa formação religiosa e cultural. Ou nos rebelamos contra eles. Nos dois casos, somos condicionados desde cedo a agir de determinada maneira. O padrão de adaptação – de buscar a aprovação e evitar a desaprovação – continua ao longo da vida escolar, depois com nossos empregadores e amigos e vale também como modelo para os relacionamentos íntimos.

Resumindo, escondemos abaixo da superfície da consciência tudo o que julgamos uma ameaça à nossa sobrevivência e apresentamos ao mundo a parte que parece nos ajudar a conseguir o que precisamos. Ao longo dos anos, os padrões se enraízam, formando e mantendo nossa autoimagem, a qual dá origem a uma noção de identidade.

Nos casos de doenças graves, como o de Charles, o mero ato de ficar em pé, de ir ao banheiro ou de realizar tarefas cotidianas pode exaurir nossa energia. A doença desconstrói nossos conceitos de controle. Não percebemos, mas o processo de repressão que dura a vida inteira exige energia. Quando não temos mais essa energia disponível, o inconsciente começa a escapar. E ele frequentemente nos surpreende.

Pode ser bem difícil não reconhecer a si mesmo ou um amigo quando essas tendências reprimidas afloram e a identidade muda. Ao mesmo tempo, existe certa liberdade em não precisar mais esconder o que nos envergonhava ou fazia nos sentirmos inadequados, às vezes a vida inteira. As dualidades e os limites falsos que foram criados podem desaparecer. Quando a verdade ganha espaço, ela pode ser conhecida e integrar uma noção mais ampla de identidade.

Às vezes, o que reprimimos não é a energia sexual, a vergonha ou algo que nos provoque culpa, e sim nossa bondade inata.

Sean veio para o Zen Hospice Project por intermédio do programa especial que concedia liberdade a presidiários com doenças em estado terminal. Ele havia sido condenado à prisão perpétua por assassinato. Encarcerado desde sempre, Sean era desconfiado, arredio e rude.

No início, a casa de repouso foi um enorme desafio para Sean. Era um lugar de muita intimidade. Ele nos rejeitava e ficava irritado e mal-humorado quando não atendíamos de imediato a seus pedidos de comidas nada saudáveis. Raramente falava sobre sua vida e sempre criticava os voluntários, chamando-os de enxeridos. Nós continuamos a tratá-lo como qualquer outra pessoa, com respeito e amor.

Eu gostava de ficar ao lado de Sean jogando conversa fora. Aos poucos, descobri que ele havia crescido em lares temporários e que tinha sido detido pela primeira vez aos 13 anos. Passara a maior parte da vida adulta encarcerado. Se ele tivesse pedido ajuda ou demonstrado bondade para alguém naquela época, teria sido ridicularizado ou talvez morto.

Um dia, estávamos sentados no quintal quando Sean falou:

– Frank, hoje deixei que me ajudassem.

– O que você deixou que fizessem? – perguntei.

– Deixei as enfermeiras me ajudarem a entrar no chuveiro.

Entrar no chuveiro. Não *dar banho* nele. Sean havia permitido que as enfermeiras o ajudassem a entrar no boxe vestido, de modo que ele pudesse tirar a roupa depois que elas saíssem. Aquela foi a primeira vez em décadas que ele permitiu que alguém o ajudasse.

Aos poucos, o ambiente gentil e receptivo da casa de repouso abrandou suas defesas e Sean se sentiu livre para descobrir e revelar mais de si mesmo – partes de sua identidade que ficaram escondidas por questão de segurança. Surgiram características como simpatia e generosidade.

Durante os quase vinte anos em que trabalhei no Zen Hospice Project, Sean foi a única pessoa que me preparou uma festa surpresa de aniversário. Ele insistiu em pagar do próprio bolso – embora não tivesse muito dinheiro. Chegou a planejar que uma stripper pulasse do bolo falso, porém as enfermeiras o convenceram a desistir da ideia. A festa teve balões e um bolo de verdade.

Todos os voluntários e a equipe de enfermagem estavam reunidos quando trouxeram o bolo já com as velas acesas e começaram a cantar "Parabéns para você". Não percebi a movimentação e só depois soube que a festa tinha sido ideia de Sean. Fiquei muito emocionado. Era a coisa mais legal que ele podia fazer por mim.

Antes de morrer, Sean fez um vídeo para o filho – que ele não teve a oportunidade de conhecer. "Você sabe que eu nunca estive presente. Você nem me conhece, mas vou dizer: estou chegando ao fim da vida e essas coisas são importantes", declarou ele numa gravação. E deu ao filho conselhos sobre generosidade e perdão.

Foi uma transformação incrível. Quando Sean baixou a guarda, permitindo que seu coração se abrisse, a compaixão, o amor e a ternura que eram inatos apareceram. Não foi porque tentamos mudá-lo, instruí-lo ou convertê-lo. Foi porque lhe demos amor. Sentindo-se amado, Sean finalmente conseguiu deixar de lado a identidade construída para se proteger – a ideia de que ele era um condenado, um homem ruim, sem nada de útil a oferecer ao mundo – e que, em última instância, o limitou.

Minha própria noção de eu caiu por terra quando tive um ataque cardíaco. Num dia, eu era um respeitado professor de budismo; no outro, era apenas mais um paciente metido num roupão hospitalar com a bunda de fora. Nos meses seguintes, a sensação era de ter perdido a identidade e as defesas psicológicas que um dia me definiram. Fiquei deprimido e me sentindo impotente. Passava os dias chorando, com saudade, arrependido, com medo e dependente de histórias familiares que me davam uma sensação temporária de controle.

A perda de contato com a minha autoimagem, no início, foi assustadora. Sempre fui um cara forte, aquele que cuidava dos outros. Agora eu estava abatido, fraco como nunca, incapaz de tomar um banho sozinho ou de amarrar os sapatos sem ajuda. Eu me sentia frágil, com um medo irracional de nunca mais conseguir trabalhar ou ser útil ao mundo. Parte de mim achava que era possível lutar para me recuperar, mas o que eu precisava fazer era o oposto – me render ao processo.

Alguém me lembrou do antigo mito sumério da rainha Inanna, que desceu ao submundo – uma metáfora do inconsciente profundo. Trata-se da história de uma jornada à completude, que envolve aceitar seu lado obscuro, livrar-se dos atributos de seu antigo eu e atingir uma compreensão essencial sobre a morte, para por fim retornar com uma visão mais completa do ciclo da vida. A rainha começa usando as vestes e a coroa de uma deusa celestial. No caminho para o submundo, passa por sete portões. Em cada um deles é obrigada a abandonar um símbolo de poder: o anel de ouro, o peitoral, o cetro... até ficar nua.

Eu me sentia tão nu quanto ela.

É comum nos esforçarmos para costurar uma imagem positiva e reluzente de nós mesmos, às vezes realçando nossas capacidades ou nossa importância. Por outro lado, podemos jogar lenha na fogueira de um autoconceito negativo e exagerar nossos defeitos e fraquezas. Sabemos que essa construção que levamos para todo lado e projetamos para o mundo não é real, mas ainda assim investimos nela e chegamos a confundi-la com a realidade.

Então, surge algo que revela a fragilidade do que parecia tão sólido. Nós percebemos que constantemente mudamos de impressões e representações, que tudo o que mantém nossa história são impressões tênues e hábito. Percebemos que a identidade não é uma coisa estática.

Buscar algo com que nos identifiquemos é uma ação pessoal. Podemos nos identificar a partir de quase tudo – o trabalho, a nacionalidade, a preferência sexual, um relacionamento, nosso progresso espiritual ou um pensamento passageiro. Tão importante quanto isso é que começamos a abrir mão dessas mesmas identidades ao despertarmos nossa curiosidade para outras questões. Nesse momento, conseguimos perceber as atitudes e reações, as preferências que nos orientam. Uma vez que reconhecemos nossas tendências, podemos deixar de nos preocupar com o que nos define. Não há necessidade. Aos poucos, isso desaparecerá, porque também é passageiro.

Foi isso que o mestre zen Suzuki Roshi ressaltou ao dizer que "o que chamamos de *eu* é apenas uma porta de vaivém que se movimenta quando inspiramos e quando expiramos".

Ao sermos menos críticos em relação a essas identidades, sentimos que as restrições diminuem e a liberdade, a intuição e a atenção aumentam. Mas de início é comum ficarmos mais vulneráveis.

Na entrada da maioria dos centros de meditação zen existe um *han*: um pedaço de madeira grande e sólido em que os monges batem com um malho para convocar os alunos para a meditação no *zendo*. Escrito com tinta preta, lê-se o ensinamento *sumi*:

Fique atento à importante questão do Nascimento e da Morte
A vida passa rápido
Acorde, acorde!
Não desperdice esta vida.

Alunos e professores passam pelo bloco toda manhã para se lembrarem da verdade fundamental que é a efemeridade. Ao longo dos anos, os golpes do malho criam um buraco no carvalho e o que parecia sólido se torna fino, vulnerável.

As palavras somem e a própria madeira vira o ensinamento.

Parece que esse é o resultado de ser vulnerável. Quando relaxamos o apego às crenças e ideias, diminuímos a resistência aos golpes da vida, paramos de tentar administrar a incerteza e nos comportamos com mais leveza, então nos tornamos menos rígidos. A identidade fica mais flexível.

Nos meses seguintes ao meu ataque cardíaco, percebi que quanto mais eu abria espaço para minha vulnerabilidade, menos comprometido eu me sentia em ser alguém. Fiquei menos ocupado com a exaustiva tarefa em tempo integral que era sustentar a minha personalidade. Às vezes, ela parecia um balão gigantesco que eu já não tinha fôlego para manter inflado. Ao aceitar a fragilidade da vida, relaxei. Eu me senti como um tecido poroso, mais transparente e permeável.

Uma das poucas recordações que tenho das aulas de biologia do ensino médio é o que aprendi sobre osmose – processo no qual as moléculas entram e saem das células passando por uma membrana. Imagino nossa consciência como essa membrana semipermeável e acho que nossa natureza mais profunda pode nos penetrar por meio de um processo parecido com a osmose.

Graças à nossa vulnerabilidade, a possibilidade de conhecer nossa identidade mais básica está sempre presente. Não precisamos esperar por outro momento, pelas condições perfeitas ou pela morte para entender isso. Na verdade, o reconhecimento de nossa própria efemeridade muitas vezes acontece quando menos esperamos, despertado pelas mesmas condições que buscamos evitar.

Durante minha recuperação, eu me sentia permeável a tudo. A beleza sublime e o horror do mundo podiam entrar em minha consciência sem ressalvas. Fui receptivo a tudo. Não havia filtros entre mim e qualquer parte do meu ser ou do mundo. Eu estava apenas *existindo*.

Lembrei-me de quando segurei a mão de Sid, uma paciente idosa da casa de repouso que no início era muito rabugenta e rude. Quando algum voluntário lhe dava bom-dia, ela respondia: "Estou morrendo de câncer. O que tem de bom nisso?"

Mas nos seus últimos dias Sid deixou para trás a agressividade e o mau humor e passou a ser cada vez mais iluminada. A pele ficou quase transparente e foi como se tudo nela passasse pelo mesmo processo. Ela perdeu tanto peso que parecia que o vento poderia atravessá-la. A postura de intimidação desapareceu, substituída por um comportamento calmo e amoroso. Foi como se essa evolução permitisse que sua essência se revelasse, já que ela não estava mais preocupada em tentar manter a desgastada narrativa de sua vida.

Quanto mais flexível eu ficava, mais percebia que nós, humanos, somos apenas um conjunto de estados em eterna mudança. Devíamos nos comportar com mais leveza. Levar-se a sério demais provoca muito sofrimento. Nós nos convencemos de que estamos no comando, mas, na realidade, somos impotentes e sujeitos aos fatos que acontecem ao nosso redor. Mas essa impotência nos coloca em contato com nossa vulnerabilidade, que pode ser a porta de entrada para um despertar e para uma intimidade mais profunda com a realidade.

A percepção que eu tinha de mim mesmo não desapareceu por completo após o ataque cardíaco. Eu ainda era Frank, mas minha personalidade não era mais a força dominante de antes. Durante os meses de recuperação, passei a maior parte do tempo sentado numa antiga poltrona de couro diante de uma linda vista para o mar. Eu costumava manter a porta da frente destrancada, de modo que, se alguém fosse me visitar, eu pudesse dar as boas-vindas de onde estava e a pessoa entraria sem que eu precisasse me levantar, o que ainda era difícil para mim.

Então, um dia, seis meses depois da cirurgia, a campainha tocou e eu, por instinto, levantei para atender a porta. Quando cheguei à sala, senti que meu antigo eu tinha retornado. Foi como estar numa cena do filme *Invasores de corpos*. Minha personalidade estava se reafirmando à força. "Estou de volta. Não se preocupe. Reassumi o controle", ela dizia.

Por mais estranho que pareça, não fiquei exultante quando isso aconteceu. Na verdade, a sensação foi de perda. Temia recair em meus velhos hábitos e perder contato com a recém-descoberta percepção da minha natureza ilimitada.

Felizmente, não foi isso que ocorreu.

Ao contrário, descobri que era capaz de funcionar como Frank, o lado da minha personalidade que consegue realizar as coisas, mas também mantive o contato com a percepção mais importante do *existir* que descobri durante a recuperação. Percebi a possibilidade de uma paz interior. Independentemente das condições de minha vida, eu podia relaxar. Podia mudar. Podia encontrar satisfação.

Por sorte, não precisamos esperar ficar doentes ou morrer para assumir a própria efemeridade. Qualquer evento importante que seja transformador nos dá essa chance. Pense na maneira como a chegada do primeiro filho faz homens e mulheres ampliarem a visão de si mesmos para incluir seus papéis de pai e mãe. Ou na executiva poderosa que perde o emprego: depois de um golpe desse tipo, ela pode se debater por meses, anos até, se for apegada demais à sua identidade de mulher bem-sucedida. Apenas quando ela for capaz de se assumir como uma pessoa que é mais do que o emprego que tinha, um ser humano com paixões, interesses, medos e mágoas que crescem e se desenvolvem ao longo do tempo, ela poderá começar a se recuperar e a construir um novo caminho.

Quando a percepção em relação a nós mesmos muda para *existir*, superamos nossa rejeição à efemeridade. Não apenas isso; também – como aconteceu comigo depois do meu ataque cardíaco – nos tornamos conscientes de algo além da transitoriedade: a fonte permanente da qual a vida nasce. Suzuki Roshi escreveu: "Viver significa morrer como um pequenino ser a cada momento." O que ele quis dizer é que o *eu* não é algo isolado e estático, e sim dinâmico, uma rede de processos interconectados. Quando percebemos isso, fica claro que existe sempre uma oportunidade para reagir a qualquer situação de maneira criativa. Nada nos impede de mudar e de nos transformarmos – nada nunca nos impediu.

Aceitar a própria efemeridade é uma jornada que nos leva cada vez mais fundo no contato com a verdadeira essência do mundo. Primeiro, admitimos que tudo ao nosso redor muda. Depois, entendemos que estamos sempre mudando – nossos pensamentos e sentimentos, nossas atitudes e crenças, até mesmo nossa identidade.

O lado bom é que a nossa fugacidade nos conecta a todos os outros seres humanos. A empatia surge ao percebermos nossa transitoriedade e compreendermos nossa interconectividade. Não somos isolados, como pensamos ser um dia. Somos, de fato, profundamente conectados a tudo e a todos.

3

A MATURAÇÃO DA ESPERANÇA

A esperança inspira a bondade a se revelar.

– ANÔNIMO (também atribuído a EMILY DICKINSON)

Andando a passos largos pelo amplo corredor do imponente prédio de aço e vidro de um hospital, eu refletia sobre a impessoalidade do sistema de saúde. Bem nesse momento, uma cantiga de ninar de Brahms começou a tocar nos alto-falantes.

Perguntei sobre a música encantadora à chefe da enfermagem que me acompanhava.

Ela me deu um sorriso e disse:

– Um bebê acabou de nascer.

Surpreso com a resposta, pedi que ela me explicasse melhor. Ela contou que, toda vez que um bebê nascia, o setor de maternidade tocava aquela canção e o som era transmitido para todas as salas do prédio.

– Até para os quartos dos pacientes? – perguntei, incrédulo.

– Sim. E para todos os departamentos: ortopedia, UTI cardíaca, pronto-socorro, centros cirúrgicos, escritórios administrativos, lanchonete, até mesmo para o centro de comando da segurança – explicou, orgulhosa.

– Ela é tocada em todos os nascimentos, mesmo os difíceis? – insisti, espantado.

– Sim, em todos os partos: naturais, prematuros e cesarianas.

Ao olhar ao redor, percebi que as pessoas que corriam para seus compromissos fizeram uma pausa para respirar e que as conversas foram interrompidas, abrindo espaço para sorrisos sutis. Por um momento, a tensão e o estresse deram lugar ao prazer e ao relaxamento.

Hospitais costumam ser ímãs para o sofrimento, ambientes cheios de agonia, medo, ansiedade e outros desconfortos. Muitas vezes as equipes se deixam envolver pelos detalhes técnicos dos tratamentos, esmagadas pelo sofrimento do paciente.

A música era um bálsamo, um alegre lembrete de que a vida pode ressurgir a cada momento, um estímulo positivo para ir em frente mesmo diante da adversidade. A música era mais do que uma mera mensagem de otimismo: ela enchia o ambiente de esperança.

A esperança é uma disposição inconsciente, às vezes bastante sutil, porém um recurso essencial para todos. Ela nos motiva a sair da cama de manhã e aguardar ansiosamente as possibilidades de um novo dia. Ela é a antecipação de um futuro promissor. Desmond Tutu, crítico do apartheid e ganhador do prêmio Nobel da Paz, uma vez disse: "A esperança é a capacidade de ver a luz mesmo em meio à escuridão."

Os especialistas ainda não entraram em acordo sobre a esperança ser uma emoção, uma crença, uma escolha consciente ou as três alternativas. O filósofo Václav Havel, primeiro presidente da República Tcheca, sugeriu que a esperança é "uma orientação do espírito". Para mim, ela é uma qualidade inata do ser, uma confiança vigorosa na vida, que se recusa a desistir.

O que temos certeza a respeito dela é que nos leva a fazer coisas extraordinárias. Às vezes, isso é essencial para a sobrevivência. Contudo, em outros momentos, quando a esperança é mal interpretada, esse erro pode nos afundar na desilusão e se tornar um obstáculo a que enfrentemos a realidade.

Para distinguir seu verdadeiro valor, precisamos estabelecer um limite entre esperança e expectativa. A esperança é uma força otimista que nos impele na direção da harmonia. Ela não vem de fora: é uma fonte escondida dentro de nós. Quando a mente está calma e alerta, conseguimos enxergar a esperança com mais clareza e reconhecê-la como um processo dinâmico que nos ajuda a ter sabedoria, a compreender que fazemos parte da vida e a agir em prol dela. É possível sentir a leveza e a vitalidade desse tipo de esperança, assim como o entusiasmo e a positividade que ela produz. Ela nos energiza para realizarmos aquilo que imaginamos enriquecer nosso futuro. Esta versão da esperança é uma necessidade básica humana.

O tipo prejudicial de esperança, contudo, mais se assemelha a acreditar em mágica. É uma crença quase infantil, às vezes até mesmo cega, de que algum agente externo trará o que desejamos. Esta visão rejeita o que está presente para nós aqui e agora, é o outro lado do medo.

Essa esperança revestida de expectativa se fixa num efeito específico, se confunde com o desejo de determinado resultado futuro. É como se nossa força viesse de fora, do objetivo em questão. O problema é que nem sempre alcançamos o que desejamos e esse tipo de esperança pode ser frustrada.

Vincular a felicidade a um resultado específico provoca todo tipo de sofrimento. Para administrar essa angústia, tentamos controlar tudo o que se passa à nossa volta. Mas não temos controle, por exemplo, sobre se vai ou não chover no nosso casamento, o humor das outras pessoas, se um dia ganharemos na loteria ou mesmo se teremos uma doença grave. A transitoriedade da vida supera nossos melhores planos.

No cenário sempre mutante de nossas rotinas, focar um resultado fantasioso só gera ansiedade e nos atrapalha a participar de tudo o que a vida nos revela a cada momento. Minha amiga, a falecida antropóloga Angeles Arrien, aconselhou que nos mantivéssemos "receptivos ao resultado, não fixados nele". Ela escreveu: "A receptividade e o desapego ajudam a recuperar a sabedoria e a objetividade, que são recursos humanos."

Eu estava por perto sempre que Fred visitava a esposa, Rachel, no Zen Hospice Project. Ela estava morrendo de câncer e Fred ia lá todos os dias para lhe dar pedaços de melancia. Não apenas um pedacinho, mas o que parecia ser uma melancia inteira a cada vez.

– Você deve adorar melancia! – comentei com Rachel um dia.

– Na verdade, não ligo muito – respondeu ela. – Fred leu na internet que isso me ajudaria a combater o câncer, então eu como para deixá-lo feliz.

Melancia. Eu sei, parece absurdo. Não é incomum que as pessoas desesperadas recorram a todo tipo de cura. De vez em quando, alguma até funciona.

Fred amava a esposa e não estava pronto para aceitar que ela se fosse. A ideia de que ele tinha descoberto uma cura para o câncer era uma falsa esperança.

Numa noite, já bem tarde, pedi que Fred me mostrasse o site que proclamava a melancia como cura. De início, ele leu o material para mim com entusiasmo. Então, de repente, ficou desesperado e cobriu o rosto com as mãos. Ele percebeu que tinha interpretado mal as informações. O texto não sugeria que a fruta fosse uma cura milagrosa, e sim que consumi-la ajudaria na hidratação, que era importante para a melhora.

Depois de esperar que Fred processasse a perda, perguntei a ele o que esperava dos dias que pareciam ser os últimos ao lado de Rachel.

Ele não hesitou nem um segundo: "Espero amá-la com todo o meu coração. Amar cada parte dela sem reservas. Garantir que ela saiba como minha vida foi abençoada por ter me casado com ela."

Na última semana da vida de Rachel, acho que Fred não saiu um minuto do seu lado.

Não é incomum que uma pessoa muito doente ou seus entes queridos comecem a jornada rumo à morte na esperança cega de um milagre – por exemplo, a completa remissão de um câncer ou a recuperação da capacidade física e mental. O que chamamos de esperança nessas circunstâncias é, na verdade, apenas uma demonstração de medo, e, nesse estado, qualquer solução que encontrarmos é duvidosa, pode ser fruto da nossa confusão.

A esperança é uma qualidade inata do ser humano que pode contribuir positivamente para a sensação de bem-estar, de modo que não parece boa ideia abrir mão dela. Por isso, talvez seja preciso retrabalhar nossa compreensão dela e a forma como a empregamos.

Descobri que, com a ajuda dos cuidados compassivos, a esperança deixa de ter a ver com administrar o que não escolhemos e não podemos evitar e se volta para o valor de viver de modo pleno nas condições do momento. Muitas vezes ela se transforma no que chamo de *esperança madura*, um sentimento que nos leva para dentro de nós mesmos em busca do lado bom da experiência.

A esperança madura exige intenção clara e desapego. Esse tipo de esperança não depende do resultado. Na realidade, a esperança está ligada à incerteza, porque nunca sabemos o que vai acontecer. Ela está no potencial da nossa resposta atenta, não na dependência de que algo aconteça de determinada maneira. É baseada no valor e na confiança em nossa bondade, não naquilo que podemos conquistar. Essa confiança fundamental guia as nossas ações e permite que colaboremos com as outras pessoas e que sejamos perseverantes. Na doença, a esperança madura nos ajuda a alcançar a plenitude, mesmo que a cura não seja possível.

Quando deixamos de ter uma visão obstinada do futuro – a ideia de que "este é o único modo como aquilo que desejo pode acontecer" – nos libertamos da esperança prejudicial. Abrimos espaço para o novo. Como Fred descobriu, a flexibilidade e a bondade nos permitem recriar a esperança mesmo numa situação aparentemente impossível. A energia que essa esperança madura oferece nos ajuda a ver que, apesar de a vida tomar rumos inesperados, oportunidades que nunca imaginamos também podem surgir.

Desastres naturais, como terremotos, incêndios e inundações são exemplos claros de circunstâncias devastadoras que interrompem o cotidiano. Casas são destruídas, muitos morrem. Ainda assim, nesses momentos vemos pessoas se unindo, cuidado umas das outras, agindo com coragem, protegendo estranhos e revelando o melhor de sua personalidade. Talvez isso aconteça porque essas situações nos colocam cara a cara com a fugacidade da vida, o que não é muito diferente de receber o diagnóstico de uma doença incurável. As histórias de pessoas que enfrentam com dignidade situações desesperadoras nos estimulam e nos dão esperança na bondade do ser humano.

Se pensarmos bem, veremos que ninguém cresce nem se transforma mantendo-se na zona de conforto. Nós progredimos quando somos desafiados a mudar. Quando nos livramos da dependência do que *costumava ser* e da compulsão pelo que achamos que *deve ser*, estamos livres para aceitar a verdade do que *é* neste momento.

A esperança madura compreende que tudo vai mudar, não importa o que fizermos. É preciso confiar em si e no outro, nas ações corretas e na perseverança, sem desespero.

Certa vez conheci um homem que plantou 10 mil carvalhos. Na época, ele tinha 70 anos. Ele não sabia quantas mudas se tornariam árvores adultas e nunca veria nenhuma delas em sua plenitude. Ele me contou que a esperança era uma promessa compartilhada entre ele, as árvores e as crianças que um dia subiriam nos galhos daqueles carvalhos magníficos.

Nunca me encontrei com Crystal. Ela apenas telefonou um dia para perguntar se eu poderia ler *O livro tibetano dos mortos* para sua professora que estava morrendo, uma psicóloga reconhecida mundo afora. Expliquei que aquela era uma obra de difícil compreensão e que algumas de suas imagens podiam ser muito assustadoras para pessoas não iniciadas. Fiquei imaginando por que ela havia deduzido que a professora iria querer aquela leitura em seu leito de morte.

– Ela foi uma professora notável que teve uma vida notável. Queremos que ela tenha uma morte notável – explicou Crystal.

Sentindo a pressão que essa expectativa poderia exercer sobre a professora, respondi:

– Talvez ela queira uma morte perfeitamente comum.

Crystal desligou o telefone sem se despedir. Imaginei que decidira fazer aquele pedido a outra pessoa.

Mais tarde, ela ligou de novo. Contou que, depois de conversarem entre si, ela e os outros estudantes tinham entendido que tudo o que queriam era ajudar a professora a morrer em paz.

Concordei em ajudar, desde que nos esforçássemos para descobrir o que a professora precisava de fato. Pedi que Crystal observasse e ouvisse com atenção o que a professora lhe dissesse.

– Ah, não posso fazer isso – respondeu. – Ela está em estado de coma parcial. Não pode falar.

– Olhe mais atentamente. Ela está transpirando? – perguntei.

– Sim.

– Então pegue uma toalha úmida e coloque com delicadeza na cabeça dela.

– Ok.

– Ela está fazendo caretas, como se estivesse com dor? – prossegui.

– Não – garantiu Crystal.

– Ótimo, então vamos para o próximo passo. Como está a respiração dela?

– Muito acelerada, às vezes irregular – explicou.

– Sente ao lado dela, fique em silêncio e acompanhe o rimo da respiração. Inspire quando ela inspirar, expire quando ela expirar. Não tente guiá-la, apenas a siga. Desta forma você oferece uma presença amorosa e gentil, acompanha pacientemente as mudanças que ocorrem a cada momento na experiência dela.

Crystal fez isso por mais de vinte minutos. Mesmo pelo telefone, pude perceber a mudança no ambiente.

– O que está acontecendo agora? – perguntei.

– A respiração dela ainda está bastante rápida, mas eu estou bem mais calma! – relatou Crystal.

Depois, ela riu – uma mudança e tanto desde que me telefonara pela primeira vez.

– Continue fazendo esse acompanhamento – recomendei. – Observe o tom da pele. Escute a respiração. Veja o que acontece quando os olhos tremem. Preste muita atenção. Entenda que tudo é uma comunicação com você. Deixe que ela mostre o caminho. Ela vai guiá-la, vai saber como fazer isso. O ser humano morre há centenas de milhares de anos.

Aproveitei para demonstrar minha admiração pelo cuidado amoroso de Crystal e me despedi. No dia seguinte, ela telefonou para dizer que a professora tinha partido em paz durante a noite, quando a maior parte dos alunos estava fora do quarto.

Em nossa cultura, nutrimos a ideia da "boa morte", aquela em que, quando a pessoa se vai, tudo em sua vida está organizado, todos os problemas estão resolvidos e ela parte em paz.

Mas a realidade pode ser diferente. A "boa morte" é um mito. Quem está partindo pode deixar marcas de sofrimento pelo caminho. Algumas pessoas se isolam. Outras fincam os pés em antigos hábitos. Outras resistem até o fim. Poucas encontram a paz e a beleza do momento. Mas quem somos nós para dizer como o outro deve morrer?

Pela minha experiência, a expectativa da "boa morte" adiciona um peso enorme e desnecessário ao momento. Pensando assim, as pessoas sentem que fracassaram. "Ah, minha mãe morreu assustada, foi uma morte horrível", ouvi certa vez um homem lastimar. E há ainda quem se sinta derrotado à beira da morte porque nossa cultura é impregnada da crença de que é preciso "lutar até o fim". De que vale atormentar quem está morrendo impondo-lhe julgamentos? Como Crystal descobriu, permitir que nossos entes queridos tenham a experiência de que precisam é libertador tanto para eles quanto para nós.

Quando eu me sento na cabeceira da cama de alguém que está em seus últimos dias, meu principal objetivo é manter o coração aberto. Sinto que tenho a responsabilidade de apoiar o doente onde quer que ele esteja em sua jornada e o direciono aos próprios recursos internos.

Tento destacar capacidades que a pessoa já tem e que talvez não conheça. Às vezes o doente consegue ver bondade em meus olhos, num reflexo da bondade que ele mesmo tem, e isso faz com que consiga se ver de um jeito novo.

Emily tinha apenas 34 anos quando chegou ao Zen Hospice Project morrendo de câncer de mama. Antes de entrar no que uma amiga chama de "sono do crepúsculo" – o sono do qual nós raramente acordamos –, ela me contou a terrível provação que sofreu quando era criança nas mãos da mãe, Ruth, uma mulher muito agressiva.

Quando o estado de Emily se tornou crítico, Ruth cruzou o país para ficar ao lado da filha. Elas não se falavam fazia anos e existia muita mágoa entre elas. A mãe começou a despejar desculpas por seu comportamento no passado e pediu perdão à única filha. Emily permaneceu quieta e indiferente, como estava havia dias.

De repente, Emily se sentou ereta na cama, olhou nos olhos da mãe e disse com força e clareza: "Eu odeio você! Sempre odiei." E então morreu.

Houve um enorme sofrimento no quarto. Ruth ficou em choque. Aquele era seu pior pesadelo. Foi doloroso que as últimas palavras de Emily tivessem sido tão agressivas.

É difícil manter o coração aberto nesse tipo de situação. Ainda assim, podemos ver além da angústia imediata. Emily finalmente conseguiu falar a verdade para a mãe, algo de que teve medo a vida inteira. Foi horrível, mas verdadeiro. Falar a verdade é indispensável a um futuro que se baseia na cura e na esperança madura.

Emily teve uma "morte ruim"? Muitas pessoas diriam que teve. Eu parei de julgar. A "boa morte" para uma pessoa pode ser o pior pesadelo de outra. Algumas desejam ter uma morte súbita, enquanto outras torcem para partir aos poucos. Há ainda quem deseje estar cercado de familiares e também os que temem a interferência de pessoas bem-intencionadas.

Nos meses após o falecimento de Emily, apoiei Ruth em seu luto. Foi um caminho difícil. Ainda assim, assumir a responsabilidade por suas ações do passado e enfrentar o doloroso fato de que a filha a odiava foi essencial para que ela conseguisse perdoar a si mesma. Compreender que ela não podia mudar o que aconteceu no leito de morte de Emily nem voltar no tempo e ser outro tipo de mãe a levou, por fim, a aceitar que as coisas eram como eram.

Será que devemos "torcer pelo melhor"? Ou "esperar pelo pior"? E se, no lugar disso, decidirmos dar atenção sem criticar e nos comprometer com a verdade, qualquer que seja? Imagine que, em vez de escolher um lado, alcancemos a clareza mental, a estabilidade emocional e a presença que nos permitam não sermos afetados por ciclos de altos e baixos, de esperanças e medos. A serenidade dá origem à resiliência, à autoconfiança e à capacidade de adaptação. Com ela, conseguimos aceitar todas as coisas – o passado, a nós mesmos, os outros e as frequentes mudanças na vida – como são: nem boas, nem ruins, porém viáveis.

Nesse processo, é útil buscar alento na efemeridade – não na expectativa de que as coisas vão ser como esperávamos ou temíamos, mas na certeza de que tudo muda, queiramos ou não.

Falamos de viver o momento presente. Mas como encontrar *este momento*? Seria ele um nanossegundo que pontua o espaço entre o passado e o futuro? Parafraseando Santo Agostinho, o agora não está no tempo nem fora do tempo. O esquivo momento presente não é mensurado pelo tique-taque do relógio que nós, humanos, inventamos, nem é separado do passado ou do futuro. Não existe linha do tempo, pelo menos não como se convencionou imaginar.

Todos nós experimentamos sentimentos de atemporalidade. É quando o momento se expande, quase como um sonho. Quando me lembro de minha mãe, que morreu há mais de 45 anos, não é o passado acontecendo no agora? O momento presente inclui o passado e também o futuro em potencial. Minha neta ainda é criança, ainda não molda conscientemente seu destino. Mesmo assim, o futuro vive dentro dela, como em cada um de nós.

É aí que entra a força da esperança – não como um desejo a ser realizado ou um plano a ser formulado e executado, mas na maneira como encaramos as eternas transformações de cada momento. O presente inclui todo o tempo; é o agora que a tudo abarca. O momento presente poderia ser mais bem descrito como *fluxo da vida*. Somos permanentemente moldados por ele e o moldamos de acordo com o modo como o encaramos e reagimos a ele.

Não espere é um estímulo para viver de maneira plena. Não perca este momento esperando pela chegada do próximo. Não espere para agir no que é mais importante. Não fique preso na esperança de um passado ou um futuro melhores; esteja presente.

David estava convivendo com a doença de Parkinson em estado avançado. No início, a deterioração de sua saúde o deixou frustrado e temeroso. Ele percebeu a frequência com que se referia ao próprio corpo desejando que fosse diferente.

Se ao menos eu pudesse atrasar o avanço da doença, ele pensava. *Como e quando minha doença vai piorar?* Esperando que as circunstâncias mudassem e torcendo por um futuro diferente, ele basicamente passava os dias ansioso e fazendo suposições.

Por sorte, David é um homem que se dedica à meditação. Com o tempo, ele conseguiu mudar de atitude. Os pensamentos se aquietavam e ele ficava mais tranquilo e reflexivo. Ele descrevia esses momentos como "atemporais" e me disse: "Vejo agora como o desejo constante de que as coisas fossem diferentes me cegava para os aspectos positivos da experiência com o Parkinson. Agora, foco na gratidão por aqueles que cuidam de mim. Confio na minha capacidade de enfrentar qualquer desafio que surja."

David revelou: "Nos meus pensamentos mais singelos, tenho esperança de que a doença regrida. Ela é motivo de medo e eu quero controlar esse sentimento, mas isso só me leva à decepção, a que eu me sinta perdido. Quando fico mais tranquilo, a questão surge e eu a vejo como é: um pensamento assustador. Então percebo que, se tenho consciência do pensamento e do medo que o acompanha, o medo não é tudo o que está presente. A consciência também está. Ao reconhecer isso, posso escolher entre agir com medo ou com consciência."

Ele continuou: "É mais ou menos como quando vimos a Terra da Lua pela primeira vez e conseguimos entender a nós mesmos de formas que antes eram impossíveis. Quando não estou tão cheio de expectativas, consigo ver melhor o quadro geral e identifico oportunidades que não tinha percebido. Não se trata de um estado de impotência passiva ou de férias mentais. É uma receptividade que tem seu próprio dinamismo e que vem misturada com curiosidade e descoberta."

O que David descreveu com tanta eloquência é uma dimensão sutil da ideia do *não espere* que chamo de *nada esperar*. É o antídoto para a armadilha da expectativa: manter a mente aberta e receptiva. Ao nada esperar, permitimos que propósitos, experiências, estados mentais e corações se revelem, se apresentem a nós sem a nossa interferência.

O nada esperar é tranquilo e vasto, um jeito de permitir que a experiência venha a nós sem precisarmos estender a mão e agarrá-la. Nós a descobrimos por meio da revelação, não arrancando significados, manipulando-a para que fique da maneira que queremos nem sobrecarregando-a com nossos conhecimentos prévios. Nada esperar é uma saudação tranquila, mais um convite do que uma demanda. Quando paramos de depender da próxima experiência na busca de um resultado específico e de nos apoiarmos no passado na esperança vã de que ele mude, só então estamos livres para entender completamente o momento.

O nada esperar nos oferece uma nova posição vantajosa, um pouco como o Google Maps. Numa hora, podemos ter uma visão de uma rua bem estreita. Podemos estar focando certos detalhes, como o endereço de uma casa. Depois, recuamos para uma perspectiva mais panorâmica e vemos como aquela casa é um mero ponto na cidade, no país e no hemisfério no qual ele se insere. Quando vemos o quadro maior, podemos incluir mais opções.

Contudo, nada esperar não significa ser paciente, porque ter paciência é para quem aguarda algo, ainda que calmamente. A experiência de nada esperar é mais como um *contato contínuo* com a realidade. Permanecemos alertas, atentos e muito ativos. Seja qual for a experiência do momento – "boa" ou "ruim", gostando ou desgostando dela –, nós lhe damos toda a atenção.

Seja ao pensar na vida ou na morte, é importante diferenciar esperança de expectativa, pois assim nos conectamos de forma inteligente à realidade. Nós comparecemos e participamos nos desdobramentos da vida. Nós nos envolvemos na jornada em vez de esperarmos a chegada ao destino.

Unir a esperança a uma atitude de nada esperar dá origem a uma expansividade atemporal, a uma franqueza alegre, a uma receptividade que independe das circunstâncias, que surge da conexão imediata com a benevolência. A esperança madura é um pouco como a canção de ninar de Brahms tocada naquele hospital: um doce lembrete que nos ajuda a relaxar e a apreciar o potencial para uma nova vida presente em cada momento.

4

O CERNE DA QUESTÃO

O perdão não é um ato ocasional,
e sim uma atitude permanente.

— MARTIN LUTHER KING JR.

O perdão nos livra da rigidez que se acumula em nosso coração. Então o amor pode fluir mais livremente. Blaze e Travis me ensinaram isso.

Blaze foi a primeira pessoa que viveu e morreu conosco no Zen Hospice Project. Ela morava sozinha num sombrio quarto de hotel quando teve o diagnóstico de um câncer terminal. Uma assistente social nos apresentou num hospital em São Francisco. Blaze não podia voltar para casa e precisava de alguém que a amasse, isso estava claro, então nós a convidamos a ficar conosco. Não foi um convite planejado. A casa de repouso ainda não estava pronta, mas Blaze precisava de um lugar para ficar e lá havia quartos vazios de estudantes. Imaginei que tudo daria certo de alguma forma. Naquele tempo, eu era jovem, idealista, meio ingênuo e não muito bom em planejamento.

Até onde sabíamos, Blaze não tinha amigos. Porém, logo que chegou, pediu que procurássemos seu irmão, Travis, a quem não via fazia mais de 25 anos. Não foi uma tarefa fácil. Na época não existia internet e Travis era um peão que acompanhava o circuito de rodeios. Ele nunca ficava num lugar por muito tempo. Entramos em contato com a associação que organizava os rodeios e por fim o encontramos.

Avisei-o por telefone que a irmã estava morrendo e queria vê-lo, mas confesso que não tinha muita expectativa. Então, uma noite, bem tarde,

Travis apareceu na nossa casa de repouso. Ele tinha um porte imponente e se vestia a caráter: chapéu, botas de couro de cobra, uma grande fivela de prata no cinto.

– Que tipo de lugar é este em que minha irmã está? – perguntou, olhando ao redor para nossas modestas acomodações.

– Ela está no andar superior – respondi apenas. – Quer vê-la?

– Com certeza.

Eu o acompanhei até o quarto de Blaze. Só que, quando chegamos lá, ficou claro que Travis estava apavorado demais para entrar. Ele andava de um lado para outro no corredor, nervoso.

Depois de um tempo, sugeri que ele descansasse um pouco e tentasse novamente no dia seguinte. Ofereci-lhe um quarto e ele concordou em passar a noite lá.

Na manhã seguinte, encontrei Travis no refeitório com suas roupas de caubói, cercado por monges com cabeças raspadas e túnicas pretas, comendo tofu. Foi engraçado.

Depois de um tempo, ele disse que estava pronto para subir e conseguiu entrar no quarto de Blaze. Eu me sentei, quieto, no canto e observei. Eu me surpreendi com a maneira calma como os irmãos reagiram ao se encontrarem depois de tantos anos. Eles não falaram sobre a doença de Blaze nem de nada sério. Apenas conversaram sobre coisas banais, como clima e rodeios, e ouviram música country no rádio.

Travis continuou a visitar a irmã todos os dias. Aos poucos, as conversas ficaram mais sérias. Blaze contou da experiência nos hospitais, nos consultórios e como era ter câncer. Eles se lembraram de algumas histórias divertidas e compartilharam recordações.

Dez dias depois da chegada de Travis, o estado de Blaze piorou muito. Enquanto ela descansava, Travis e eu fomos para o pátio, aonde íamos às vezes para tomar ar fresco. Ele fumava e falava, eu escutava. Em certo momento, Travis sussurrou:

– Quero contar a ela, mas não consigo.

– Sabe, Travis, se houver alguma coisa que você precise dizer à sua irmã, faça isso logo. Não espere. Blaze não tem muito mais tempo.

– Não sou bom com palavras – respondeu ele.

– Se você não consegue dizer a ela, por que não conta para mim?

Foi uma longa história. Travis me contou que ele e Blaze foram abandonados quando crianças. Cresceram em orfanatos e lares temporários em várias cidades – às vezes juntos, às vezes separados. Tinha sido muito sofrido. Travis, que era um ano mais velho que Blaze, tinha batido nela algumas vezes. Ele contou ter feito coisas terríveis a ela, ter sido violento de diversas maneiras. Essa era a razão de eles não se verem por tantos anos.

Minha reação inicial foi: *Quem sou eu para ouvir essa confissão? Não sou padre. Não sou terapeuta. Não sou formado em psicologia.* Mas então me lembrei de um psicoterapeuta humanista importante, Carl Rogers. Em seus atendimentos, ele raramente falava, mas escutava de forma tão dedicada que extraía a verdade dos pacientes como se lhes aplicasse um bálsamo.

Carl Rogers escreveu: "Antes de cada sessão, eu paro um minuto para me lembrar de minha humanidade. Não há nenhuma experiência que a pessoa tenha tido que não possa ser compartilhada, nenhum medo que eu não possa entender, nenhum sofrimento que eu não consiga sentir, porque também sou humano. Independentemente da profundidade da ferida, a pessoa não precisa ter vergonha de mim. Eu também sou vulnerável e, por causa disso, sou adequado. Seja a história que for, a pessoa não precisa mais guardá-la para si. Isso é o que permite que a cura se inicie."

Compartilhar histórias ajuda no processo de cura. Senti que o maior presente que eu poderia dar a Travis naquele momento era a minha atenção. Escutar sem julgar é provavelmente a maneira mais simples de criar uma conexão. É um ato de amor.

Quando Travis terminou sua história, ele estava confuso e arrependido. Acho que seu desabafo foi tão surpreendente para ele quanto para mim.

– Bem, foi isso que aconteceu. O que eu faço agora? – perguntou ele.

Estava claro, pelo menos na opinião dele, que só lhe restava sofrer as consequências de seu comportamento terrível.

Sugeri que fôssemos conversar com Blaze.

Quando entramos no quarto, Travis puxou uma cadeira e a colocou ao lado da cama.

– Sabe, irmã, tem uma coisa que eu venho querendo falar com você ao longo de todos esses anos, mas, sabe como é, eu nunca conseguia encontrar as palavras certas... Eu queria só dizer que... aquelas coisas todas que fiz...

Blaze levantou a mão como um guarda de trânsito e disse calmamente:

– Travis, neste lugar eu tenho pessoas que me alimentam, tenho pessoas que me dão banho. Estou cercada de amor. Não existe culpa aqui.

Fiquei boquiaberto com o que tinha acabado de presenciar. Uma vida inteira de sofrimento perdoada num único instante. Um ato de misericórdia poderoso, o passado esquecido. Todos nós choramos juntos, então um silêncio libertador tomou conta do ambiente.

Eu me lembrei de que, não muito tempo antes de Travis chegar ao Zen Hospice Project, eu estava sentado com a normalmente taciturna Blaze quando ela me perguntou:

– Tem umas pessoas que entram no meu quarto e dizem que é preciso amar. Aí vêm outras e dizem que é preciso desapegar. O que devo fazer primeiro?

Eu demorei a responder, mas então disse:

– Você vai saber o que fazer e pode confiar nisso. Mas a verdade é que são ações quase simultâneas, pois é o amor que nos permite o desapego.

Amor e desapego são inseparáveis. Não é possível amar e se apegar às coisas ao mesmo tempo. Com frequência, nós confundimos fixação com amor.

No budismo, a bondade amorosa, ou *metta*, é considerada um estado de ser sublime. Um reino celestial. É comunicativa, flexível, afetuosa e agregadora. A fixação se disfarça de amor, mas é uma imitação barata. Dá para sentir que ela domina e é movida pela necessidade e pelo medo. O amor é altruísta; a fixação é egoísta. O amor é libertador; a fixação é possessiva. Quando amamos, relaxamos, não nos apegamos tanto e naturalmente desapegamos com mais facilidade.

Blaze entendeu alguma coisa sobre o desapego. Ao perdoar Travis, não foi porque esqueceu o que tinha acontecido nem porque desculpou o que o irmão fez. O que ela estava dizendo era: "Se você quiser carregar esse sofrimento pelo resto da vida, fique à vontade. Para mim, já basta dele." Com a proximidade da morte, ela chegou àquele ponto em que preferiu se libertar de todos os ressentimentos e angústias que a acompanharam por décadas. O passado não mais a definia. Ela não queria morrer cheia de pendências. Preferia estar livre, plena de amor, e percebeu que a única maneira de fazer isso era perdoando o irmão. Sem questionamentos.

Dois dias depois, Blaze morreu.

O perdão é fundamental por duas razões. Ele cura, pois permite eliminar velhos sofrimentos, e nos deixa abertos para o amor.

Para ser livre é preciso perdoar. Nesse contexto, quando falo de liberdade não quero dizer algum tipo de iluminação final, e sim algo bem mais prático e imediato: liberdade das acusações, recriminações e críticas que nos causam tanto sofrimento. Apegar-se à dor simplesmente não faz bem.

Ao nos agarrarmos com todas as forças ao passado, não nos apegamos apenas às memórias, mas também à tensão e aos estados emocionais que decorrem delas. Resistir ao perdão é como segurar um carvão quente e dizer: "Não vou esquecer até que você se desculpe e pague pelo que fez comigo." Em nosso esforço para punir, somos nós que saímos feridos.

Não precisamos deixar que as velhas feridas definam quem somos. Podemos deixar o passado para trás e dar adeus às velhas mágoas. Ao perdoar, nos libertamos do sofrimento.

Além disso, ao perdoar, nos predispomos a compreender melhor nossa própria dor. Foi o que Travis fez quando me contou sua história. Pela primeira vez na vida, ele falou do assunto, reviu os fatos e analisou detalhadamente. Só então ele se sentiu capaz de receber o perdão de Blaze.

O perdão tem o poder de superar os obstáculos que nos afastam. Ele pode derreter a armadura do medo e do ressentimento que protege o nosso coração e que nos mantém isolados dos outros, de nós mesmos e da própria vida. Uma vez, perguntei a uma jovem com câncer que tinha sido abandonada pela família e precisou morar na rua se ela achava que o perdão exigia coragem. "Sim", respondeu ela, "mas, para mim, foi uma forma de descobrir se eu era capaz de amar de novo." O perdão libera nosso coração da raiva e de outros sentimentos negativos e abre caminho para o amor.

Como as antigas mergulhadoras japonesas que extraíam pérolas no mar, quando analisamos nossas feridas a fundo, podemos emergir com um tesouro. Explorar a própria dor, além de contribuir para a nossa cura, nos ajuda a sentir empatia pelas pessoas que passam por situações parecidas.

Todos nós concordamos que o perdão tem muitos benefícios. Por que, então, resistimos a ele?

A verdade é que o perdão é um exercício cruel. Ele requer força e determinação para encarar o que é difícil. Ele exige total honestidade. Precisamos estar dispostos a ver as coisas como elas são, testemunhando atos dolorosos que nos aconteceram ou danos que causamos aos outros. Às vezes, precisamos sentir raiva. Às vezes, precisamos lidar com a nossa culpa. Às vezes, precisamos cair numa tristeza profunda. Não se trata de apaziguar nenhuma dessas emoções; trata-se de enfrentá-las com bondade, prestando muita atenção ao que está impedindo nosso desapego.

É possível que o sofrimento acumulado seja vencido de uma só vez, como no caso de Blaze e Travis, porém o perdão não costuma acontecer dessa forma. Eu diria que 99% das pessoas com quem trabalhei se beneficiaram da prática do perdão e que cada uma chegou a ele do seu jeito. Muitas vezes o processo é longo e difícil.

Na minha experiência, as pessoas só perdoam quando chegam à seguinte conclusão: "Não quero que isso atrapalhe minha capacidade de amar." Nós perdoamos porque não faz sentido esperar para aliviar nossa carga, perder tempo guardando rancor. Nós perdoamos porque não queremos chegar ao fim da vida com nostalgias e arrependimentos. Nós perdoamos não porque é "ruim" não fazer isso, mas sim porque manter o sofrimento dói demais e nos impede de amar plenamente.

Magda, uma mulher de 90 anos, foi a um dos meus retiros. Ao longo da semana, ela passou um bom tempo reclamando do marido de 91 anos, Jerzy. Eles tinham completado 60 anos de casados, mas, agora que ele estava velho e cada vez mais frágil, começara a se afastar da esposa. Dizia que queria sair de casa e ir para um asilo ou voltar para a Polônia, sua terra natal. Magda ficava zangada e magoada e me perguntou como o marido podia fazer aquilo com ela depois de tantos anos juntos.

Quando conversamos sobre perdoar, senti certa resistência. Ela, na verdade, esperava que Jerzy se desculpasse. Não estava pronta para relevar a sensação de ser injustiçada. Entretanto, mesmo que as barreiras para o perdão pareçam instransponíveis, o amor pode penetrar pela rachadura mais fina das defesas de alguém.

Semanas depois, recebi uma carta de Magda:

Aprendi com você no retiro que as pessoas se vão. Jerzy vai morrer. Não quero passar os últimos dias com ele sentindo raiva. Percebi que precisava mudar minha perspectiva em relação a ele e superar a indignação e a raiva. Comecei a entender as constantes ameaças dele de se mudar como uma forma de se proteger. Entendi que o amo e que preciso perdoá-lo. Quero desfrutar cada momento com ele. Não quero passar o tempo que nos resta discutindo.

Pode ser difícil lidar de maneira compassiva com o erro – seja nosso ou de outra pessoa. Contudo, perdoar nos permite rever a discórdia, a alienação, o medo e a amargura, sentir com bondade as emoções dolorosas que eles causam e redescobrir nossa humanidade em comum.

Assim como todo mundo tem um lado obscuro, todos têm a capacidade de perdoar.

Foi com uma experiência pessoal que aprendi como o perdão pode ser desafiador. Nos anos 1980, viajei pelas montanhas da Guatemala, um país arrasado por uma guerra civil brutal. Eu me ofereci para trabalhar como voluntário numa clínica improvisada montada por um jovem e bem-intencionado médico de Cidade da Guatemala.

Numa noite, já bem tarde, um casal de origem maia entrou correndo com o filho de 5 anos. Eu não falava o idioma deles e eles sabiam apenas algumas palavras em espanhol e nada em inglês. Após o exame médico, ficou claro que o garoto estava com uma dor abdominal forte, porém misteriosa, e precisava ser operado com urgência. O problema era que o hospital mais próximo ficava a oito horas de carro e, se a criança não fosse atendida antes, certamente não sobreviveria.

Dias antes, durante minha viagem, eu tinha conhecido um coronel guatemalteco responsável pelas tropas do governo na área. Ele tinha se gabado das coisas maravilhosas que o exército vinha fazendo pela população indígena. Então, corri até a casa dele para pedir que disponibilizasse um helicóptero militar para levar o garoto para o hospital.

O coronel atendeu à porta com uma expressão fechada. Depois que descrevi a situação em meu espanhol ruim, ele fez um gesto de desdém com a mão, como se dissesse: "Por que me acordou no meio da noite para contar sobre esse garoto indígena irrelevante?" E bateu com a porta na minha cara.

Fiquei furioso. Quando voltei à clínica, a criança se contorcia de dor e a mãe clamava pela misericórdia divina. Os pais achavam que eu era médico. Não sabiam que não havia nada que eu pudesse fazer. Eu basicamente me revezei com o pai em amparar a cabeça suada do garoto.

Enquanto isso, a mãe dava ao filho um remédio caseiro à base de milho e sussurrava preces maias.

Fiquei lá, desolado, durante horas, enquanto a mãe e o pai abraçavam o filho e o viam morrer de maneira tenebrosa. Depois, eles o enrolaram num velho cobertor feito à mão. O pai tomou no colo o corpo do garoto e o levou embora.

Essa experiência me deixou com uma ira assassina. Fiquei furioso com o coronel. Ele podia ter evitado aquela morte horrenda e desnecessária. Cheguei a desejar matá-lo. Não acho que tenha sentido tanto ódio em nenhum outro momento da vida.

Depois de voltar para a Califórnia, mantive um trabalho em prol dos refugiados, fazendo lobby no Congresso por mudanças políticas, e discursei em público sobre as consequências da guerra civil na Guatemala. Porém, meses depois, a imagem daquele menino agonizando e meu desespero por ser incapaz de ajudá-lo ainda me assombravam.

Uma noite, eu estava escutando um noticiário sobre a guerra na Guatemala e no restante da América Central quando minha raiva ressurgiu. Sem perceber, comecei a gritar com o rádio. Ao me virar, vi meu filho, que tinha 2 anos, acuado no canto. Ele tinha se encolhido e cobrira o rosto com as mãos, aterrorizado.

Imagino que todos os pais já passaram por algum momento como esse, em que pensamos: "Ai, meu Deus, fiz uma coisa terrível com meu filho!" É aterrador. Foi então que percebi que precisava parar com a guerra – não a da Guatemala, mas a do meu próprio coração. Jamais poderia desculpar o que o coronel fez, nem mesmo esquecer, mas a batalha interior que eu travava com ele me destruía e afetava o relacionamento com meu filho.

No fundo, a preocupação com o bem-estar do meu filho serviu de motivação para que eu focasse o que não queria ver – a raiva absurda contra o coronel – e finalmente abrisse mão dela. Entendi que o passo seguinte seria o difícil exercício do perdão. O amor me estimulava a perdoar. Eu tinha que deter a raiva. Ela feria demais meu coração.

Quando a raiva me confundia e os obstáculos surgiam, meu propósito funcionava como uma bússola para me levar de volta ao caminho do perdão. Havia dias em que isso era impossível. Eu resistia a perdoar ou me deixava levar pela dúvida, mas então percebia que estava enganando a mim mesmo, relembrava meu amor por meu filho e o desejo de me desapegar do sofrimento. Assim eu lidava com o conflito usando a atenção plena e a compaixão. Dizia a mim mesmo: "Não quero mais ficar preso a esse ressentimento."

Para me lembrar dessa intenção, pedi que um calígrafo escrevesse minha citação favorita de Buda: "O ódio nunca cessa pelo ódio neste mundo; só pelo amor o ódio cessa. Esta é uma lei antiga e eterna." Esse trabalho artístico foi colocado no centro do meu altar há mais de 30 anos e permanece lá até hoje. É a primeira coisa que eu olho todos os dias quando sento para meditar.

Ao lado da citação de Buda, coloquei uma foto que encontrei do coronel. Assim que começava a meditar, olhava para os dois itens e recitava silenciosamente: "Por tudo o que você possa ter feito para me prejudicar em seus pensamentos, palavras e ações, eu o perdoo." Depois eu permitia que o lado negativo da minha mente e do meu coração aflorasse.

Para ser honesto, muitas vezes eu não me sentia muito piedoso. A sensação era mais de ódio e raiva e eu começava a imaginar estratégias de vingança. Quando isso acontecia, eu não tentava forçar o perdão – o que seria impossível. Eu sabia que tinha que passar pela experiência de um jeito verdadeiro, então me concentrava na sensação de quanto me doía continuar sofrendo. Eu me permitia viver o luto, a dor, o ódio e a indignação. Tentar esconder essas emoções era inútil: elas ressurgiam por vontade própria. Portanto, eu permitia que os sentimentos aflorassem e lidava com eles com compaixão.

Às vezes, quando parecia impossível perdoar, eu deixava o coronel de lado. Eu me lembrava do conselho gentil que recebi de um professor anos antes: "Quando você entrar para uma academia de ginástica, não escolha o peso de 200 quilos. Comece com o de 10 quilos." Eu praticava perdoando coisas pequenas: uma fechada no trânsito ou um colega que usou palavras duras para discordar de uma opinião minha. Desenvolvi o músculo do perdão trabalhando com as ofensas cotidianas.

Convoquei alguns aliados para minha jornada: a compaixão, a bondade e o amor. Eles funcionaram como base para a prática do perdão e como recursos com os quais eu podia contar. Eu imaginava o amor que sentia por meus amigos e professores queridos, minha família e meu filho. Era uma forma de cultivar emoções positivas enquanto olhava para a foto do coronel.

De vez em quando me flagrava preso ao ressentimento e à amargura. Vivia a ilusão de que um dia o mundo reafirmaria minha indignação.

Mas eu também sabia que esse dia provavelmente nunca viria – o coronel nunca seria responsabilizado por deixar o menino morrer.

É comum as pessoas cultivarem ressentimentos de maneira voluntária. Algumas preferem morrer a perdoar. Ao mesmo tempo, muita gente nem sequer se lembra do que provocou tanta fúria. No fim, aquilo de que lembramos e a que nos apegamos não são a história ou o sofrimento em si, mas o ressentimento que acumulamos.

No princípio, eu concentrava quase toda a prática em perceber ao máximo meus sentimentos. Eu precisava do luto pela morte do garoto e de guardar rancor do coronel por permitir que ela acontecesse. Quando parei de ser movido por sonhos impossíveis, foi libertador. O segredo foi investigar de coração aberto os obstáculos ao longo de cada uma das etapas da jornada. Quando dou aulas num retiro, sempre pergunto: "Como o ressentimento repercute no seu corpo, no seu coração e na sua mente? Seus ombros ficam tensos? O que se passa na sua cabeça? Sua mandíbula trava? Você imagina sua vingança? Reencena a discussão, dizendo o que gostaria de ter dito na época? Isso faz você se sentir importante? Quais são os reais sentimentos em seu coração? Não pense apenas na raiva, mas também na impotência, na dor ou na tristeza que se escondem sob ela. Compreenda esse ressentimento."

Nós confundimos perdão com esquecimento. Temos medo de que perdoar signifique esquecer e deixar que o ocorrido se repita. Entretanto, é possível aprender com um problema sem se apegar à tensão e à angústia que ele traz. Não precisamos nos punir – nem a qualquer outra pessoa – para *não* esquecer.

Da mesma forma, imaginamos erroneamente que perdoar significa desculpar o mau comportamento do outro. Na verdade, o perdão não desobriga ninguém da responsabilidade por seus atos, nem necessariamente faz a pessoa mudar. Ele retira os bloqueios do nosso coração e nos libera do apego destrutivo às dores antigas. O perdão é um bem para quem perdoa.

Muitos insistem em que deve haver remorso, pedido de desculpas, justiça ou mesmo punição antes de haver perdão. O problema dessa estratégia é que, em alguns casos, pode ser preciso esperar um bom tempo pela justiça, que talvez nem sequer seja feita. Na minha cabeça, o perdão não tem a ver com justiça – a não ser que estejamos nos referindo à justiça restaurativa, que visa à igualdade. O perdão tem a ver com se livrar da amargura e redescobrir a paz interior.

Uma injúria pode estimular a mudança, mas a raiva deliberada é um ato do ego, uma reação impulsiva e substituta barata da verdadeira força. Quando acessamos a força escondida na raiva, conseguimos agir com dinamismo e assumir uma postura forte contra a injustiça.

Quando falei em público e fiz lobby contra as guerras na América Central com uma postura raivosa, as pessoas ficaram menos inclinadas a me ouvir. Da mesma forma que meu filho se escondeu no canto, as pessoas se escondiam da minha raiva. Quando perdoei o coronel, meu ativismo se permeou de amor. Fiz o que estava fazendo – e mais – porque amava a população da Guatemala e não queria vê-la sofrer.

Às vezes a pessoa não perdoa porque sofre por tanto tempo que acaba se identificando com a dor. Apesar de o ressentimento, a indignação e a vitimização lhe serem um peso, são também familiares, de modo que ela prefere ficar com o conhecido a se libertar. Esse apego pode durar a vida inteira.

Conheço uma mulher de quase 80 anos que me disse que desde a infância se sentia perseguida pelo ressentimento. O pai lhe dissera: "Você nunca parece dar o máximo de si." Na tentativa de agradá-lo, ela ficou obcecada pelo sucesso. Porém, com o tempo, passou a se ressentir de quanto a falta de admiração por parte dele tinha influenciado suas escolhas. Só no fim da vida ela se permitiu ficar zangada com o pai e, enfim, o perdoou.

O perdão não exige reconciliação. Ele pode levar a um consenso, mas reconciliar-se nem sempre é a consequência. A reconciliação requer um acordo entre os dois lados, o restabelecimento da confiança mútua. Pense em quando você briga com um amigo. Depois, ambos pedem desculpas e prometem tentar não repetir o erro. Isso é um acordo para o futuro, uma reconciliação de fato.

Não podemos depender de que outros deem esse passo corajoso, porque nem sempre eles estão dispostos a isso e, às vezes, saem da nossa vida definitivamente. Por sorte, o perdão exige apenas uma pessoa: você. É possível perdoar alguém com quem você nunca conversou ou mesmo alguém que já se foi. Nunca é tarde demais para desapegar-se da dor.

O perdão não requer que recebamos o outro de braços abertos, mas ele nos fortalece a ponto de nos livrar do peso da raiva, do ódio e da dor.

O perdão pede que nos aproximemos de nosso sofrimento e, ao fazer isso, descobrimos uma parte maior e mais compassiva de nós mesmos que pode lidar com nossas mágoas com bondade e compreensão. Aos poucos, deixamos de ser apenas pessoas com medo da dor para nos tornarmos capazes de aceitá-la. O perdão abre a mente para a compaixão natural do coração.

Nesse processo, além de nos desvencilharmos do momento específico em que fomos feridos, começamos a reconhecer a nós mesmos como algo além da dor. Nós nos desencarceramos para sermos mais autênticos, livres e capazes de amadurecer e de nos reinventarmos. Nós nos tornamos quem somos, mais até do que antes.

As palavras de perdão que recito todos os dias ao olhar para a foto do coronel em meu altar soaram falsas ao longo de quase dois anos. Continuei repetindo-as de qualquer forma... até que um dia elas pareceram fazer sentido. Consegui abrir meu coração. As ações do coronel eram detestáveis e indesculpáveis, mas, com o tempo, seu perfil ficou mais claro para mim. Entendi que os atos daquele homem eram causados por condições na vida dele que eu desconhecia e que se cristalizaram na forma da ignorância. Essa ignorância era o motivo do problema, e continuar odiando não seria proveitoso para mim. Racionalmente, eu sabia disso o tempo todo, mas precisava testar todas as facetas de minha resistência antes de conseguir me libertar.

No fim, percebi que não perdoá-lo era uma espécie de autodefesa contra minha sensação de fracasso. Eu tinha medo de que perdoar o coronel significasse deixar o garoto desamparado pela segunda vez. Porém, na realidade, eu tinha lutado aquela batalha – e tinha perdido. Escondido bem no fundo da raiva, encontrei o xis da questão: eu precisava me perdoar. Eu culpava o coronel pela morte do garoto, mas sentia que tinha abandonado a criança. Essa autodepreciação vinha atrapalhando meu processo de libertação. Eu precisava aceitar que era humano e que tinha feito tudo o que podia. As circunstâncias estavam fora do meu controle.

Demorei mais um ano para me perdoar por querer matar o coronel.

O perpetrador e a vítima vivem em cada um de nós. Se eu pudesse perdoar o coronel por sua ignorância, então conseguiria me perdoar também. Com o tempo, esse exercício me levou a entender que o perdão é *sempre* para nosso benefício. Podemos estender o perdão aos outros ou pedir que nos perdoem, mas ele é basicamente um ato de interesse pessoal, não tem nada a ver com mudar o outro. Quando perdoamos, damos a nós mesmo o remédio mais útil, a autoaceitação.

O perdão não é um exercício intelectual. Precisa ser de coração e profundo. Enfrentar a raiva nos ensina a amar mais intensamente.

Depois que Blaze morreu, preparamos um funeral para ela em um lindo retiro budista na costa ao norte de São Francisco. A caminho da cerimônia fúnebre, Travis pediu que eu parasse o carro numa loja na beira da estrada. Lá, ele comprou uma garrafa de gim e dúzias de rosas. Ele tomou a maior parte da bebida antes de chegarmos ao velório.

Foi o primeiro funeral de um paciente da casa de repouso e nossa equipe estava meio insegura sobre o que fazer. A maior parte dos voluntários que tinham cuidado de Blaze foi se despedir dela. Para iniciar a cerimônia, pedimos que todos compartilhassem suas recordações de Blaze.

Quando chegou a vez de Travis falar, ele andou pela sala e ofereceu uma rosa a cada voluntário. Ele não sabia o nome da maioria deles, mas sabia que todos tinham cuidado de sua irmã e queria lhes agradecer. Enquanto distribuía as flores, ele falou: "Algumas destas rosas são por gratidão; outras por amor." Então, parou na minha frente e completou, olhando nos meus olhos: "E algumas delas, bem, são apenas rosas."

Fiquei imaginando se tivemos algum tipo de influência zen em Travis. Ele estava expressando o que há de prosaico na experiência, o que na tradição zen chamamos de "nada especial". Trata-se de uma percepção que emerge quando entendemos e aceitamos as circunstâncias da maneira como são. Travis conseguira se ver daquele jeito – como uma pessoa nada especial, imperfeita e natural, assim como as rosas.

Quem imaginaria que aquele caubói que aparecera em nossa porta poucas semanas antes teria sido capaz de tamanha sabedoria e gentileza? Algo tinha mudado em Travis desde que ele recebera o presente do perdão. Seu coração tinha se aberto.

Isso aconteceu em grande parte porque Travis estava pronto para receber o perdão da irmã. Ao contar sua história no pátio da casa de repouso, ao compartilhar cada detalhe doloroso, ele finalmente encontrou coragem para enfrentar com compaixão o que escondera durante grande parte da vida. Sem dúvida, o ato de perdão de Blaze foi muito generoso e a libertou antes de morrer, mas a verdadeira cura de Travis veio de sua capacidade de perdoar a si mesmo.

Perdoar é perdoar-se. É uma forma incrível de autoaceitação que permite acabar com um sofrimento inacreditável. Tem a ver com entender que, enquanto guardarmos raiva, ressentimento e a sensação de termos sido injustos, estaremos magoando apenas a nós mesmos. A não ser que nos livremos desse peso, vamos carregá-lo pelo resto da vida. Nunca seremos livres.

Não espere. Não espere até o leito de morte para perdoar quem o magoou ou aqueles que sofreram alguma injustiça de sua parte. Permita que a natureza frágil da vida mostre o que é mais importante... e então aja. É muito doloroso manter alguém, ou nós mesmos, fora de nosso coração.

O SEGUNDO CONVITE

Aceite tudo, não rejeite nada

O celeiro queimou... Agora posso ver a lua.

— MIZUTA MASAHIDE

Uma amiga minha certa vez me convidou para jantar na casa de um renomado psiquiatra chamado Sidney. Ele era um homem inteligente, perspicaz e sensível. No entanto, já fazia alguns anos que a doença de Alzheimer tinha afetado sua memória de curto prazo e sua capacidade de reconhecer rostos.

Quando minha amiga chegou, tocou a campainha e Sidney abriu a porta. Ele primeiro fez uma expressão confusa, mas logo se recuperou e disse: "Desculpe-me. Estou com dificuldade para me lembrar de rostos ultimamente, mas sei que nossa casa sempre foi um lugar em que os convidados são bem-vindos. Se você está aqui na minha porta, então é minha obrigação recebê-la. Por favor, entre."

Ser receptivo a tudo não significa necessariamente gostar de tudo. Na verdade, nossa função não é aprovar ou reprovar nada. A palavra *bem-vindo* nos confronta; ela pede que suspendamos nossa habitual pressa de julgar e simplesmente fiquemos abertos ao que está acontecendo. Nossa tarefa é prestar atenção ao que surge na nossa porta e receber tudo de forma hospitaleira.

Gostamos do que é conhecido; gostamos da certeza. Adoramos ter as preferências atendidas. Na realidade, a maioria de nós aprendeu que conseguir o que quer e evitar o que não quer é uma forma de garantir a felicidade. No entanto, existem experiências inesperadas em nossa vida – mudanças imprevistas, uma demissão, a doença de um membro da família, a morte de um animal de estimação – que queremos evitar com todas as forças. Quando deparados com a incerteza, nossa primeira reação é quase sempre a resistência. Tentamos evitar essas partes difíceis da vida como se fossem hóspedes indesejados. Nesses momentos, dar as boas-vindas parece impossível ou mesmo imprudente. Mas, quando digo que devemos ser receptivos a qualquer coisa que se apresente, isto significa que devemos deixar a vida passar por cima de nós?

Nada disso.

Quando estamos abertos e receptivos, temos opções. Somos livres para descobrir, investigar e aprender como responder a tudo o que encontrarmos. Não podemos ser livres rejeitando alguma parte de nossa existência. A receptividade traz a capacidade de lidar com circunstâncias agradáveis e desagradáveis. Aos poucos, com a prática, descobrimos que nosso bem-estar não depende apenas do que acontece no mundo: ele vem de dentro.

Para vivenciar a verdadeira liberdade, precisamos ser capazes de aceitar tudo da maneira que se apresenta. Num nível mais profundo, este convite, como a vida, pede que cultivemos uma espécie de receptividade destemida. *Aceitar tudo, não rejeitar nada* não pode ser apenas um ato de vontade. Aceitar tudo é um ato de amor.

5

NO ESTADO

O curioso é que, quando eu me aceito do jeito que sou,
então posso mudar.

— CARL ROGERS

Sentei na cadeira metálica ao lado da cama de Lorenzo. Ele estava deitado, enrolado num cobertor de lã sintética do hospital, virado para a parede verde.

Ele tinha 60 e poucos anos e ficara sem um teto fazia pouco tempo. De início ele se mostrara resignado, porém, ao receber o diagnóstico de câncer terminal de pulmão, entrara em depressão. Alguns dias antes, tinha tentado se suicidar. Agora, estava internado na ala de emergência psiquiátrica. A equipe me disse que ele mal tinha falado desde a internação.

Fiquei sentado, quieto. O tempo passou.

Depois de 20 minutos, Lorenzo virou a cabeça na minha direção e perguntou:

– Quem é você?

– Meu nome é Frank. Sou do Zen Hospice Project – respondi.

– Ninguém nunca ficou tanto tempo em silêncio ao meu lado – afirmou ele.

– Tenho muita experiência em ficar sentado em silêncio.

Lorenzo era um argentino-italiano de porte elegante, vestido com uma calça esportiva larga e uma camiseta amarrotada. Sob sua atitude desesperada e hostil, notei uma inteligência aguçada.

– O que você quer? – perguntei sem rodeios.

– Espaguete – respondeu ele de pronto.

– Espaguete? Bem, fazemos um espaguete muito bom na nossa casa de repouso. Por que não vem morar conosco?

– Ok, Frank – concordou.

E esse foi o fim da entrevista de admissão.

No dia seguinte, quando Lorenzo chegou ao nosso asilo-residência, havia um prato enorme de espaguete à sua espera. Para ele, o espaguete significava familiaridade, atenção, lar e um retorno à normalidade.

Lorenzo morou conosco por quase três meses. Ele não parou de querer se suicidar só porque lhe oferecemos uma comida reconfortante. O espaguete era bom... mas não tão bom assim.

Entretanto, Lorenzo e eu viemos a confiar um no outro e a gostar de nossa convivência. A confiança é construída a cada dia, a cada interação. Ela começa com o lado prático. Por exemplo, quando você ajuda a pessoa a sair da cama e a ir ao banheiro, ela passa a confiar em que você não a deixará cair. Com o tempo, ela começa a contar seus segredos e medos.

Lorenzo era uma pessoa educada, com interesse em arte, literatura e filosofia. A vida dele saíra dos trilhos com o fim do casamento. Ele perdera o emprego e o plano de saúde quando não conseguiu mais trabalhar por causa do câncer. Ele era uma pessoa determinada e nunca imaginara que um dia iria morar nas ruas. Ele precisava reassumir algum tipo de controle.

Não é incomum que os pacientes terminais expressem o desejo de morrer. Lorenzo queria ler *A solução final*, livro de Derek Humphry sobre eutanásia. Isso foi muitos anos antes das leis americanas atuais que permitem a morte assistida por um médico, então o pedido de Lorenzo foi considerado radical. Comprei o livro mesmo assim e toda noite lia um capítulo para ele. Às vezes é preciso mergulhar na escuridão para descobrir a cura.

Nessas sessões noturnas, Lorenzo se abria comigo. Aos poucos ele começou a revelar seus medos mais profundos. Como muitas pessoas, ele temia enfrentar dores insuportáveis e sintomas aflitivos. Garanti a ele que nossa casa de repouso tinha transformado o gerenciamento da dor e dos sintomas em uma forma elevada de arte. Ele tinha medo de ser abandonado emocionalmente e acreditava que a doença o deixaria sem nenhum controle sobre si, dependente dos outros. Prometi que não o deixaríamos sozinho e que ele escolheria como ser tratado.

Alguns dias antes de morrer, Lorenzo me chamou em seu quarto.

– Quero agradecer a você – falou. – Estou mais feliz do que nunca agora.

– Bobagem – repliquei. – Há pouco tempo você me disse que não queria viver se não pudesse caminhar no parque ou escrever seu diário.

– Ah, *aquilo* foi apenas um desejo – respondeu ele, dando de ombros.

– O que você quer dizer? Aquelas atividades não importam mais para você?

Lorenzo suspirou.

– Não, não são as atividades em si que me alegram. É percebê-las de forma atenta. Meu prazer agora vem do frescor da brisa e da maciez dos lençóis.

Sorri. Que transformação incrível para um homem que eu havia conhecido na unidade psiquiátrica poucos meses antes.

No ambiente de aceitação e respeito sem julgamentos que proporcionamos a ele, Lorenzo conseguiu enxergar novas formas de estar presente em sua experiência. Ele desenvolveu a capacidade de prestar atenção, de estar aberto ao que acontecesse. Como resultado, descobriu aquele importantíssimo espaço entre o estímulo e a resposta. E viu além do condicionamento da própria mente, libertando-se dos comportamentos e pensamentos habituais.

Agora Lorenzo podia lidar melhor com sua doença e a morte iminente. Ele podia ter o domínio dela e, de certa forma, se reconciliar com ela. Ao deixar de ser uma vítima da própria condição ou se fechar, ele estava livre para experimentar e desfrutar a vida de maneira direta, imediata e plena.

Aceite tudo, não rejeite nada é acima de tudo um convite à sinceridade. Na maneira budista de pensar, a mente aberta é uma das principais características das pessoas ativas e curiosas. Ela não determina a realidade: descobre-a. Chögyam Trungpa Rinpoche, o carismático mestre de budismo tibetano, falou de "manter-se receptivo" como sendo a essência da prática budista. Ele descreveu essa receptividade como "uma disposição de olhar para seja lá o que surgir, de trabalhar e de se relacionar com isso como parte de um processo completo... Trata-se de uma forma mais ampla de pensar e de ver as coisas, ao contrário de uma atitude mesquinha e arrogante".

Uma mente aberta não rejeita nem se apega a experiências ou visões específicas. Ela é uma possibilidade ampla, desarmada e não tendenciosa. Essa receptividade é uma característica natural da consciência e permite que as experiências cotidianas aconteçam.

A mente aberta aceita o paradoxo e a contradição. Ela permite que tudo venha à tona. Estar receptivo significa ter disponibilidade para novas informações, vivências e oportunidades de crescimento, assim como ser tolerante com o desconhecido e encarar os tempos difíceis e a bonança como experiências igualmente válidas.

Aceite tudo, não rejeite nada. A recusa alimenta a ignorância e o medo. Não posso ser livre quando rejeito parte da minha experiência. A experiência renegada voltará repetidas vezes, descobrindo novas maneiras de se expressar. Até que eu a conheça a fundo, ela será minha ruína e motivo de sofrimento. Qualquer que seja a vivência em questão – e valem todas: pensamentos, sentimentos ou eventos –, ela é importante e é preciso parar de tentar evitá-la.

Como muitas pessoas queridas, meu irmão mais novo, Alan, foi viciado e tinha uma vida muito difícil. Ele entrou e saiu de diversos programas de tratamento, mas em geral acabava perdendo a batalha para as drogas e o álcool. Num determinado momento, chegou a morar na cocheira de uma pista de corrida de cavalos. Porém ele se esforçou para se recuperar, se formou como assistente social e começou a trabalhar apoiando pessoas com HIV.

Com o tempo, no entanto, os problemas de Alan levaram a melhor sobre ele de novo. Ele deixou de seguir as orientações de seu grupo de apoio, parou de frequentar as reuniões do AA e caiu no velho padrão destrutivo. Passou por altos e baixos durante anos, depois se desintoxicou por um bom tempo, a ponto de se casar e ter uma filha, mas teve outra recaída e, alguns anos depois, sofreu um ataque cardíaco e morreu.

Meu irmão mais velho, Mark, ligou para me dar a notícia. Combinamos de nos encontrar na funerária perto de onde Alan morava. Pedi que Mark acertasse com o funcionário de lá que eu tivesse algum tempo ao lado do meu irmão caçula. É costume em determinadas tradições budistas deixar o corpo em paz por até três dias. Durante esse período, algumas pessoas meditam junto a ele, realizam rituais e até ajudam a guiar o falecido pelos estados intermediários conhecidos como *bardos* no sistema tibetano. Mesmo que não sigam essas crenças e rituais, descobri que criar um ambiente tranquilo, respeitoso e sagrado após a morte pode ajudar a família e os amigos no processo de luto.

– Por que você quer fazer isso? – perguntou Mark, que desconhecia as práticas budistas.

– É só um costume da Califórnia – desconversei.

– Bem, não vamos fazer velório nem nada desse tipo. Alan não tinha muitos amigos – contou ele.

– Tudo bem. Só quero ficar um tempo ao lado dele na funerária.

Quando cheguei, um funcionário trouxe o corpo de Alan numa maca. Ele ainda não tinha sido arrumado, nem embalsamado, mas isso não me importava. Pedi que Mark nos deixasse sozinhos um pouco, para que eu velasse Alan. Eu queria refletir sobre sua vida e nosso relacionamento.

No momento em que eu tinha conseguido harmonizar minha respiração, a ex-mulher de Alan, Lorraine, entrou na sala. Ela era viciada em drogas e estava num estado de extrema agitação. Correu até a maca e começou a sacudir o corpo, fazendo uma série de perguntas. "Por que essa etiqueta no dedão dele? Onde estão os óculos dele? O que é esse arranhão no queixo? Ele vai voltar?"

A princípio, fiquei zangado. Eu só queria ficar com meu irmão em paz e agora a sala estava um caos. Lorraine não parava de fazer perguntas e eu desejava desesperadamente que ela fosse embora.

Então, parei de tentar forçar os acontecimentos na direção que eu imaginara. *Você queria estar com seu irmão? Estar com ele é assim*, pensei. Para poder entender o que era verdade naquele momento, decidi acolher a raiva em vez de afastá-la. Assim que fiz isso, percebi que havia força na raiva – e que eu podia utilizá-la para lidar com a situação.

Levantei, me aproximei da ex-mulher de Alan e coloquei a mão no ombro dela para oferecer algum conforto. Respondi a algumas de suas perguntas, mas, na verdade, fiquei em silêncio a maior parte do tempo. Depois de quinze minutos, Lorraine se acalmou, disse que precisava ir e saiu.

Senti uma onda de alívio e me sentei de volta na cadeira. Entretanto, alguns segundos depois, um funcionário entrou na sala. Ele me pediu desculpas e avisou que estavam fechando e, infelizmente, eu teria que ir embora.

E isso foi tudo. Esse foi todo o tempo que tive para velar meu irmão.

Aceite tudo, não rejeite nada, pensei comigo mesmo. Meu próprio ensinamento em ação. Eu não podia mudar a situação. Reclamar apenas aumentaria meu sofrimento. Então, abri mão das minhas expectativas de como seria me despedir de Alan. Ao aceitar o que aconteceu, encontrei paz no meio da confusão.

O que você está afastando da sua vida neste momento? O que não está deixando entrar? Que dores tenta evitar?

Certa vez, aconselhei um grupo de enfermeiras pediátricas especializadas em cuidados paliativos. Perguntei se elas ficavam bem quando as crianças que estavam sob seus cuidados morriam. A maioria disse que não. Elas achavam que aquilo era contra a ordem natural das coisas.

Na época, quase 60 mil pessoas com menos de 19 anos, metade delas ainda crianças, morriam nos Estados Unidos por ano. Levantei essa questão junto às enfermeiras e perguntei como elas ajudariam os pacientes sob seus cuidados a relaxarem e a morrerem em paz se elas mesmas lutavam contra os acontecimentos toda vez que entravam na sala.

Aceitar as coisas do jeito que são nos aproxima da realidade. Podemos discordar ou não gostar de tudo o que encontrarmos, só que, quando brigamos com os fatos, sempre perdemos. Ao insistir em que a vida seja diferente, apenas nos desgastamos e desperdiçamos energia.

Apesar de sermos levados a acreditar que o destino está em nossas mãos, com frequência temos pouco controle sobre as circunstâncias externas. No entanto, podemos escolher como nos relacionamos e aprender com todas as circunstâncias. Quando aceitamos experimentar nossos próprios sentimentos em cada situação, seja ela boa ou ruim, desenvolvemos uma capacidade maior de resiliência. Até que aceitemos a vida com toda a sua loucura e inspiração, nos sentiremos relegados, separados, isolados. E veremos o mundo como um lugar perigoso e assustador.

Aceitar não é se resignar. É abrir-se para a possibilidade. E a receptividade é a base para dar boas respostas à vida.

Obviamente, existem situações inaceitáveis, como quando somos alvo de violência física e emocional e não temos escolha a não ser nos afastarmos. Porém, a maior parte das circunstâncias cotidianas externas não é questão de vida ou morte. Podemos usar as pequenas coisas desagradáveis do dia a dia para observar a maneira como reagimos e praticar reações mais elegantes. Como nossas convicções influenciam nossas respostas?

Quando penso em ser receptivo, imagino uma porta de entrada aberta. A receptividade permite que as experiências entrem e que as respostas surjam e sejam expressas ao mundo. Ser aberto é permitir-se conhecer, livrar-se de máscaras, não guardar segredos para si mesmo e atingir todo o seu potencial. Às vezes esse caminho passa pela dor, seja física ou psicológica. A receptividade é essencial para que a verdadeira cura seja possível.

Tendemos a nos proteger de experiências e situações de que não gostamos. Mas fazer o oposto – não se afastar – oferece uma inegável sensação de libertação e confiança.

Aceite tudo, não rejeite nada não é apenas sobre aprender a aceitar a mudança ou enxergar além de nossas preferências. Trata-se de aceitar a vida "no estado".

Minha filha Gina e eu gostamos de garimpar em brechós. Há ótimos achados nesse tipo de loja – uma gravata de seda, uma jaqueta de couro retrô, sapatos de salto com paetês. Enquanto Gina experimenta algumas roupas, eu vasculho os cabides em busca de algum item bacana. Muitas peças têm pequenas manchas, um botão faltando, um pequeno rasgo no tecido. Numa das lojas, percebi que todos os artigos traziam uma etiqueta com o preço e a ressalva "no estado".

Gostei dessas etiquetas. Acho que devíamos pendurá-las em nós mesmos e nos outros como se fossem enfeites de árvores de Natal. Que lindo presente se autoaceitar, aceitar os outros e as circunstâncias "no estado", com toda a beleza, a imperfeição e os desafios que compõem a vida humana.

Aceitar tudo e não rejeitar nada é um convite a descobrir a dimensão mais profunda da humanidade, a explorar algo além de nosso eu habitual. Podemos ter acesso a determinada parte de nós que inclui nossa reatividade, mas não é movida por ela.

O eu cotidiano não é capaz de acolher emoções e experiências desafiadoras com facilidade. "Euzinho aqui" pode até tomar algumas decisões, como escolher se quer sorvete de chocolate ou de baunilha, mas ele também tenta afastar a dor, a raiva, a morte – as questões que exigem investimento mais pesado de uma parte maior de si mesmo. Por quê? Para evitar as coisas mais difíceis e manter o que é familiar. Queremos que o que está acontecendo se encaixe em nossos planos.

O único recurso disponível ao nosso eu cotidiano é nossa própria história. Mas se tudo o que temos para enfrentar a atual situação é nossa reação de sempre, então estamos fadados a continuar obtendo os mesmos resultados.

Em geral, nos identificamos com aquilo que já faz parte do nosso repertório – seja opiniões, memórias, desejos, aversões ou conceitos. No entanto, ao dar as boas-vindas a tudo o que vier, podemos confiar no conhecimento que alcançamos, em nossa consciência.

A consciência nos permite não precisar afastar nada. Ela é aberta, receptiva e compreensiva e nos permite enxergar além dos obstáculos que toldam nossa visão. A consciência nos dá a possibilidade de conhecer e de entender – a chance de sermos felizes e livres.

Aceite tudo, não rejeite nada não é um convite idealista nem tolo. Pelo contrário, ele é bastante prático. Aceitar a vida "no estado" significa acolher as coisas como elas são em vez de tentar forçá-las a ser da maneira que gostaríamos que fossem (e se frustrar por não conseguir). Em vez de inventar uma história para depois tentar vivê-la, nos mantemos receptivos para o que vier e cientes de que somos humanos.

Ser humano é bem mais do que nascer, receber uma educação, encontrar o parceiro certo e conseguir uma casa bacana num bairro legal só para poder dormir, acordar, trabalhar, ir dormir e repetir a sequência novamente. Trata-se de um convite para sentir tudo e entrar em contato direto com essa coisa estranha, linda, horrível e quase sempre normal chamada vida. É a oportunidade de estar consciente de que alguns vão fazer amor enquanto outros farão a guerra. De reconhecer que existem bebês que nascem cercados de carinho e outros que são abandonados em lixeiras. De admitir tanto os gritos noturnos nos campos de refugiados quanto os risos das crianças brincando em barracas improvisadas com lençóis na sala. Existe devastação e desesperança, assim como paixão e comprometimento em criar um futuro melhor. Existimos eu escrevendo e você lendo e o espaço entre nós, e existe a comunhão que sentimos quase imediatamente quando nos lembramos da existência do amor.

6
ENCARE SEU SOFRIMENTO

A jornada entre ensinar sobre o amor e me permitir ser amado foi muito mais longa do que imaginei.

– HENRI NOUWEN

Durante um curso numa área rural, eu falava sobre as possibilidades que surgem quando paramos de fugir do que é difícil. Um dos participantes, um homem corpulento de meia-idade, com ombros largos e um sorriso ainda maior, falou:

– Isso me lembra os postes de telefone.

Eu não tinha ideia do que aquilo significava.

– Postes de telefone? O que você quer dizer?

Ele explicou que já tinha trabalhado instalando postes telefônicos.

– Eles são difíceis e pesados e têm 12 metros de altura.

Segundo ele, havia um momento crítico depois que o poste era fincado no chão, que era quando ele ainda estava instável e podia tombar.

– Se ele bater em você, pode quebrar suas costas.

Em seu primeiro dia no emprego, ele tinha se virado para o colega e dito: "Se o poste começar a cair, vou correr o mais rápido que puder." Mas o veterano respondeu: "Nada disso. Se aquele poste cair, você vai querer estar em cima dele. É o lugar mais seguro para se estar."

Quando somos confrontados pelas realidades desagradáveis da vida – ou mesmo alguns pequenos desconfortos ou inconveniências –, nossa reação instintiva é correr na direção oposta. Mas não podemos escapar do sofrimento. Ele apenas vai nos surpreender e nos dar uma pancada na cabeça. A reação mais inteligente é ir na direção do que dói e colocar as mãos e a atenção, com suavidade e misericórdia, no que gostaríamos de evitar.

Principalmente na cultura ocidental, aprendemos que, se o sofrimento existe, é porque algo está errado. Tive um chefe anos atrás que, quando algo não funcionava, perguntava: "Quem errou? De quem é a culpa?" Quando eu tentava explicar que às vezes as coisas não aconteciam como o planejado, ele gritava: "Não seja ridículo! Isso é culpa de alguém."

Quando acreditamos que o sofrimento é um erro, não é nenhuma surpresa fazermos tudo o que está ao nosso alcance para evitá-lo. Nosso instinto de fuga também se deve ao fato de que nossa cultura decidiu que o sofrimento não tem valor. "Para que sofrer?", fomos treinados a dizer a nós mesmos.

Como resultado, nos tornamos mestres da distração. Grande parte do nosso dia é gasto com atividades que são tentativas de nos protegermos do desconforto: navegar na internet, assistir à TV, trabalhar longas horas, beber, comer. Nossa abordagem leva naturalmente a epidemias de alcoolismo e de abuso de drogas; compulsão por comida, jogos, compras e um apego nada saudável a dispositivos tecnológicos. Nós nos tornamos uma sociedade cheia de vícios.

Alguma estratégia dessas funciona de verdade? É inegável que conseguimos um alívio temporário ao ignorar problemas ou substituir uma experiência desagradável por uma mais prazerosa. Contudo, quando olhamos mais atentamente, vemos que tais benefícios são passageiros. O que fica por muito tempo são o hábito de se iludir e suas consequências negativas.

A fuga só faz aumentar o sofrimento. Nossas tentativas de autoproteção fazem com que vivamos num canto escuro, pequeno e acanhado de nossa vida. Aceitamos uma perspectiva limitada da situação e uma visão restrita de nós mesmos. Achando que podemos nos proteger do que parece intolerável, nos apegamos ao que é familiar na tentativa de reafirmar nosso controle. Quando resistimos, torcendo para evitar uma experiência difícil, estamos na realidade guardando-a. Em poucas palavras, aquilo a que resistimos persiste.

Minha mãe não foi a mãe ideal. Ela conseguia ligar e desligar seu amor num clique. Apesar disso, numa tarde, quando eu tinha uns 5 anos, ela me deu uma lição inestimável. Eu tinha cortado a mão brincando com um canivete e estava aterrorizado por causa do sangue. Minha mãe olhou o ferimento e disse, calmamente: "Hum, acho que precisamos da toalha mágica aqui." Então, me colocou no colo, enrolou minha mão na toalha que estava pendurada no fogão e me abraçou até que eu me acalmasse.

Depois de um tempo, recuperei o fôlego e ela disse: "Vamos dar uma olhada." Eu não queria; era muito assustador. Mas, com a bondade e a confiança dela, fiquei disposto a tentar. Devagar, ela desenrolou a toalha e, juntos, olhamos o ferimento. Percebi que ficaria bem. Naquele momento, entendi que é possível e até útil focar a dor e que há sempre a possibilidade de cura.

Essa percepção plantou a semente de grande parte do trabalho que tenho realizado. O segredo da cura está em analisar nossas feridas para descobrir o que existe de fato nelas. Quando damos espaço para a experiência e a aceitamos, descobrimos que nosso sofrimento é composto de muitos elementos, inclusive nossa atitude em relação a ele. Compreendendo isso, podemos trabalhar para minimizar as reações que exacerbam os problemas e, assim, aliviar o sofrimento.

O sofrimento só será eliminado por meio da sabedoria, não o deixando ao sol nem tentando enterrá-lo num porão escuro.

Sofrimento é uma palavra bastante pesada. A maior parte das pessoas nem acha que se aplique a elas. "Não estou sofrendo", dizem. Elas imaginam crianças morrendo de fome, povos migrando para fugir da guerra ou pessoas acometidas por doenças graves. Nós imaginamos que, se formos bons e cuidadosos, se mantivermos o pensamento positivo, se seguirmos as regras e ignorarmos o que aparece no noticiário toda noite, então o sofrimento não nos atingirá.

Mas o sofrimento está em todos os lugares. Esta é uma das verdades mais difíceis da existência.

Sofrer é apaixonar-se e depois ficar tão seguro de si a ponto de se esquecer de cuidar do outro. Sofrer é não ser capaz de se relacionar com um filho. É a nossa ansiedade sobre o que irá acontecer no trabalho amanhã. Sofrer é saber que uma tempestade se aproxima quando há um vazamento em seu telhado. É torcer para sua empresa demitir aquele chefe mal-humorado que está a um ano da aposentadoria. É pensar que a vida passa rápido ou devagar demais. É não conseguir o que se quer, ficar com o que não se quer ou ter o que se quer e ter medo de perder. Doença é sofrimento, velhice é sofrimento, morrer também é.

No antigo idioma páli, a palavra "sofrimento" é *dukkha*, às vezes traduzida por "angústia" ou "descontentamento", ou mesmo "estresse". *Dukkha* nasce da ignorância, da incompreensão de que tudo é passageiro, duvidoso e inatingível – e de querer que seja diferente. Desejamos assegurar que nossas posses, nossos relacionamentos e até mesmo nossa identidade sejam imutáveis, mas não podemos. Tudo está em constante transformação e escapando pelos nossos dedos.

Acreditamos ser indispensável que a vida nos proporcione o que desejamos. Queremos construir um futuro ideal ou reviver um passado perfeito. Erroneamente, acreditamos que isso nos fará felizes. Mas qualquer um pode ver que as pessoas que têm condições de vida extraordinárias também sofrem. Mesmo se formos ricos, lindos, inteligentes, dotados de saúde perfeita e abençoados com famílias e amizades maravilhosas, com o tempo isso vai mudar ou acabar... ou nós perderemos o interesse. De alguma forma, sabemos que isso é verdade, porém não conseguimos parar de buscar as tais "condições perfeitas".

Originalmente, a palavra *dukkha* remete a um eixo que não se encaixa direito na roda da carroça. Já andei nas carroças de madeira que existem na Índia. Elas sacodem nas estradas de terra cheias de buracos, transformando o trajeto num martírio. Quando o eixo e a roda não ficam bem encaixados, o percurso parece ainda mais acidentado.

Dukkha vem da confusão mental e emocional de não ver nem aceitar as condições da vida como elas são. O que temos nunca parece ser suficiente. Sempre queremos algo mais. Tentamos ignorar a efemeridade e isso cria uma insatisfação, um receio que ressoa sob nossa consciência e, em vez de diminuir nosso sofrimento, nos leva a reações exageradas.

Vamos imaginar que você foi demitido. Isso é, sem dúvida, um evento estressante. Mas o sofrimento é aumentado caso você se recuse a aceitar o que aconteceu como a realidade do momento. Em tais circunstâncias, tendemos a dizer coisas para nós mesmos como "Isso não é justo. Isso não pode ser verdade. Isso não é como deveria ser", que apenas provocam mais agonia. O ponto crucial aqui é que *aceitar* não significa *concordar*. Você ainda pode querer mudar sua realidade, só que não conseguirá fazer nenhuma mudança até que aceite a verdade que está na sua frente.

Qual é a alternativa para lidar com o inevitável *dukkha* da vida?

O primeiro passo é entender que a dor e o sofrimento são, na realidade, duas experiências diferentes, embora relacionadas. Há um ditado que diz: "A dor é inevitável, o sofrimento é opcional." Isso resume bem a questão.

Se você está vivo, *irá* sentir dor. Todo mundo tem o próprio limite suportável de dor, porém todos a sentem. A dor física é o alarme interno do sistema nervoso, seu corpo reagindo a um estímulo potencialmente prejudicial. Ela cria uma experiência sensorial desagradável, tal como a fome, a exaustão, um revirar de estômago ou um latejar das têmporas. A dor também pode tomar a forma emocional, tal como o choque de um coração partido ou a tristeza de uma perda.

Existe a dor, da qual não há escapatória, e existe o sofrimento, sobre o qual podemos fazer algo a respeito. Em geral, o sofrimento ocorre como uma reação em cadeia: *estímulo-pensamento-reação*. Muitas vezes não temos controle sobre o estímulo que nos causa a dor, mas podemos mudar o modo de agir quanto aos pensamentos e reações emocionais à dor que frequentemente intensificam nosso sofrimento.

O sofrimento tem a ver com percepção e interpretação. É a nossa relação mental e emocional com o que é primeiro percebido como uma experiência desagradável ou indesejável. Nossas histórias e crenças sobre o que está acontecendo – ou sobre o que aconteceu – moldam nossa interpretação do fato. Quando as coisas não acontecem como planejadas, algumas pessoas acreditam que são vítimas indefesas ou que "receberam o que mereciam". Isso leva à resignação e à apatia. Quando ficamos ansiosos e nos preocupamos com o que pode acontecer no futuro, a situação pode se transformar numa espiral de medo que não é facilmente dominada.

Estando abertos à dor do momento presente, podemos ser capazes ou não de fazer algo para melhorar a situação, mas com certeza percebemos como nossas atitudes em relação à experiência têm impacto sobre os acontecimentos. A reação à dor, mesmo à ideia da dor, muda tudo. Ela pode aumentar ou diminuir o sofrimento. Sempre gostei desta fórmula:

Dor + Resistência = Sofrimento

Se tentamos afastar a dor, seja ela física ou emocional, quase sempre acabamos sofrendo ainda mais. Quando nos abrimos para o sofrimento, e o questionamos em vez de tentar negá-lo, vemos como é possível usá-lo em nossa vida.

Depois que tive o ataque cardíaco e passei pela cirurgia de ponte de safena, um famoso professor tibetano de budismo atenciosamente me ligou para me desejar melhoras. Eu sabia que ele também tinha problemas cardíacos, então perguntei como ele lidava com tudo aquilo – o drama, a confusão, a precariedade e a beleza.

Eu esperava que ele me oferecesse alguma prática meditativa esotérica. Em vez disso, ele fez uma pausa e afirmou: "Bem, pensei cá comigo que era bom ter um coração. E, tendo um, então devíamos esperar que ele desse problema um dia!" O professor riu com seu jeito tibetano, me recomendou que descansasse bastante e desligou o telefone.

Percebi que ele estava certo. Era tudo verdade. Todos os humanos têm problemas. Todos os seres sentem dor. Assim que consegui aceitar que tinha um coração frágil e que ele levaria um tempo para se curar, consegui relaxar e aceitar essa dolorosa situação temporária. Ao fazer isso, meu sofrimento diminuiu.

Depois de um tempo, cheguei à conclusão de que não trocaria meu coração nem minha dor mesmo que pudesse. Sem meu coração, como eu conheceria todo o amor que estava me cercando durante minha doença? Sem a dor, como eu sentiria empatia pelos outros ou reagiria ao sofrimento deles demonstrando compaixão?

É possível mudar nossa relação com a dor mudando a maneira como a encaramos – prestando atenção nela em vez de tentar esquecê-la ou fugir na direção oposta. Um professor certa vez sugeriu que começássemos esse processo recebendo de braços abertos o que nos machuca. Dessa forma, passamos a entender sua natureza e suas motivações mais profundas, que nem sempre são evidentes. No fim, a única maneira de superar o sofrimento é aceitar o que está acontecendo, acolher a experiência e trazer a consciência e a compaixão para onde predominava a negação.

Muitas vezes esquecemos o papel essencial que a dor tem na vida. Se não sentíssemos o incômodo do calor do fogo, queimaríamos os dedos. As emoções dolorosas de vergonha, solidão e culpa trazem à tona os problemas mais sérios dos relacionamentos. A dor pode nos estimular a agir, a identificar e resolver suas causas e até mesmo a buscar a felicidade.

A jornada da vida já é difícil o suficiente. Existe muita dor inevitável, mas, quando não estamos alinhados com o modo como a vida realmente funciona, acrescentamos um bocado de sofrimento desnecessário às situações. Nesses momentos, é mais produtivo parar de resistir às circunstâncias, enfrentar a realidade e se reequilibrar. O sofrimento pode nos preparar para a liberdade, para a compaixão e para o amor.

Este conceito é muito importante. Temos a opção de interromper a força do hábito. Podemos nos livrar de velhas atitudes e nos voltar na direção da dificuldade para ver o que ela tem a nos ensinar. Em vez de tentar evitá-la, negá-la, suportá-la ou deixar que ela nos magoe, podemos traçar outro caminho.

Um dia, quando escrevia um relatório, recebi um telefonema de um homem que eu não conhecia. Ele explicou que era pai de um garoto de 7 anos que desenvolvera um câncer muito agressivo. Algumas pessoas disseram que eu poderia ajudá-lo.

Respondi que, sem dúvida, eu estaria disposto a ajudar a família em seu processo de luto, e fiz algumas sugestões sobre como eu poderia dar suporte quando chegasse a hora.

O homem fez uma pausa e ficou óbvio que eu não tinha entendido o que estava acontecendo. Ele praticamente sussurrou: "Não, Jamie morreu há meia hora. Nós gostaríamos de manter nosso menino em casa, na cama dele, por mais um tempo. Você pode vir aqui agora?"

De repente, a situação não era hipotética; era real e estava diante de mim. Eu nunca tinha feito nada parecido. Sim, eu tinha me sentado à cabeceira de pessoas que estavam morrendo, mas não acompanhara pais que sofriam a dor inimaginável da perda de uma criança. Eu não sabia o que fazer; fiquei confuso e com medo.

Não demorei a chegar à casa, onde os pais, arrasados, me receberam e me levaram ao quarto do menino. Ao entrar, segui meu instinto: me inclinei sobre a cama de Jamie e dei um beijo na testa dele para dizer oi. Os pais caíram no choro porque, embora tivessem lhe dedicado todo o amor e atenção, ninguém tinha tocado nele desde a sua morte. Não era medo do cadáver que os mantinha afastados; era medo do luto que o toque poderia acionar.

Sugeri que os pais começassem por lavar o corpo do menino – uma coisa que fazíamos com frequência no Zen Hospice Project. Lavar o morto é um ritual antigo que está presente em diversas culturas e religiões.

Os humanos fazem isso há milênios. Esse ato demonstra o nosso respeito por aqueles que faleceram e ajuda os entes queridos a se conformarem com a realidade da perda. Senti que meu papel naquele ritual era simples: ser testemunha e interferir o mínimo necessário.

Os pais colheram sálvia, alecrim, lavanda e pétalas de rosa no quintal. Eles se movimentaram muito lentamente enquanto colocavam as ervas em infusão na água quente, depois pegaram toalhas de banho e toalhinhas menores. Após alguns minutos de silêncio, a mãe e o pai começaram a lavar seu menino. Eles iniciaram pela parte de trás da cabeça de Jamie e depois foram descendo pelas costas. Às vezes, paravam e contavam um ao outro uma história sobre o filho. Em alguns momentos, o pai se emocionou demais e precisou sair para olhar pela janela para se recompor. A tristeza que pairava no quarto era enorme, como um oceano inteiro quebrando sobre uma única costa.

A mãe examinou e cuidou com carinho de cada pequeno arranhão ou machucado do corpo do filho. Quando chegou aos dedos dos pés de Jamie, ela os contou, como tinha feito no dia em que ele nasceu. Era uma agonia e ao mesmo tempo uma coisa extraordinária de se ver.

De tempos em tempos ela olhava para mim; eu continuava calado num canto. Uma pergunta em forma de súplica preenchia o seu olhar: "Vou conseguir sobreviver? Eu consigo fazer isso? Alguma mãe consegue sobreviver a esse tipo de perda?" Eu acenava com a cabeça para encorajá-la a continuar no seu ritmo e lhe passava outra toalhinha, confiando no processo. Eu estava seguro de que ela encontraria consolo ao se permitir vivenciar a dor.

Os pais passaram um longo tempo lavando o filho. Quando a mãe por fim chegou ao rosto do menino, a última etapa, ela o abraçou com uma ternura incrível, seus olhos refletindo amor e pesar. Ela não apenas vivenciou seu sofrimento como mergulhou nele. Ao fazer isso, a força indomável de seu amor começou a dissolver o aperto do medo em torno de seu coração. Foi um momento íntimo, em que não houve separação entre mãe e filho.

Quando terminou o banho ritual, os pais vestiram Jamie com seu pijama predileto do Mickey. Os irmãos e a irmã entraram no quarto e fizeram um móbile com os aviõezinhos e os outros objetos voadores que ele tinha colecionado e penduraram sobre a cama.

Cada um deles enfrentou um sofrimento indescritível. Não havia mais ilusão nem negação. Eles conseguiram encontrar consolo entre si e talvez ao se abrirem para a verdade básica de que a morte é parte integral e natural da vida.

Você consegue se imaginar passando pelo que esses pais passaram? "Não", muitos responderão, "não consigo." Perder um filho é o pior pesadelo imaginável para a maioria das pessoas. *Eu não conseguiria suportar uma coisa dessas. Não aguentaria*, você pode pensar, mas a dura verdade é que coisas terríveis acontecem na vida sobre as quais não temos controle, e, de alguma forma, temos que suportá-las. Nós aguentamos ser testemunhas delas. Quando fazemos isso com a integralidade do corpo, da mente e do coração, muitas vezes uma ação amorosa emerge.

O ser humano é incrível. Nossa coragem é surpreendente. Pessoas de todas as partes passam por infortúnios inacreditáveis – guerras, catástrofes naturais, reviravoltas financeiras, perda da terra natal, morte de filhos – e ainda assim seguem em frente, se dedicam, se recuperam e vivem. E às vezes agem com enorme compaixão em relação a quem já sofreu ou pode vir a sofrer semelhante provação.

Uma das imagens mais chocantes desse tipo de que consigo me lembrar surgiu após o terremoto seguido de tsunami que destruiu a usina nuclear de Fukushima, no Japão. Uma foto num jornal revelou uma dúzia de japoneses idosos reunidos, humildes, carregando suas marmitas com o almoço, de pé numa fila do lado de fora dos portões da fábrica. O repórter explicou que eles se ofereceram para assumir o lugar dos trabalhadores mais jovens que estavam lá dentro tentando conter a radiação e a contaminação na usina. No total, mais de 500 idosos se voluntariaram.

Um dos organizadores de um grupo disse: "Minha geração, a velha geração, incentivou o uso das usinas nucleares. Se não assumirmos a responsabilidade, quem o fará? Quando éramos mais jovens, nunca pensamos em morte. Mas a morte se torna familiar à medida que envelhecemos. Temos a sensação de que ela espera por nós. Isso não significa que eu quero morrer, mas a gente fica menos temeroso conforme envelhece."

O sofrimento é o que temos em comum. Tentar evitá-lo fingindo que as coisas são sólidas e permanentes pode nos dar a sensação de controle. Mas isso é uma ilusão dolorosa, porque as condições da vida são efêmeras e inconstantes.

Nós podemos fazer uma escolha diferente. Podemos interromper os hábitos de resistência que nos insensibilizam e nos deixam ressentidos e temerosos. Podemos suavizar nossa aversão. Podemos ver como as coisas são de fato e agir de acordo, com discernimento e amor.

O mestre tailandês de meditação Ajahn Chah uma vez se aproximou de um copo que estava ao seu lado. "Está vendo este copo?", perguntou. "Eu o adoro. Ele serve de maneira admirável para beber água. Quando o sol o ilumina, ele reflete a luz lindamente. Quando dou uma batidinha, ele faz um som adorável. Ainda assim, para mim, ele já está quebrado. Quando o vento o derruba ou meu cotovelo esbarra nele e o faz cair da prateleira, eu digo 'É claro'. Mas, quando entendo que o copo já está quebrado, todo minuto com ele é precioso."

Depois de acompanhar os pais de Jamie enquanto eles lavavam o corpo do menino, voltei para casa e dei um abraço bem apertado no meu filho. Gabe também estava com 7 anos na época. Eu vi claramente quanto ele é precioso para mim, que alegria é tê-lo em minha vida. Apesar de ter ficado arrasado pelo que presenciei, também consegui apreciar a beleza daquilo tudo.

Essa experiência deixou claro para mim o valor do sofrimento. Enfrentá-lo com objetividade ajuda a entender a verdadeira natureza indomável da vida. Além do mais, ele fortalece a empatia que sinto pelos outros, me deixando mais consciente da humanidade que compartilhamos. Quando reflito sobre o sofrimento, consigo identificar em que ponto minha própria dor me prejudica e isso impede que eu crie mais agonias desnecessárias. Por fim, ele mostra que é possível desenvolver uma visão mais equilibrada da existência e viver com mais tranquilidade num mundo em constante mudança.

Quando aceitamos o sofrimento, ele nos tira da complacência. O sofrimento pode trazer clareza e nos ajudar a encontrar um sentido nos acontecimentos, sem o qual a dor pode ser difícil de suportar. Ele nos deixa mais tranquilos e receptivos à vulnerabilidade que nos possibilita sentir, entrar em contato e experimentar mais a vida. Ganhamos coragem para enfrentar aquilo que de outra forma seria intolerável.

Além disso, quando testemunhamos nosso próprio sofrimento, paramos de nos distanciar dele. Percebemos que ele é parte integral da condição humana, não algo pessoal. Essa perspectiva abre espaço para a compaixão e a ação. Quando tiramos a armadura, nosso coração fica mais disponível para o amor, e nossa mente, livre para identificar as causas básicas do sofrimento. Não apenas chegamos a um acordo com nossos medos mais profundos como também nos conectamos com quem tem mágoas parecidas. Somos estimulados a encontrar formas de reduzir o sofrimento – o nosso e o de outras pessoas. "Mais ou menos metade de cada tratamento, no fundo, consiste no autoexame do médico", escreveu Carl Jung. "Ele só vai curar na medida do seu próprio ferimento."

Focar o sofrimento pode nos mergulhar na tristeza, no medo e na dor que tentamos arduamente evitar. Mas quando nos dispomos a desafiar a escuridão, aceitando tudo e não rejeitando nada, a energia que seria consumida por nossa resistência a eventos não desejados fica disponível para contribuir para a cura, para que ganhemos resiliência e consigamos agir com amor.

Uma parte essencial da cura é o desapego. Mas não existe desapego a não ser que tenha havido apego. Aprendi isso da forma mais difícil.

Quanto eu tinha 13 anos, minha inocência foi destruída. Eu morava com minha família numa casa doada a meu avô pela igreja católica. Ela ficava em frente à escola paroquial que eu e meus irmãos frequentávamos e que meu avô, que era pedreiro, ajudara a construir. No quarteirão seguinte, ficava a igreja onde meu avô era sacristão, meu pai ia à missa aos domingos e minha mãe rezava com devoção.

Como todos na minha família, eu era católico praticante. Adorava ser coroinha, participar dos rituais e me sentir próximo de Deus. Fiquei feliz quando consegui um emprego na casa onde os padres moravam. Meu trabalho era atender ligações e fazer tarefas ocasionais nas noites de domingo.

O emprego dos sonhos virou um pesadelo quando um dos padres, um sujeito corpulento de mais de 50 anos que nitidamente tinha bebido demais, me chamou em seu quarto uma noite e começou a fazer perguntas sobre a escola. Ele parecia amigável no início, mas, quando contei a ele sobre minhas notas, ele pegou uma palmatória e disse que eu precisava ser punido. Ele mandou que eu abaixasse as calças e me deitasse seminu em seus joelhos. Eu fiquei assustado, me senti vulnerável e fraco. Ele tinha todo o poder e o usou para me molestar.

Tragicamente, isso virou um fato regular. Com o tempo, o abuso ficou mais pervertido e violento; a traição, mais injusta; e a confusão sobre minha própria sexualidade, mais evidente.

Eu me sentia preso. Tentei abandonar o trabalho na casa paroquial, mas meus pais não deixaram. Eu estava envergonhado demais para lhes contar meus motivos. Na verdade, eu não podia contar a ninguém o que vinha acontecendo porque o padre era um "homem de Deus", uma autoridade protegida e reverenciada na comunidade. Eu era apenas uma criança. Por que alguém acreditaria em mim? Não tinha ninguém para quem eu pudesse contar. Eu não podia nem ir ao confessionário.

Numa noite de Natal, quando eu tinha 15 anos, minha mãe e eu fomos juntos à missa da meia-noite. Meu irmão mais velho estava no Vietnã. Depois da missa, minha mãe me levou à capela com o tal padre pervertido e chorou, pedindo que ele rezasse pelo filho que corria perigo na guerra.

Eu queria gritar: "Está brincando? Este homem é uma fraude! Um monstro! Ele não pode ajudar seu filho; está me matando!" Mas fiquei ali, paralisado, enquanto meu agressor consolava minha mãe em seu papel de padre. Eu me sentia oprimido pela ambiguidade de tudo aquilo, porém, naquela idade, não conseguia tomar uma atitude a meu favor.

Nós, os coroinhas, fazíamos insinuações sobre o que acontecia, mas ninguém tinha coragem de abordar o assunto com franqueza. Mais tarde, descobri que o padre também tinha molestado outros garotos que confiavam nele. Todos enfrentavam problemas em outras áreas da vida que os deixavam fracos e isolados, por isso tinham medo do poder dele. O homem só se interessava por inocentes.

O abuso sexual continuou pelos anos seguintes. Eu odiava os domingos. Como outras vítimas de abuso, aprendi a viver uma mentira. Enterrei bem no fundo o segredo e fingi que ele não existia. Carreguei a vergonha e me acostumei a esconder no subconsciente as partes sombrias da minha história. Eu me sentia cada vez mais dissociado do corpo, num estado quase permanente de desorientação. Às vezes era como se estivesse meio entorpecido, sem emoções. Em outros momentos, eu queria matá-lo e acabava projetando aquele ódio em tudo e todos que cruzavam meu caminho. Eu me sentia sujo, como se tivesse algo errado em mim. Eu estava destruído de maneira irreparável. Tentava reprimir minhas memórias, negar o que acontecia. Não queria que aquilo me definisse.

Durante anos tive pesadelos terríveis e flashbacks que nunca contei a ninguém. O hábito de não enfrentar minhas feridas podia ter me deixado suscetível a mais abusos sexuais quando entrei na adolescência. Isso provocou mais distorções em minha mente. De maneira inconsciente e ignorante, comecei a misturar pedofilia, homossexualidade e abuso infantil. Hoje em dia se sabe que nem todo abuso de crianças é cometido por pedófilos e nem todo homem que molesta garotos é necessariamente homossexual. Não existe nenhum dado comprovado que mostre uma ligação entre homossexualidade e abuso infantil.

Ainda assim, nada disso fazia sentido em minha cabeça de adolescente. Eu estava assustado, confuso e queria apenas ser amado. Eu me afastei da religião formal. Para mim, todos os religiosos eram hipócritas e eu não confiava em nenhum orientador espiritual.

Quando estava com 20 e tantos anos, depois de conhecer o budismo e a meditação durante uma viagem à Ásia, voltei para o norte da Califórnia e comecei a estudar com Stephen Levine, um pioneiro na área da morte consciente. Stephen foi o primeiro professor espiritual em que confiei. Foi minha confiança nele que me levou a contar minha história. Stephen a escutou atentamente sem julgar nem fazer comentários. Levou tempo para que tudo se revelasse, mas os detalhes tornam a história mais real, fazem com que ela comece a ter conexão com nossa experiência, e isso ajuda a curar as feridas.

Stephen era muito intuitivo. Ele sabia que eu estava determinado a enxergar a verdade e curar meu coração e que faria o que fosse necessário para isso.

– Acho que você deveria começar trabalhando com pessoas com aids – disse ele.

Na época, a doença tinha acabado de surgir e infectava basicamente homens gays.

– Vai ser bom que você atenda esse grupo. Vou ajudá-lo – garantiu.

Eu o agarrei pela camisa e o empurrei contra a parede.

– Você está louco? – gritei.

Foi uma explosão do adolescente magoado que eu trazia dentro de mim. Naquele momento, só o que passava pela minha cabeça confusa eram oposições àquela ideia e um bocado de raiva reprimida. Que ridículo! Que absurdo ajudar aquele tipo de gente que tinha me prejudicado tanto!

Contudo, ainda que fosse um "não" saindo da minha boca, eu sabia que Stephen estava certo. Foi um momento de súbita consciência em que reconheci que poderia haver algum significado em meu sofrimento. Eu precisava fazer aquilo. Stephen me mandara encarar meus demônios. Num segundo, ficou claro que a vítima, o salvador e o perpetrador viviam juntos dentro de mim. Eu certamente conhecia a experiência de ser identificado como vítima. E tinha desenvolvido uma noção distorcida sobre meu salvador. Porém, naquele momento, o perpetrador também estava presente. Era eu agora que permitia que minhas opiniões me afastassem de pessoas que não tinham nada a ver com meus traumas. Era evidente para mim que os três personagens precisavam ser aceitos, conhecidos e tratados com amor. Eu vinha evitando aquele sofrimento fazia 12 anos ao me afastar das experiências anteriores. O antídoto de que eu precisava era servir aos outros com honestidade, transparência e solidariedade.

Não muito tempo depois disso, me cadastrei como agente de saúde para atender em domicílio homens gays com aids. Trabalhei no solitário período entre a meia-noite e o amanhecer, quando minhas experiências mais profundas, sombrias e vergonhosas costumavam vir à tona. Cuidar dos outros se tornou um modo de cuidar de mim mesmo. Não foi um remédio de efeito rápido. A cura foi o que Stephen chamaria de um "despertar gradual", um caminho curativo que trilhei por mais 20 anos.

Ao longo dessa trajetória, descobri que, assim como na ocasião em que cortei a mão quando era criança, eu podia tomar coragem e encarar o problema, por mais horrível que ele parecesse. Ficar atento em relação às mágoas e nossas certezas sobre elas não é um processo passivo. Virar-se para elas com aceitação total nos permite agir. Ficamos mais perceptivos, e isso nos permite fazer algo a respeito do problema. Com o tempo, quando a dor escondida e a vergonha já podiam ser vistas à luz do dia, a criança perdida foi resgatada e o curador começou a emergir.

Sei como é sofrer, fugir da dor, se esconder. Sei como é ter feridas que achamos que nunca serão curadas. Apesar de as experiências dolorosas terem deixado cicatrizes, desafiando minha fé em Deus e minha confiança nas pessoas, algo básico em mim não foi destruído. Tive sorte. Nem todo mundo tem o apoio de amigos sábios que podem ajudar a lembrar que somos mais do que nosso sofrimento.

A crença infantil em Deus e numa igreja que me protegeria não me servia mais. Encontrei uma fé mais profunda no amor essencial que se manifesta no ser humano, no corpo, no coração e na mente – na capacidade humana de aceitar o que parece impossível.

Pôr-se de frente para a dor faz surgir uma desenvoltura interna que podemos aplicar em todas as áreas da vida. Aprendemos que, desde que ofereçamos uma chance, tudo pode se revelar. Nossos sentimentos de desconforto e ansiedade, frustração e raiva ficam livres para demonstrar suas verdadeiras causas. Quando permitimos que a dor apareça, muitas vezes descobrimos o silêncio, até mesmo a tranquilidade, bem no meio do sofrimento.

Voltar o foco para o sofrimento é parte essencial do processo de aceitar tudo e não rejeitar nada. Este convite significa que nenhuma parte de você mesmo ou de sua experiência pode ser deixada de lado: nem a alegria e a admiração, nem a dor e a angústia. Tudo está interligado no tecido da vida. Quando aceitamos esta verdade, vivemos de maneira mais plena.

7

O AMOR CURA

A vida começa com amor,
se mantém com amor e termina com amor.

— TSOKNYI RINPOCHE

Quando eu estava no final da adolescência, coloquei em uso o meu diploma de salva-vidas expedido pela Cruz Vermelha e dei aulas de natação para crianças e jovens com deficiências graves. Jasmine era uma linda adolescente de 16 anos que teria sido a rainha do baile de formatura do ensino médio se não tivesse espinha bífida. A doença contorcera seu corpo e Jasmine não se sentia à vontade para colocar um maiô e entrar na piscina. Mas ela adorava assistir, fazer piadas e flertar.

Passei meses encorajando-a a tentar nadar. Todo dia eu jogava alguma piada que a fizesse refletir sobre a força, a coragem, o senso de aventura e a beleza que eu via irradiando dela. Quando a pessoa acredita que não merece amor, você não consegue convencê-la a se amar. Mas pode mostrar que ela é amada. Como escreveu o poeta Galway Kinnell: "Algumas vezes é necessário ensinar de novo às coisas os próprios encantos."

Um dia, Jasmine desceu da cadeira de rodas e se sentou no mármore da beira da piscina. Semanas mais tarde, ela retirou o suporte e os sapatos ortopédicos e molhou os pés na água. Seis meses depois, ela apareceu num maiô azul e, sem hesitar, mergulhou as pernas frágeis na beira da piscina, pediu que eu me aproximasse e, com um sorriso largo, pulou nos meus braços como uma criança de 7 anos.

Em meio ao horror do meu próprio sofrimento, sempre tive esperança de que um dia alguém me resgataria. Imaginava que seria salvo pela chegada do amor. Só que eu esperava que ele viesse de alguém e, na verdade, fui resgatado quando o amor surgiu *em* mim. Descobri o amor nos atos de gentileza – não nos que me dirigiam, mas nos que *vinham de mim*. Penso agora nas palavras do falecido John O'Donohue, que escreveu: "Não precisamos sair para encontrar o amor; em vez disso, precisamos ficar e deixar que o amor nos descubra."

A experiência com Jasmine e as outras crianças destravou a compaixão escondida no fundo do meu sofrimento. Descobri um amor essencial que era confiável. Vasto e intocado. Isso se tornou uma fonte de apoio, um guia constante ao longo de muitos anos de experiências às vezes incríveis, outras vezes cansativas, como cuidador na casa de repouso.

O amor foi meu mentor. O próprio amor me ensinou a amar.

A imensidão do amor fica evidente nos momentos em que os véus entre este mundo e o mundo invisível se afinam. No nascimento e na morte, o amor desfaz qualquer barreira. Ele muitas vezes nos permite ir além do que achávamos possível. Quantas mulheres já não passaram por trabalhos de parto dolorosos e exaustivos e no fim descobriram um amor profundo, incomparável a qualquer coisa que conheciam?

Existem histórias infindáveis de descobertas parecidas perto do momento da morte, como a filha que achou que não conseguiria viver sem o pai, porém, por amor, o liberou ao dizer: "Tudo bem, pai. Amo você... Pode ir."

Nesses momentos, vislumbramos um amor sem limites, muito diferente da troca quase comercial que caracteriza alguns relacionamentos, como quando alguém demonstra seu amor e nos sentimos obrigados a retribuir. Estou falando de um tipo distinto de amor, que reconhece e responde à bondade intrínseca do coração humano. Ele é ao mesmo tempo receptivo e expressivo.

Esta faceta do amor representa a aspiração mais universal de que todos os seres, inclusive nós, encontrem a felicidade. Ela existe incondicionalmente. Não é algo a ser alcançado por nossa personalidade. Não é um amor idealizado e ao qual se chega depois de seguir determinado caminho, nem é resultado de um estado de espiritualidade. Ele está sempre presente. De certo modo, é o pano de fundo de toda experiência, é a própria essência de nosso ser.

Como esse amor vive dentro de nós, ele está sempre disponível e pode nos ajudar a enfrentar nosso lado ferido e rejeitado, bem como a aceitar os desafios que ainda estão por vir. Ao desarmar nossas defesas, ele nos permite atacar a autoimagem negativa, a vergonha, a confusão, as perdas não resolvidas, em vez de continuar a evitá-las. Depois, podemos nos curar.

Quando alguém usa a ansiedade e o apego para forjar uma armadura ao redor do coração, pode até imaginar que isso manterá a dor longe e o deixará invulnerável. Em vez disso, essa armadura afasta o amor, embota a sensibilidade, endurece o coração para a experiência e tranca do lado de fora a ternura e a capacidade de consolar, assim como a misericórdia e a alegria de que tanto precisamos. Muitas vezes, esse escudo deixa a pessoa assustada e cada vez mais isolada de si mesma e do mundo.

Aos poucos, à medida que exploramos e deixamos de lado as estratégias que um dia nos aprisionaram, dando mais espaço a nós mesmos, percebemos que mesmo nossa armadura nunca foi separada do amor. Da mesma forma que o sol derrete o gelo, transformando-o em água e depois em vapor, que é absorvido na atmosfera, nada existe longe desse amor infinito de nosso ser – nem mesmo as partes mais feias e menos amadas de nós mesmos.

É o amor que nos permite aceitar tudo e não rejeitar nada. A franqueza e a coragem necessárias para lidar com o sofrimento só são possíveis com a ampla receptividade do amor.

Carl era um filósofo autodidata. Uma conversa com ele podia facilmente virar uma infindável torrente de perguntas. Eu admirava sua sagacidade e seus argumentos lógicos, porém gostava ainda mais de seu coração. Eu notava como ele recebia as pessoas no quarto com gentileza. Ele tinha um jeito de avô que deixava todo mundo à vontade. Uma vez, quando dois voluntários adolescentes o visitaram na casa de repouso, ele ouviu por quase uma hora os rapazes narrarem seu filme favorito, cena por cena. Ele escutava com sinceridade, nem tanto por interesse, mas por se importar com os outros como seres humanos.

Com tantos voluntários budistas circulando por ali, era inevitável que a curiosidade de Carl o levasse a perguntar sobre meditação. Ele usava uma bomba de morfina que liberava quantidades prescritas do sedativo para ajudá-lo a aguentar a dor de seu câncer de estômago, mas a medicação às vezes o deixava zonzo. Ele supôs que, em vez da morfina, poderia usar a técnica da atenção plena para controlar a dor, então pediu que eu o ensinasse a meditar. Concordei em tentarmos.

Na meditação, a dor é considerada uma excelente professora. Existem muitas técnicas diferentes para trabalhar com ela. Comecei pela mais comum, estimulando Carl a direcionar primeiro a atenção para a dor de maneira geral, depois para a tensão, a agudeza e a eventual queimação – enfim, para as diversas sensações incômodas. A ideia era alternar essa atenção com a respiração para estabilizar e renovar, de modo que a mente não ficasse exausta.

Carl estava muito determinado. Percebi sua testa vincada e a tensão ao redor dos olhos. Ele estava em guerra com a dor: em vez de permitir, abrir-se ou relaxar para a experiência, ele a aguentava. Ele tentava usar a atenção plena para *dominar* a dor e ficou frustrado com a falta de resultados imediatos. A dor era forte demais. Ele começou a gritar.

Precisávamos encontrar outra maneira.

Gentilmente, encostei as mãos na barriga de Carl. Dessa vez, o estimulei a sentir o espaço entre o centro da dor e o calor das minhas mãos.

– Ainda dói demais – gemeu ele.

Afastei um pouco as mãos do abdome dele.

– E assim? – perguntei.

– Assim está um pouco melhor.

Afastei ainda mais as mãos, estimulando-o a descontrair a musculatura ao redor do estômago e na testa e permitir que a dor flutuasse no espaço que ele estava descobrindo.

– Ah, está melhor – falou ele.

– Agora um pouco mais – sugeri.

Minhas mãos estavam a meio metro corpo dele.

– Ah, isso é ótimo – sussurrou.

Eu não fiz nenhum trabalho de cura energética. Não houve mágica. O que aconteceu foi que Carl criou um espaço para a dor. Ele conseguiu respirar melhor. Os músculos ao redor da mandíbula relaxaram. Ele se recostou no travesseiro de olhos fechados.

– Você consegue descansar assim? – perguntei.

– Descansar no amor – murmurou ele.

As palavras não vieram de mim, mas de algum lugar profundo dentro de Carl. Sua consciência estava envolta em amor. Ele tinha encontrado uma fonte confiável a que podia recorrer quando precisasse. Ele não precisava gerar amor nem fazer nada especial para merecê-lo: o amor já estava presente – e em grande quantidade – dentro dele.

Daquele momento em diante, sempre que Carl se sentia devastado pela dor, ele afastava a bomba de morfina e dizia a si mesmo: "Descanse no amor, descanse no amor."

A esposa foi visitá-lo alguns dias depois. Era uma mulher nervosa, ainda mais ansiosa com o estado de Carl do que ele mesmo. Ela se sentou ao lado dele na cama e ficou estalando os dedos e mudando as pernas de posição. Carl esticou a mãos por entre a grade de apoio, tocou a mulher com suavidade e disse: "Descanse no amor, querida, descanse no amor."

Numa manhã, contei essa história ao velho amigo Ram Dass durante o desjejum. Ram é um querido professor espiritual e autor do primeiro livro a trazer a consciência da filosofia oriental para o Ocidente, em 1971. Ele é uma luz que já guia três gerações. No final de 1997, ele sofreu um AVC quase fatal que deixou o lado direito de seu corpo paralisado, junto com outras restrições desafiadoras, como a afasia expressiva, que dificulta a fala. Seus ensinamentos são, em parte, fruto da experiência pessoal de enfrentamento da dor.

Ram Dass sugeriu que Carl provasse os frutos da "consciência amorosa". Ele explicou que, para entender a consciência amorosa, é preciso fazer apenas uma pequena jornada "do ego ao coração espiritual". Ram ilustrou isso com um gesto simples, movendo a mão esquerda da cabeça para o peito enquanto repetia baixinho: "Sou a consciência amorosa."

Ele continuou: "Quando estou no modo de consciência amorosa, fico atento a tudo, externa e internamente. Fico atento às ondas do mar, aos hibiscos no jardim, aos pensamentos assustadores e aos sentimentos sombrios. A consciência amorosa é testemunha disso tudo, porém não se identifica com nada. Quando eu me alio ao amor, não há o que temer. O amor neutraliza o medo."

Ram Dass falava do amor amplo e universal. É claro que todo mundo se deixa envolver pelo que gosta e pelo que desgosta. Nós nos tornamos presas da dúvida, da indignidade, do tédio, dos desejos e dos ressentimentos. Muitas vezes, somos movidos por nosso temperamento, nossas crenças e nosso estilo de vida. O amor não elimina nada disso, nem implica aceitar o mau comportamento e dizer "sim" quando é preciso dizer "não". Contudo ele nos oferece um modo de encarar a vida que suaviza a identificação e impede que hábitos ruins sejam incorporados ao caráter.

O amor é o que nos ajuda na autoaceitação, a aceitar nossa vida e a de outras pessoas "no estado". Quando algo indesejado – como a morte, uma doença, demissão ou separação – acontece, é natural que o medo surja. Nesses momentos, precisamos ir em busca de algumas partes de nós que não estão assustadas.

Quando você está com medo você tem consciência dele. Isso significa que alguma parte sua, aquela que é testemunha do medo, *não* está assustada. Ela não se deixou envolver pelo temor. Nós podemos aprender a nos relacionar com os pensamentos difíceis, com as emoções fortes e com as circunstâncias desafiadoras a partir do ponto de vista privilegiado da testemunha, sendo a consciência amorosa. Quando fazemos isso, tudo fica bem mais viável.

Nós amamos as experiências positivas da vida. Elas são relativamente fáceis de aceitar sem que suas origens sejam questionadas. Porém, uma das capacidades mais incríveis do amor é a de aceitar tudo o que entra em contato com ele – mesmo que, à primeira vista, a situação, a experiência ou a pessoa pareçam detestáveis. O amor tem a própria liberdade. Quando amamos não nos preocupamos com quem ou o que devemos amar. A consciência amorosa nos ajuda a aceitar a tristeza, a solidão, o medo, a depressão e a dor física. Ela brilha na escuridão e revela as verdadeiras fontes de nosso sofrimento.

O amor não é uma comunidade fechada. Todo mundo e todo pedaço de nós mesmos são bem-vindos. "Nenhuma parte fica de fora", diz-se no zen. Essa é a função receptiva do amor.

Uma vez descoberto esse tesouro, não há razão para guardá-lo para nós mesmos. O amor é ilimitado. Não precisamos ser sovinas em relação a ele. Ainda que muitas vezes vejamos escassez no que se refere ao amor, ele não é um produto comercializável. Suas reservas são infinitas; podemos gastá-lo sem parcimônia. Uma maneira de explorar essa fartura de amor expressivo é por meio do *metta*.

Metta é uma prática budista na qual evocamos conscientemente um sentimento afetuoso e ilimitado. Por meio da repetição de frases como

"Que todos os seres de todos os lugares sejam felizes e livres", nós estabelecemos a benevolência, a amizade e o amor em nosso coração e depois ampliamos o desejo de bem-estar e felicidade a todos os seres em todas as direções. O *metta* reconhece que o amor não é algo a ser possuído e que nosso contato com ele pode ser cultivado. Acredito que a bondade plena de amor, essa qualidade humana essencial, seja muito benéfica para aqueles que estão morrendo e seus cuidadores.

Tive a alegria de trabalhar com um homem chamado Michael, que era artista plástico e praticante do budismo. Michael foi ordenado monge zen e conviveu com a doença de Parkinson durante 25 anos.

A esposa de Michael me convidou a conversar com ele sobre a morte, mas ele não estava muito interessado no tema. Em vez disso, discutimos suas pinturas e como sua técnica, antes detalhista, fora se modificando por conta da doença. Depois falamos sobre a beleza da ameixeira que ficava em frente à janela.

Tivemos vários encontros, cada um com um foco diferente escolhido por ele. Uma vez conversamos sobre ferramentas: as de poda e os pincéis e a importância de escolher a mais adequada para cada trabalho e de cuidar bem delas. Em outros momentos, ele relembrou a juventude ou ficamos sentados, quietos, no quintal, ouvindo os pássaros cantarem.

Às vezes falávamos de nossas esposas, como os homens fazem mais do que as mulheres imaginam. Michael tinha um casamento incomum, no qual havia muito amor, mas também tensão e distanciamento. Ele explicou que sua teimosia e seu jeito controlador haviam cobrado um preço. Ele e a esposa moravam na mesma casa, mas viviam separados. Mesmo mantendo o compromisso e o casamento, eles viviam em desacordo.

Obviamente, também conversamos sobre o zen, o poder do silêncio e os ensinamentos paradoxais que colocavam nossa mente para pensar. Por fim, abordamos a simplicidade da renúncia, o afastamento total do corpo e da mente.

Perguntei a Michael o que ele achava do *metta* e da prática da bondade plena de amor. "Besteira", disse ele. Na cabeça de Michael, o *metta* não tinha a nitidez e a sutileza que ele achava tão satisfatórias na própria prática do zen. Depois, ele acrescentou: "Mas um pouco de amor agora me cairia bem."

A prática do *metta* costuma se dar de um jeito muito estruturado e específico. Tradicionalmente, na Ásia, você começa a prática chamando à mente você mesmo ou sua mãe, ou, às vezes, seu mestre mais querido. Mas os ocidentais têm relacionamentos muito complicados com essas figuras e muitos hesitam quando tentamos começar a prática da bondade amorosa dessa forma. Então, pedi que Michael dissesse o nome de uma pessoa que ele considerasse fácil de amar ou de alguém que o amasse sem restrições.

Ele demorou um pouco.

– Meu cachorro Jonesy – falou por fim. – Meu companheiro de infância.

– Seu cachorro, hein... Por quê? – perguntei.

– Bem, meu cachorro me amava independentemente do que eu fizesse. Quando eu passava o dia fora, ele ficava na porta para me receber quando eu chegasse, o rabo abanando e aquele sorriso de cachorro. Ele me amava muito. Não importava se eu estava mal-humorado, feliz ou despreocupado. Ele nunca me julgava, apenas me amava.

Então, começamos com Jonesy. Michael deitou na cama, repetindo frases tradicionais e que ele próprio criou sobre o amor pelo cachorro. "Que você esteja feliz." "Que você seja livre." "Que você tenha todos os ossos que deseja." "Que você saiba que foi amado."

Enquanto Michael repetia essas frases, seu rosto primeiro esboçou um sorriso. Depois, surgiram lágrimas de gratidão. Ele continuou a prática por todo o mês seguinte. Sempre começava com Jonesy. Aos poucos, seu amor começou a transbordar. Era tanto que ele passou a incluir na prática seus mestres, a mãe e, no momento certo, a esposa.

Quando Michael morreu, a esposa estava ao seu lado na cama, abraçada a ele. À sua maneira, tinham se reconciliado. Não teve muito a ver com palavras; foi mais uma redescoberta do amor. O amor que sempre estivera lá, escondido por trás do hábito.

Se o amor é infinito, por que ficamos presos à sensação de escassez, achando que precisamos nos agarrar aos nossos amores com tanto ardor? Em parte, é porque confundimos amor com fixação.

A fixação imita o amor. Ela diz: "Se me der o que preciso, sempre vou amar você." O amor é baseado na generosidade; a fixação quer que as próprias necessidades sejam atendidas. O amor é uma expressão de nossa natureza mais essencial; a fixação é uma expressão da personalidade. O amor gera uma confiança alinhada com nossos valores e propósitos; a fixação se apega ao medo e se agarra desesperadamente a um resultado específico. O amor é altruísta e estimula a liberdade; a fixação é autocentrada e promove a possessividade. A fixação deixa cicatrizes. O amor nos incentiva à gratidão.

Pense em como é uma fixação doentia: tensa, cheia de irritação, fechada, fixa e muitas vezes compulsiva. Ela cria uma dependência nociva. Nós passamos a acreditar que nossa capacidade de sentir prazer e felicidade, de ter nossas necessidades atendidas, depende das palavras e ações de outra pessoa. Mas o amor a tudo abraça. Podemos amar uma pessoa mesmo que não concordemos com ela e até mesmo se não aprovarmos seus hábitos. Minha esposa me ama, mas ainda se chateia quando me esqueço de fechar os armários da cozinha. O amor não é cego aos desafios humanos diários, mas não se deixa limitar por eles.

Uma ligação saudável é essencial para formar e manter os relacionamentos humanos, como aquele entre mãe e filho. No entanto, o amor se manifesta quando não há uma ligação nociva, do tipo que leva a pessoa a não reconhecer a verdade inevitável da transitoriedade de tudo.

Existe uma antiga história budista de uma família cujo amor era um modelo para toda a vila. Eles viviam em harmonia e gostavam uns dos outros. Um dia, o filho mais velho morreu. Os moradores da vila foram à casa para consolar a família por sua perda. Quando chegaram, depararam com a família feliz. Eles explicaram aos moradores que o segredo de seu amor e sua harmonia era saberem que um dia partiriam. Quando e como isso aconteceria era incerto, então eles viviam como se aquilo pudesse acontecer a qualquer momento. Quando esse instante chegou, eles estavam preparados.

Uma história edificante como essa, porém, não representa uma sugestão de que sempre se aja assim diante da morte. Todos nós ficamos de luto. Mesmo a pessoa mais iluminada que eu conheço sofre. Ao contrário, histórias como essa nos desafiam a repensar nossos atos, a refletir sobre o que contribui para um resultado benéfico. Elas nos ajudam a avaliar conscientemente quanto amamos as pessoas que estão em nossa vida.

À medida que as pessoas se aproximam da morte, eu percebo que apenas duas questões são realmente importantes para elas: “Eu sou amado?” e “Eu soube amar?”.

Quando meu ataque cardíaco e a cirurgia de emergência me deixaram à beira da morte, comecei a entender melhor a profundidade dessas questões. Agora, eu permito que elas me ensinem a viver bem.

A recuperação da cirurgia cardíaca foi assustadora. Fiquei muito mexido. Eu me senti aprisionado pela dor, me identificava com a deficiência e tinha muito medo. Questionei minha autoestima e meu valor. Senti uma impotência que não tinha razão de ser. Fiquei com medo que me esquecessem. Fiquei perdido.

De início, eu não conseguia ir ao banheiro ou tomar banho sem ajuda. Fiquei frágil, fraco, incapaz, dependente, e meu corpo estava coberto de cicatrizes horrorosas. Às vezes, minha mente vagava sem rumo; em outros momentos, era como se ela gritasse. Eu me achava inaceitável, desinteressante e incapaz de ser amado. Estava me sentindo um caos.

Por sorte, estava rodeado de pessoas que me amavam apesar de tudo. Meu nome foi colocado nos altares de centros budistas em todos os lugares e amigos e alunos o entoavam durante suas preces e práticas.

Eu não sabia que era tão amado. O amor dos outros me abriu para o amor por mim mesmo e me levou a perceber que o amor não tem limites. Não era apenas uma resposta emocional: era palpável, amorosa, prazerosa e incluía uma sensação de profunda felicidade. Eu me senti acolhido, relembrado da bondade básica que existia dentro de mim. Houve uma sensibilização, um reconhecimento íntimo de que o amor era a minha natureza.

Chorei durante meses cada vez que reconhecia a bênção de ter tamanho amor em minha vida. Eu dizia aos amigos: "Os médicos falaram para eu não molhar os cortes, mas tenho sido banhado de amor todos os dias."

Essa experiência permitiu que eu confiasse não nas ações dos outros, ou mesmo nas minhas vivências, mas na sabedoria que me guiou com ternura por um território desconhecido. Ao confiar no processo e em que tudo seria favorável, percebi que no final eu ficaria bem, qualquer que fosse o resultado. Uma alegria natural tomou conta de mim. Não foi uma crença, mas uma confiança em que eu podia me apoiar. Presenciei isso muitas vezes em outras pessoas que se aproximavam da morte.

Esse amor e essa confiança deram origem a um descanso profundo. Tive uma forte sensação de tranquilidade, como se corresse mel em minhas veias, acalmando-me e relaxando-me. Isso me libertou da obsessão de tentar fazer as coisas serem diferentes do que elas são. Não havia necessidade de resistir ou de me apegar. Apenas descansei à medida que as coisas surgiam, mudavam ou desapareciam. O corpo em descanso. O coração em descanso. A mente em descanso.

Descanse no amor, pensei comigo mesmo. *Descanse no amor.*

Quando as pessoas estiverem doentes ou feridas, simplesmente as ame. Ame-as até que elas possam se amar de novo. Isso funciona comigo. E me faz pensar que o amor talvez seja mesmo o melhor remédio.

O amor é a qualidade humana que nos permite acolher tudo, não apenas aquilo de que mais gostamos. O amor é a motivação que nos permite enfrentar o medo – não para conquistá-lo, e sim para abarcá-lo e assim podermos aprender com ele. No amor não há separação, de modo que cuidar de todas as coisas é natural.

Por que o amor é a característica que nos permite receber tudo? Quando olhamos para a realidade da perspectiva de nossa personalidade – do eu –, procuramos o que nos distingue dos outros. Mas, quando vivemos sob a perspectiva do amor sem fronteiras, começamos a enxergar os pontos que nos unem.

Amor gera amor.

O TERCEIRO CONVITE

Traga tudo de si para a experiência

Vendo a lua ao anoitecer,
solitária no céu,
eu me conheci por inteiro:
nada ficou de fora.

— IZUMI SHIKIBU

Imagine que você tinha uma foto sua impressa num cartão grosso. Agora imagine que a foto não era apenas do rosto ou mesmo do corpo inteiro, mas representava uma imagem multidimensional sua, que incluía a personalidade. Suponha que você inseriu esse cartão numa máquina de corte a laser e o transformou num quebra-cabeça. Visualize-se espalhando as centenas de peças numa mesa e começando a montá-las.

Você pode iniciar pelas pontas ou por uma parte facilmente reconhecível da mão ou da orelha – ou talvez pelos olhos, já que dizem que eles são a janela da alma. Mas, à medida que progride, você pode deparar com partes desagradáveis. Seu medo, por exemplo. Talvez cogite deixá-la de fora. Ou pode se defrontar com sua lascívia e pensar: "Não, meu mestre espiritual disse que a lascívia não é uma coisa boa. Não posso incluir essa peça."

E assim o jogo continuaria, com você considerando admissíveis determinados aspectos pessoais e outros totalmente inaceitáveis. Depois de um tempo, porém, você não conseguiria se reconhecer no quebra-cabeça, porque estaria diante de uma representação incompleta.

Todos nós gostamos de parecer bem. Desejamos ser vistos como pessoas capazes, fortes, inteligentes, sensíveis, espiritualizadas ou, ao menos, centradas. Nós projetamos uma autoimagem positiva. Quem quer ser conhecido por seu medo, impotência, raiva ou ignorância? Qual de nós gostaria que os outros soubessem que às vezes nos sentimos mais confusos do que admitimos?

No entanto, mais de uma vez descobri que era justamente algum aspecto "indesejável" de mim mesmo – que eu mantinha escondido por haver me envergonhado antes – que me permitia entender o sofrimento do outro com compaixão em vez de medo ou pena. Minha experiência de abuso, por exemplo, me permitiu ter empatia tanto por vítimas quanto por agressores e ajudar cada um a perdoar a raiva e a aceitar o medo. Não é a experiência, e sim a sabedoria conquistada com o sofrimento, a vulnerabilidade e a cura que nos permite ajudar de verdade outras pessoas. Investigar o que há dentro de nós leva a construir pontes entre a nossa experiência e a do outro.

Para estarmos inteiros, é necessário incluir, aceitar e conectar todas as nossas partes. Precisamos aceitar nossas qualidades conflitantes e a aparente incongruência entre nossos mundos interior e exterior.

Integralidade não significa perfeição. Significa apenas que nenhuma parte é deixada de lado.

8

NÃO DESEMPENHE UM PAPEL, SEJA UMA ALMA

Não venda sua alma para comprar
amendoim para os macacos.

– DOROTHY SALISBURY DAVIS

Quando acompanho alguém em seu leito de morte, sinto o meu medo, entro em contato com o meu luto. No trabalho de cura, recorro à minha impotência assim como à minha força, às mágoas e à paixão. É tendo coragem para explorar a própria vulnerabilidade que conseguimos nos identificar com outras pessoas.

Em 1989, cuidei do meu querido amigo John, que estava morrendo de aids. Eu o adorava e sempre me esforçava para lhe oferecer o melhor cuidado possível. Havia muitos voluntários em seu grupo de apoio, então fazíamos turnos de 24 horas para acompanhá-lo.

Segunda-feira era o meu dia e aquela foi inesquecível. John sofreu uma estranha complicação neurológica que o deixou confuso e esquecido, alterou sua capacidade de falar e de pensar e o fez perder a sensibilidade das mãos e das pernas. De uma hora para outra, ele não conseguia segurar uma colher, ficar em pé ou se comunicar. Quando entrei no apartamento, lá estava ele, de roupão xadrez à mesa da cozinha, o cabelo bagunçado e o rosto vazio, inclinado sobre uma tigela de cereal.

Não consegui encontrar meu amigo. Para onde ele tinha ido? Algumas noites antes, havíamos rido juntos assistindo à televisão. Agora, eu mal o reconhecia. Fiquei aterrorizado.

À medida que o dia passava, uma sombra palpável nos cercava. Vergonhosamente, numa tentativa de lidar com o novo comportamento de

John, algumas vezes eu o bajulei ou manipulei, outras vezes o tratei como criança. Não sabia o que fazer. Estava perdido e confuso.

Tomar conta dele naquela situação foi muito difícil. Ele tinha tumores anais e diarreia. Precisei levá-lo do vaso sanitário para o chuveiro e de volta para o vaso dezenas de vezes durante a noite.

Quando a luz do amanhecer por fim começou a surgir, eu estava exausto. Queria apenas dormir. E torcia para que John dormisse e pudesse acordar sendo o homem de sempre. Eu queria que o pesadelo acabasse.

Então, depois de uma dessas movimentações entre o chuveiro e o vaso, eu estava lavando as mãos na pia quando, ao olhar pelo espelho, vi John sentado atrás de mim, com o pijama arriado até os tornozelos. Ele balbuciava algo.

Eu me virei.

De sua mente confusa saiu um murmúrio: "Você está se esforçando demais."

Parei, sentei ao lado do vaso e comecei a chorar.

Foi o momento mais íntimo de nossa amizade. Lá, ao lado do vaso sanitário, com sujeira por todo canto. Naquele instante não havia diferença entre nós: estávamos ambos impotentes. Nós choramos juntos e, depois de um tempo, rimos do absurdo da cena.

Até aquele momento, eu receava entrar no território de impotência em que John vivia, tinha medo de me perder lá. Em vez disso, eu me ocupava em ser útil, manter o controle e me esconder por trás de meu papel de cuidador.

É comum e perfeitamente natural que uma pessoa presa nas garras do medo se torne defensiva, controladora, irritada e afastada emocionalmente, perca a paciência consigo mesma e com os outros. Queremos nos sentir seguros, então nos apegamos a papéis que tenham regras e comportamentos previsíveis.

Entretanto, para me conectar com John e atendê-lo de verdade, eu precisava compreender como o meu medo causava a sensação de impotência. Era necessário diminuir o ritmo de tudo, relaxar e me abrir para o que estava presente, em vez de continuar a insistir em que a situação se adequasse às minhas preferências.

Afinal de contas, nós não ficaríamos impotentes para sempre. A própria situação nos mostraria o que fazer a seguir. Mas eu só consegui enxergar o caminho depois que abri mão do papel de cuidador e permiti que minha impotência se apresentasse.

Somos seres sociais e, como tais, cada um de nós realiza múltiplos papéis na sociedade. Sou marido, pai e avô em casa; vizinho quando caminho no meu quarteirão; cliente quando entro num café; mestre na minha comunidade espiritual e paciente do cirurgião cardíaco.

Esses papéis não são nem bons nem ruins, são apenas funcionais e proporcionam um pouco da previsibilidade necessária em nossa rotina, sobretudo quando se trata de relações interpessoais.

Nossos papéis mudam ao longo da vida. Até a meia-idade, nós geralmente focamos a realização, a criação de nossa identidade, a rebeldia, a carreira, a formação de uma família e a criação das estruturas de que precisamos para prosperar. Quando encontramos coragem para mudar na segunda metade da vida, com frequência nos voltamos para dentro de nós mesmos. As habilidades que desenvolvemos para enfrentar as tarefas da primeira metade do caminho não são suficientes nem apropriadas para nos apoiarem no estágio seguinte. Nesse período, costumamos buscar o significado da vida, aceitar seus mistérios, cultivar a sabedoria e relaxar um pouco.

Cada papel traz o próprio conjunto de comportamentos, funções e responsabilidades e às vezes um papel entra em conflito com outro. É comum que mães solteiras que lutam para dar conta dos filhos e de empregos em período integral relatem a exaustão física e emocional que vem no rastro desses papéis conflitantes. Na noite em que o terremoto de 1989 arrasou São Francisco, fiquei dividido entre minha função de pai, preocupado com as necessidades da família, e a de diretor da casa de repouso, que precisava garantir a segurança dos pacientes e da equipe. É ainda mais difícil quando crenças pessoais entram em conflito com questões profissionais. Muitas vezes, sabemos o que é certo, mas nos sentimos impotentes para agir de acordo com isso.

Papéis são escolhas. Quando decidimos adotar um, também optamos por dispensar outro. Quando, por exemplo, uma jovem se compromete com a rotina rigorosa exigida de uma bailarina profissional, é provável que abra mão de certos aspectos da vida social. Se um advogado considera importante projetar a imagem de homem forte e inteligente que sempre mantém o controle, é possível que ache difícil falar das próprias fraquezas ou dar espaço para suas características mais protetoras.

Quando rejeitamos partes de nós mesmos e criticamos quem apresenta essas características renegadas, corremos o risco de criar um abismo entre nós. Nessas horas, é bom lembrar que a vida exige adaptação constante. Nossos papéis, como a maior parte das coisas, são fluidos. Quando os pais envelhecem, são cuidados pelos filhos. Se eu for o cuidador da minha família e ficar doente, alguém tomará conta de mim. Se for eu o responsável pelas principais decisões, mas um dia tiver uma doença que afete meu discernimento, outra pessoa precisará assumir essa responsabilidade. Ou digamos que eu fosse um alcoólatra e houvesse me recuperado. Então voltaria ao grupo que toma decisões na família.

Quando nos identificamos em demasia com um papel, ele nos define, nos confina e reduz nossa capacidade de fazer escolhas conscientes. Ele estabelece uma expectativa a respeito dos rumos da vida. Isso significa mais posicionamentos rígidos e crenças arraigadas e menos acesso à nossa sabedoria inata. Muitas vezes, especialmente em nossos papéis sociais, profissionais, não permitimos que nosso eu integral apareça.

Quando vou a uma festa, alguém sempre pergunta: "Em que você trabalha?" Mas, se eu me definir apenas pelo que faço, quem serei quando não estiver no trabalho? A verdade é que não somos o que fazemos, o que pensamos, o que sentimos, o que dizemos ou o que temos. Somos mais. Como diz Ram Dass: "Não desempenhe um papel, seja uma alma."

Assim como não somos nossos papéis, tampouco somos nossas doenças, características ou condições de vida. Você pode ter câncer ou transtorno bipolar, mas a doença não determina quem você é. Pode nascer na riqueza ou na pobreza, mas não é só rico ou pobre. Você pode se sentir feliz ou triste, ser velho ou jovem, ter uma condição de vida ótima ou precária, mas não é nenhuma dessas coisas.

Somos acima de tudo seres humanos, com toda a complexidade, toda a fragilidade e todo o mistério que a vida abarca. Quando olhamos apenas pelo prisma de um personagem, isso estreita nossa visão do mundo. Projetamos nossa história nos acontecimentos e nas pessoas, em vez de enxergar como são de fato. Atribuímos um significado prévio a uma experiência e deixamos de captar seu verdadeiro sentido.

Com muita frequência, nas profissões de cuidados paliativos e similares, acabamos não buscando tanto o que ajuda os outros, e sim a aprovação de nossa identidade. Queremos ser alguém que ajuda. Dizemos, por exemplo, "Eu trabalho com doentes terminais" dando ênfase ao "eu". E, assim, destacamos o papel em vez da função. Chamo isso de "doença do cuidador" e essa é, na minha opinião, uma epidemia mais disseminada do que o câncer e o Alzheimer juntos.

Estou falando da maneira como tentamos nos colocar à parte do sofrimento dos outros. Fazemos isso com piedade, medo, acolhimento profissional e até mesmo com atos caridosos. Isso muda a forma como tomamos decisões.

Na casa de repouso, certa vez uma mulher em seus últimos dias começou a relembrar a vida. Ela lamentou muitas escolhas e, como resultado, ficou triste – um pouco abatida, mas não clinicamente deprimida. Achei natural.

Uma enfermeira me chamou num canto após visitar a paciente e sugeriu que começássemos a lhe dar um antidepressivo. O remédio indicado levava de quatro a seis semanas para surtir efeito.

– Por que você quer prescrever esse remédio? – perguntei.

– Ela está muito desconfortável. É difícil vê-la assim – respondeu a enfermeira.

– Então talvez você devesse tomar o remédio.

Ajudar pode ser algo altruísta ou motivado pelo ego. O Dr. Daniel Batson, um psicólogo social, identificou duas emoções distintas que motivam as pessoas a ajudar outras. A primeira é o que ele chamou de "preocupação empática". Em sua opinião, essa devia ser considerada uma emoção altruísta no sentido de que foca a outra pessoa. É como o carinho e o impulso de cuidar que sentimos ao ver uma pessoa sofrendo.

Ele chamou a segunda motivação de "angústia pessoal" e defendeu que essa poderia ser considerada uma emoção egoísta. Nesse caso, a motivação para ajudar vem do desejo de um ganho pessoal, como aumentar a autoestima ou tentar evitar a dor da culpa, da autocrítica ou de outros sentimentos desagradáveis. É o oposto da empatia, visto que, em vez de estimular a conexão, pode levar à autoproteção, ao afastamento ou a realizar tarefas extras que se revelem desnecessárias ou indesejadas.

Não é incomum que profissionais de saúde prescrevam tratamentos, remédios ou procedimentos desnecessários, ineficientes ou indesejáveis porque precisam se defender dos próprios sentimentos de medo, ineficácia ou impotência.

Jackson havia trabalhado numa fábrica de cabides de arame. Ele tinha três TVs no quarto e gostava de ligar todas ao mesmo tempo. À noite, escolhia filmes de terror e de suspense. Ele acordava meio zonzo e reclamando de pesadelos terríveis. Sugeri que desligasse as TVs antes de dormir.

Ele me olhou como se eu estivesse louco e disse: "Não, cara, a TV me ajuda a dormir." Foi quando percebi que, para Jackson, a TV era uma companhia, talvez seu relacionamento mais longo, de modo que ficar sem ela o aterrorizava.

Seu câncer terminal o assustava por razões semelhantes. Ele tinha medo de que a doença fizesse com que as pessoas o abandonassem por não haver futuro numa relação com ele.

Jackson se esforçava para não decepcionar ninguém, principalmente sua oncologista, de quem ele acreditava depender seu futuro. Ele era inflexível no que se referia a comparecer às consultas, mesmo quando elas já não lhe trariam nenhum benefício. "Como posso esperar que me ajudem se eu não aparecer para ser ajudado?", argumentou, insistindo em comparecer ao consultório para fazer a revisão. Chegar ao hospital foi uma provação. Ele tinha parado de se alimentar uma semana antes, sentia náuseas a maior parte do tempo, estava muito fraco e não conseguia andar.

A médica ficou preocupada quando viu a mudança dramática no estado de Jackson – o corpo esquelético, os olhos saltados e as mudanças de humor causadas pelo tumor no cérebro. Ainda assim, ela mal fez contato visual com ele durante os 15 minutos da consulta; manteve o medo bem escondido atrás do jaleco branco. Falando com rispidez, ela sugeriu uma nova série de radioterapia.

Jackson contou que andava nauseado e sem energia e que queria descansar. A oncologista prescreveu um remédio para enjoo e marcou a radioterapia para o dia seguinte.

Levei Jackson de volta para a casa de repouso, onde ele morreu naquela noite.

Foi difícil assistir à postura quase robótica e indiferente da médica. Ela podia ter feito uma pausa, pensado nas opções, escutado quando ele disse que precisava descansar. Mas ela passou como um rolo compressor por cima dele. Afinal, não podia deixar que o sofrimento a atingisse. Ao fazer isso, ela perdeu uma oportunidade de cura não apenas para Jackson, mas também para ela mesma. Protegida pela segurança e pelo privilégio de seu papel de médica, ela sacrificou um pouco de sua humanidade naquele dia.

No ambiente cada vez mais tecnológico dos centros médicos, onde os protocolos de tratamento mudam depressa, os médicos com frequência são pressionados a conseguir mais resultados usando menos recursos. Como consequência, muitos deles passam a focar basicamente as tarefas.

Porém seres humanos não são meros sistemas de execução de tarefas. Ao cuidar do outro, precisamos nos dedicar tanto aos afazeres quanto ao vínculo criado. Quando somos incapazes de nutrir o relacionamento e de compreender que há propósito, significado e crescimento espiritual nele, perdemos parte da alma. Separamos o secular do sagrado. Todos nós já encontramos um médico que cumpria seu papel, realizava o trabalho, porém se mantinha distante. A alma tem a ver com presença. Quando ficamos presos a nossos papéis, paramos de nos importar. Os pacientes se sentem abandonados e transformados em objetos, e sua autonomia é diminuída. Com frequência, acabam sofrendo mais com o tratamento, aguentando sem reclamar enquanto passam por efeitos colaterais desagradáveis.

Enfermeiros e médicos, pessoas de bom coração, muitas vezes também se fecham nas próprias dores. Coagidos pelas expectativas irreais dos sistemas nos quais trabalham e treinados para ignorar o que machuca mais, eles perdem contato com seu lado solidário. Muitas vezes, rejeitam o próprio desconforto e alienação, em vez de encará-los com amor. Como a oncologista que tratou Jackson, eles se fecham; moldados por seu treinamento, veem apenas os sintomas e não as pessoas na frente deles. Tudo o que têm a oferecer é o conhecimento.

A maior parte das pessoas é inclinada a ajudar outras, a querer reduzir o sofrimento alheio. Apesar disso, algumas se apressam demais em dar conselhos não solicitados. Em geral, nosso primeiro instinto depois de ouvir os problemas de alguém é tentar resolvê-los. Apesar de as intenções serem boas, isso pode ser uma forma insensível de afetar o outro. Já aconteceu com todos nós. Você encontra um amigo numa cafeteria e comenta que não dormiu bem na noite anterior. Bem-intencionado, o amigo começa um discurso sobre os malefícios do café, dá algumas dicas de alimentação e fala sobre a importância de fazer exercícios regularmente.

Não há nada de errado em ter um ponto de vista. Problemático é impô-lo aos outros. Dar conselhos que as pessoas não querem ou não podem pôr em prática não ajuda em nada. Se ninguém lhe pediu um conselho, provavelmente é porque não gostaria de recebê-lo. Sempre acho melhor perguntar antes de oferecer orientação. Respeite o "Não, obrigado" e siga em frente.

O apego ao papel de cuidador é muito forte para a maioria das pessoas. Se não ficarmos alerta, ele nos aprisionará e também àqueles que servimos. Isso ficou muito claro para mim enquanto eu me recuperava da cirurgia no coração. Os profissionais entravam no meu quarto no hospital – médicos, enfermeiros, assistentes – e, quase sempre, estavam tão ocupados fazendo qualquer tarefa que fosse em suas listas que nem sequer me enxergavam. Eles tocavam em mim, mas o toque não dava a sensação de ser curativo. Na maior parte das vezes eu estava sendo "monitorado".

Foi triste constatar que as pessoas encarregadas de zelar pela minha saúde se relacionavam mais com as máquinas do que comigo. A equipe tentava gerenciar sua ansiedade por meio de estratégias e roteiros profissionais desenvolvidos para criar uma barreira e manter meu sofrimento a distância. Isso raramente funcionava. A ansiedade deles apenas era repassada a mim.

Ninguém me perguntava como eu me sentia, apenas onde estava minha dor numa escala de 0 a 10, se meu intestino já tinha funcionado e se eu estava fazendo os exercícios respiratórios. Eu era informação a ser mapeada.

Até que cheguei ao ponto de perder a estabilidade emocional. Não conseguia me concentrar. Fui engolido pelo medo, pela dor e pela dependência. Comecei a me identificar com a minha ansiedade, com o meu mundo reduzido.

Hospitais são ambientes de expectativa. Existe um protocolo para tudo e processos a serem cumpridos. Parte disso é necessária e útil para a recuperação do paciente. Eu não estaria vivo hoje se não fosse pelos brilhantes procedimentos médicos. No entanto, a ênfase ali é o futuro.

Imerso em tais condições, tive dificuldades em me manter presente. Quando um profissional de saúde entrava em meu quarto e perguntava "Como está hoje?" e eu respondia "Não muito bem", sua frase seguinte inevitavelmente era "Você vai se sentir bem melhor amanhã". Mesmo quando amigos iam me ver – inclusive budistas que tinham almas lindas e que dedicaram anos à meditação e à atenção plena –, eles costumavam direcionar meu foco para o futuro. "Amanhã será um dia melhor", diziam, na tentativa de me confortar.

Aos poucos, fui perdendo contato comigo mesmo. Fui envolvido pela busca de uma solução e me juntei ao pensamento dominante de usar apenas medidas externas para avaliar meu estado. Preso ao meu papel de paciente, eu não era nada além de um problema a ser resolvido. Foi um inferno.

Depois de alguns dias, minha paciência acabou. "Não quero falar com ninguém. Não quero visitas. Só quero dar uma caminhada e escutar os Blind Boys of Alabama." Coloquei fones de ouvido como um adolescente rebelde e me isolei dos amigos, dos profissionais de saúde, de todo mundo.

Adoro os Blind Boys of Alabama por causa de sua fé e sua vitalidade contagiante. Eles são um grupo gospel que se apresentou pela primeira vez em 1939. Eles têm muita confiança na benevolência de Deus. Andei pelos corredores escutando a música deles até que aquela fé penetrasse em mim. Não é que eu creia exatamente no que eles acreditam, mas eu precisava da companhia de alguém que confiasse na bondade essencial da vida. Naquele momento, para mim, essa companhia foram os Blind Boys. Peguei emprestada sua confiança até que a minha pudesse ressurgir.

Aos poucos, comecei a sentir que minha capacidade de vivenciar a experiência estava retornando. Voltei para o quarto, fui direto para o banheiro, fechei a porta e, pela primeira vez desde a operação, chorei. Deixei que as lágrimas escorressem. Por fim, entrei em contato com o que me era desconfortável, até mesmo deprimente.

Foi um alívio, porque eu – como todo mundo ao meu redor – vinha evitando as coisas difíceis. Naquele momento, consegui lidar com tudo aquilo. Pude sentir a impotência, o medo, a dor e formular todas as perguntas que surgiram do trauma físico e emocional do ataque cardíaco: O que isso significa para o resto da minha vida? Será que ainda tenho algum valor? O que vou poder *fazer* depois disso?

Uma enfermeira entrou no quarto e bateu à porta do banheiro.

– O senhor está bem? – perguntou. – O senhor está chorando. Está se sentindo bem? Sabe que não precisa se preocupar. Está todo mundo aqui fora. Estamos aqui para apoiá-lo.

– Por favor, me deixe sozinho – pedi.

Mas ela não queria fazer isso. Imbuída de seu papel de cuidadora, insistiu:

– O senhor não precisa se preocupar. Tudo vai ficar bem. O senhor estará bem amanhã. Saia daí e eu chamo uma assistente social para conversar com o senhor.

– Não – falei com mais firmeza. – Me deixe sozinho. Me deixe sentir isso. Há dias eu tento entrar em contato com meus sentimentos e finalmente consegui. Preciso ficar um pouco comigo mesmo.

Então ela saiu. E me deixou em paz.

Eu acreditava que, se conseguisse alcançar meu sofrimento, a compaixão inata apareceria como uma resposta amorosa. Foi o que aconteceu.

Muitas vezes, ao focar só a solução dos problemas, os cuidadores aumentam o medo do paciente ou o deixam mais desnorteado. Ao fazer isso, eles podem intensificar a limitação. Logo, como aconteceu comigo, o paciente perde contato com sua vivacidade natural.

No caos causado pela doença, ter uma pessoa calma no quarto pode ser um diferencial positivo. Ao cuidar de um doente, usamos a força dos braços e das costas para movê-lo. Emprestamos nosso corpo ao paciente. Podemos emprestar também a concentração de nossa mente e a coragem de nosso coração. Podemos ser uma nota de estabilidade e confiança. Podemos expandir nosso coração de tal forma que ele inspire o outro. Então, viramos um refúgio solidário. Nossa presença resgata a confiança na cura.

A cura não vem porque os problemas são resolvidos, mas porque a pessoa consegue se reconectar com o que acredita ter perdido por conta do medo e da limitação, retomar o contato com a própria capacidade de cura. A sensação que isso causa é de autoaceitação amorosa, uma aceitação do próprio estado que é fortalecida pela compaixão. Ela alimenta a coragem e nos permite seguir em frente e aprender com o sofrimento. Quando refletimos nos outros essa completude, podemos funcionar como um portal para possibilidades mais amplas. Como cuidadores e amigos, nosso trabalho é ser um portal, não só resolver problemas.

Gosto mais da palavra "atender" do que de "cuidar". "Atender" tem a ver com ir ao encontro de um anseio, com a profundidade da intenção do coração, com a incorporação dos valores altruístas e com a ação que nasce da sabedoria. É um ato mutuamente benéfico. "Cuidar", muitas vezes, se transforma em ajudar e resolver.

Minha amiga Rachel Naomi Remen falou sobre isso melhor do que ninguém quando escreveu: "Ajudar, resolver e atender representam três formas diferentes de ver a vida. Quando você ajuda, vê a vida como fraca. Quando você resolve, vê a vida como problemática. Quando você atende, vê a vida como um todo. Resolver e ajudar podem nascer do ego; atender vem da alma."

Resolver e ajudar são exaustivos. A longo prazo, podem nos exaurir. Atender, por outro lado, é renovador. Quando atendemos, nosso próprio trabalho nos renova. Ajudar pode nos trazer satisfação, mas ao atender encontramos um senso de gratidão.

Experimente fazer isso um dia. Sente com a pessoa sem ter uma solução para o problema dela, sem representar um papel. Sem analisar, sem resolver, sem se intrometer, sem consertar. Escute com generosidade, como se a pessoa tivesse todos os recursos necessários. Apenas respeite e receba o que está sendo oferecido. Não é sequer necessário que você entenda. Imagine que sua presença como ouvinte é suficiente. Muitas vezes um silêncio receptivo cura mais do que palavras bem-intencionadas.

Não estou dizendo que os papéis não têm seu valor, apenas que não são suficientes para o nosso bem-estar. Para isso, precisamos da coragem de sermos honestos e íntegros.

O que é honestidade? É dizer o que é na hora que é. Apresente-se, faça o que diz que vai fazer, lembre-se dos compromissos e honre os acordos. A honestidade mobiliza a vontade e aponta para o que tem coração e significado, ao mesmo tempo que diminui as reações impensadas. Isso significa assumir a responsabilidade pessoal tanto pelas tarefas quanto pelos relacionamentos que construímos enquanto as realizamos. Agir com honestidade cria confiança.

Sarah foi aluna em um de nossos treinamentos para cuidadores compassivos. Magra, branca, tímida, com 20 e poucos anos, ela trabalhava como assistente em uma casa de repouso no centro de Washington, onde cuidava basicamente de afro-americanos à beira da morte. Tivemos uma conversa maravilhosa sobre a "doença do cuidador" e sobre se apresentar de maneira honesta em vez de se esconder por trás de personagens. Algumas semanas depois, ela me escreveu a seguinte carta:

Há uma frase de John O'Donohue que adoro. Ele pergunta: "O que você fez com a sua ousadia?" Essa experiência foi ousada para mim. Radical. Aprender a aceitar a realidade do que está surgindo dentro de mim exigiu coragem. Eu me vi chegando a lugares assustadores, sombrios, abandonados, opressivos. Não consigo acreditar, mas em alguns momentos mergulhei de cabeça no que os budistas chamam de Mara, na tentação, em vez de fugir dela. É claro que é difícil, e eu não faço isso o tempo todo, mas uma semente foi plantada em mim. Continuo a cuidar dessa semente da compreensão, que me ensina que encarar o que me assusta, em vez de fugir, é o próprio ato corajoso que ativa minha humanidade, minha sensibilidade, minha força, minha honestidade, minha ousadia futura imprevisível.

No trabalho, percebi que os adoráveis residentes intuem quando estou nesse espaço da ousadia. É nessa hora que eles mais confiam em mim. Vou assumir mais riscos para estar disponível para eles. Vou pensar de maneira mais livre. Vou me recusar a tolerar os conceitos limitados dos papéis e das regulamentações. Serei eu sem pedir desculpas. Vou confiar na minha intuição ao cuidar. Além de oferecer cuidados tão necessários, crio espaços de cura – não de esgotamento – para mim também.

Essa intuição confiante me levou a sentar na cama junto com Helen e ficar lá durante uma hora com a mão na perna dela, sem pedir que ela, por favor, tomasse os remédios. Toda vez que alguém da equipe me chamou, respondi que estava ocupada e que não podia ir, embora parecesse que eu estava sentada sem fazer nada. A intuição me orientou nas respostas quando Helen me xingou e a rebater com um "Ah, mas você sabe que faz sucesso, Helen", quando ela falou que meu traseiro era enorme (ela tentou não sorrir). A intuição permitiu que eu me mantivesse firme, que fizesse isso enquanto abria meu coração – abraçando aquela pessoa, acolheando-a e dominando a insegurança e a autodepreciação sobre minha identidade e os privilégios que recebi apenas pela cor da minha pele – e que conseguisse amar nós duas em meio a todo esse drama.

Agora Helen se tornou uma das pessoas que mais gostei de conhecer na vida. Sem o seu treinamento, eu não teria a coragem de receber o presente dessa relação. Eu não teria a coragem de ver com tanta clareza que não se trata de algo pessoal, que o amor está lá e que, para chegar até ele, é preciso me apresentar de forma honesta e estar de verdade com Helen, mantendo-me centrada em meu próprio corpo e na integridade do meu ser.

A honestidade exige que se confie na sabedoria interna mais profunda e que se esteja disposto a transformá-la em uma ação consciente. Sabedoria não tem a ver com idade nem com conhecimento, ferramentas ou funções. Tenho um monte de habilidades que colecionei ao longo dos anos, mas ao cuidar eu não as coloco em uso. Acredito que, se começasse exibindo meu currículo inteiro, isso só atrapalharia. Em vez disso, lanço mão de minha humanidade.

Tentávamos manter as coisas simples na casa de repouso. Quando chegava um paciente novo, eu o recebia na porta da frente e o acompanhava até o quarto. Raramente dizia qual era o meu cargo, apenas me apresentava pelo nome. Os cargos podiam surgir mais tarde. No começo, o mais importante era encontrar as afinidades.

Antes de chamar a enfermeira ou de começar qualquer procedimento ou avaliação médica, eu apresentava a vizinhança ao novo paciente. Falava da Sra. Mahilia Kennedy, que morava duas portas adiante com a neta, ou de Jeffery e Francis, que moravam colados a nós, no lado esquerdo. Mencionava o jardim de infância que funcionava mais para baixo na rua e avisava que dava para ouvir as risadas das crianças indo para o parque ao lado. Situar a pessoa é importante. Em algumas culturas, é a maneira de se apresentar aos outros. Em nosso primeiro encontro, uma paciente disse: "Sou filha de Hannah e nosso povo vem da Paróquia de Tensas, no nordeste da Louisiana. Tenho sete irmãos e me chamam de Jerline. Prazer em conhecê-lo."

Antes de falarmos sobre as doenças, falávamos sobre comida. Quando você bate papo sobre comida, você se iguala. Quando a pessoa fala do que mais gosta de comer, você aprende um bocado com suas expressões, com a maneira como os olhos se arregalam ou como elas passam a língua nos lábios ou sua voz desaparece. Quando trocamos ideias sobre comida, compartilhamos detalhes sobre nossas famílias, a maneira como fomos criados e como éramos amados ou não. O que as pessoas gostavam de comer e não podiam mais contava muito sobre a relação com seu estado de saúde.

Aprendi a me ver nas pessoas que atendia. E tentava vê-las em mim. Essa era uma prática ao mesmo tempo bonita e desafiadora, principalmente quando trabalhava com as comunidades multiculturais de São Francisco. Na superfície, era fácil focar nossas diferenças: eles eram negros, latinos ou vietnamitas, eu era branco; eles eram viciados em heroína ou tinham aids, eu, não; eles moravam na rua e eram sozinhos, eu pagava uma quantia absurda de aluguel e estava criando quatro adolescentes. Num determinado momento, podíamos ter passado despercebidos um pelo outro na rua. Mas na casa de repouso éramos reunidos de uma forma muito íntima.

Em meio a todas as atividades de cuidados – trocas de fraldas dos residentes, ligações para seus familiares que haviam se distanciado tempos antes ou agendamento de serviços de que eles precisavam –, nós achávamos um lugar de encontro. Não buscávamos uma uniformidade; não precisávamos disso para nos conectarmos. Era um pertencimento que acontecia porque todas as partes eram consideradas. Honestamente, muitas vezes fracassamos em criar essa conexão, cegos que éramos por conta de nossa visão privilegiada. Mas continuávamos naquilo, e as pessoas com quem trabalhávamos nos ensinavam um pouco mais a cada dia sobre respeitar as diferenças enquanto se focava a inclusão.

Muitas vezes me orientei pelos bons conselhos de George Washington Carver, o autor afro-americano que nasceu escravo e depois se tornou um cientista renomado, botânico e educador. Ele disse: "Qualquer coisa revelará os seus segredos se você a amar por tempo suficiente. Não descobri isso apenas quando conversei com a florzinha ou com o pequeno amendoim; percebi que, ao comungar silenciosamente com as pessoas, elas também revelam seus segredos – se você as amar o suficiente."

Apesar de atender os outros ser algo natural, até mesmo instintivo, nem sempre é fácil. Às vezes, presos a um papel, nós nos afastamos do que amamos. Ficamos esgotados. Para encontrar o caminho de volta, precisamos nos lembrar do que atraía nossa alma para essa tarefa. Temos que descobrir como amar o que fazemos, mesmo quando não fazemos o que amamos.

Uma jovem que trabalhava como médica à noite num grande hospital veio a um de meus treinamentos. Parte do trabalho de Athena era atestar a morte de pacientes que ela não conhecia. Não era uma tarefa difícil, mas triste, ainda mais na madrugada. Athena reclamou que tinha se tornado indiferente. Ela estava exausta, desanimada e desesperada porque a prática da medicina tinha perdido todo o significado para ela. Ela pediu que eu a levasse a um ritual budista que pudesse ajudá-la a recuperar o amor e a noção de propósito que um dia a inspiraram a ser médica.

Eu disse a ela que a prática budista dificilmente a ajudaria. Ela precisava descobrir a cura nas próprias raízes. Sugeri que enxergasse a prática da medicina como um caminho espiritual. Lembrei-lhe que a base de seus conhecimentos vinha de antes dos gregos. Não foi o juramento de Hipócrates que ela fez ao se formar? Sugeri que, ao vestir seu jaleco branco, ela se imaginasse nos trajes cerimoniais do deus grego Asclépio, imbuída de sua sabedoria e de seus poderes de cura. Ela pareceu contente com as sugestões.

Depois desse treinamento, nunca mais vi Athena. Contudo, quase um ano depois, eu estava dando um curso junto com minha amiga Rachel Naomi Remen, que também é médica. Ela mencionou o nome de Athena e contou que havia participado de um grupo de apoio clínico em que ela atuava como facilitadora. Rachel ficou impactada com sua história e contou que ela havia renovado sua prática médica depois da conversa comigo. Aparentemente, minha sugestão de que se voltasse para as próprias raízes para encontrar a cura fez sentido para ela. Athena vinha de uma família de médicos.

O pai e o avô eram médicos, e ambos tinham morrido fazia pouco tempo. Mas, com a ajuda deles, Athena tinha descoberto o próprio ritual de cura. O avô trabalhara no interior e ela herdou sua maleta preta surrada. Nela, colocou o estetoscópio do pai, uma pequena vela votiva e um vidrinho de óleo essencial de rosas presenteado pela avó. Passou a guardar esse kit no armário do trabalho.

Quando era chamada para atestar uma morte, Athena pegava a maleta e a levava para o quarto do paciente. Muitas vezes, fazia uma pausa na porta para tomar fôlego e invocar o apoio de seus ancestrais. Às vezes uma enfermeira ainda retirava soros ou desconectava monitores cardíacos. Athena acendia a vela votiva ao lado da cama e pegava o estetoscópio do pai na maleta do avô. Em silêncio, ela examinava o paciente, procurava ouvir batimentos cardíacos e cuidadosamente observava se a respiração tinha parado. Ela sentia familiaridade nessas ações simples.

Depois, pegava o pequeno frasco de óleo de rosas, molhava a ponta dos dedos nele e colocava algumas gotas na testa da pessoa que tinha morrido, acrescentando uma pequena prece intuitiva: "Que você esteja em paz, que descanse e que todo o seu sofrimento acabe."

Athena sentiu que não podia mais ser médica da forma como havia sido treinada: vivendo em autonegação e trocando sua humanidade por conhecimento. No entanto, desenvolver esse ritual pessoal tinha resgatado seu amor pela medicina e a inspirara a continuar a ser a curadora que ela sempre sonhara se tornar.

Ao escutar o chamado da alma, Athena encontrou coragem para ir além de seu papel e para dentro de seu verdadeiro eu. Lá, ao cuidar dos outros, ela encontrou paz, alegria, inspiração renovada e acesso à própria bondade inata.

9

DOMANDO A CRÍTICA INTERIOR

O modo como conversamos com os nossos filhos
se torna a voz interior deles.

— PEGGY O'MARA

Não importa quanto você tente, não consegue agradar sua crítica interior.

Não há como enganá-la. Ela conhece cada movimento seu, cada truque guardado na manga, cada detalhe do passado. Ela esteve com você ao longo da vida e, sim, com certeza estará lá também nos momentos finais.

Ela compara, elogia, desvaloriza, diminui, invalida, culpa, aprova, condena e ataca sua aparência, o desempenho profissional, a maneira de conduzir os relacionamentos, os amigos, a saúde, a dieta, as esperanças, os sonhos, o desenvolvimento espiritual, tudo. Sejamos francos: do ponto de vista de quem critica, nada que você faz é bom o suficiente.

A crítica exige o cumprimento de um conjunto prévio de padrões e códigos morais. É a voz que diz: "Ou faz assim ou cai fora." E ela usa sem dó armas como o medo, a vergonha e a culpa a fim de forçar você a fazer o que ela quer.

Muitas vezes, em nossos momentos mais vulneráveis, quando a maior dádiva a receber seria a ternura, nos acostumamos a ter o autojulgamento. Mesmo perto do fim da vida, é comum as pessoas olharem para trás com pesar, ficarem obcecadas com os "e se" ou repetindo para si mesmas que não estão morrendo de um jeito bacana. Amigos e parentes aumentam a pilha de culpa projetando as próprias vozes críticas na pessoa e sugerindo que ela deveria lutar mais ou que deveria partir sem tanta relutância.

O crítico interior não gosta de mudanças, alterações de identidade, criatividade e desenvolvimento interior, além de temer qualquer coisa que surja do inconsciente. A crítica prefere o *status quo*, o familiar, o previsível. "Não balance o barco", recomenda. "Não é seguro."

É por isso que se concentrar no autoaperfeiçoamento ou em corrigir o que a voz crítica vê como "problema" nunca funciona. Quando buscamos a aprovação dos outros, nos adequando ao padrão externo e tentando agradar, estamos procurando o amor nos lugares errados. Elogio e culpa são sintomas de uma doença infecciosa. E, como em toda doença, precisamos fazer mais do que tratar os sintomas; temos de abordar as causas. Precisamos ir ao cerne da questão e compreender como o hábito de se criticar diminui a força vital, rouba a paz interior e esmaga a alma.

Desde pequenos nos ensinam a buscar a perfeição. Para muitos de nós, isso se torna um vício. É uma busca baseada no ego e que facilmente pode ofuscar a jornada da alma em direção à completude. É por isso que ao *trazer tudo de nós para a experiência* devemos abordar a voz crítica interior, que muitas vezes é inconsciente e corrosiva. Ela é o principal obstáculo à autoaceitação, à confiança e à expansão do nosso potencial. Ela interrompe o crescimento, emperra o desenvolvimento interior, rouba a nossa força e transforma em regra o diálogo interior negativo. Além disso, a crítica impede nossa capacidade de criar vínculos e de sentir empatia. Provavelmente, se você for crítico demais consigo mesmo, será também um crítico duro com os outros – mesmo que não expresse esse ponto de vista em palavras, ele estará em seus pensamentos.

Quando apresentamos nosso eu por inteiro, incluímos as falhas. Abrimos espaço para os defeitos, bem como para a pureza, a força, a vulnerabilidade, o sucesso e os erros. Ao julgar, o foco se mantém no que está errado e a mentalidade que domina é a de "um ou outro". Ao aceitar a completude, faz-se um ato amoroso de reparação e se estabelece uma forma de merecer a vida considerando "tanto um quanto outro".

Para nos libertarmos da crítica interna, temos de conhecer um pouco de sua origem, de como somos influenciados por ela e de como podemos nos afastar dessa influência negativa. Em suma, nosso plano de tratamento inclui o uso de sabedoria, força e amor.

Quando meu filho tinha 7 anos, construiu um forte atrás de uma pequena escrivaninha em seu quarto. Ele costumava se esconder nesse cantinho quando ficava chateado.

Alguns anos depois, nos mudamos. Quando afastei a mesa da parede para desmontar o forte, tive uma grande surpresa. A parte de trás do painel de madeira estava completamente coberta de palavrões, xingamentos e palavras raivosas dirigidas ao seu velho pai.

É natural que a criança sinta certa agressividade em relação ao pai ou à mãe. Como parece algo perigoso demais para ser expresso, em geral ela é reprimida. Assim que me recuperei do choque inicial e do ego magoado, eu ri. Fiquei aliviado por Gabe ter encontrado uma maneira de desabafar sua raiva em relação a mim.

Na infância, nossos pais e avós, irmãos mais velhos, professores, conselheiros espirituais e outros adultos responsáveis em nossa vida fizeram o possível para nos mostrar o certo e o errado. De modo geral, eles foram bem-intencionados. O objetivo era estimular nosso desenvolvimento e nos proteger. Eles nos ensinaram as regras que achavam indispensáveis para se lidar com o mundo. Sem dúvida, precisávamos de alguma orientação, ou não teríamos chegado vivos e saudáveis à idade adulta nem teríamos conseguido entrar em uma sociedade que se baseia em códigos de conduta. Assim, esses adultos nos passaram seus valores e padrões.

Esse processo de socialização só é problemático quando se transforma numa tentativa de alinhar à força o comportamento da criança à visão do adulto. A maioria dos adultos não são ogros, mas inevitavelmente transmitem as próprias suposições inconscientes, estratégias inábeis, inclinações e mesmo seus preconceitos. Você já deve ter visto pais envergonhados pelo fascínio dos filhos pequenos pelos próprios impulsos sexuais ou exaustos por sua energia interminável. Ou talvez um professor ou líder espiritual que recorresse a advertências e reprimendas para controlar o comportamento e as emoções das crianças e evitar que fizessem algo que os deixasse desconfortáveis. Ou talvez seus pais o obrigassem a fazer coisas que você não queria, como ir dormir quando não estava cansado, vestir-se de determinada maneira, ter amigos diferentes ou comer o que era oferecido, mesmo que não lhe parecesse apetitoso.

As crianças dependem dos adultos para desenvolver a percepção de si mesmas e, mais importante, para sobreviver. Para uma criança pequena, a aprovação ou desaprovação dos pais muitas vezes parece questão de vida ou morte.

Em busca da autopreservação, aprendemos a concordar com os desejos dos adultos para obter e manter a aprovação, bem como evitar a vergonha e a punição. Ao longo do caminho, ou internalizamos essas vozes de autoridade ou nos rebelamos contra elas. Esse condicionamento – os "deveria" e "não deveria" e a ideia de que fazíamos algo errado – forma a base de nossa voz crítica interior.

Quando chegamos à idade adulta, a voz áspera e coercitiva do julgamento já não tem a mesma utilidade, porém continua em nós. É uma estrutura psicológica forte que quer nos proteger administrando nossa vida. É um pouco como nossos sisos: no passado distante, quando tínhamos uma dieta à base de carne crua, nozes e raízes, esses dentes eram necessários para a nossa sobrevivência. No entanto, à medida que evoluímos, aprendemos a usar ferramentas, cortar e cozinhar os alimentos que comemos, e, como resultado, os sisos se tornaram irrelevantes. Da mesma forma, à medida que amadurecemos, temos acesso a uma sabedoria menos irrefletida e mais discernível que é objetiva, positiva e pode funcionar como um guia confiável e criativo em nossa vida. Não precisamos da constante avaliação e dos ataques da voz crítica, nem da humilhação, da repressão, da rejeição e do sofrimento que ela gera.

Apesar disso, ainda achamos que sim.

Recentemente, o tema da voz crítica interior surgiu numa conversa com uma vizinha. Beth tem mais ou menos a mesma idade que eu, é saudável e está em boa forma, e a maioria a vê como uma pessoa bem-sucedida, que leva uma vida equilibrada, tem um casamento feliz, é próxima dos filhos e desfruta uma boa aposentadoria.

Quando mencionei como acho importante suavizar a crítica à medida que envelhecemos, Beth argumentou:

– Mas o que eu não teria feito sem a voz do meu crítico interior? Quem eu seria? Uma pessoa preguiçosa, infeliz, que nunca correu atrás de seus sonhos? Sem a crítica, eu não conseguiria fazer nada. A voz crítica me diz a verdade sobre o que entendo como certo e errado. É a razão pela qual eu quero dar o máximo de mim. Ela me motiva na direção da mudança produtiva.

– Será? – perguntei a ela. – Acho que o crítico interior me repreende mais do que me motiva. Não é uma consciência nem um guia moral confiável, nem é a voz da sabedoria. Sim, pode haver alguma pitada de verdade nos comentários críticos. Pode haver alguma informação boa e útil. Mas a forma como eles são entregues certamente não me ajuda. É num tom muitas vezes mesquinho, desprezível e manipulador. Já tive a chance de conhecer muitos professores espirituais bastante sábios e nenhum deles jamais me transmitiu sua sabedoria num tom tão desagradável.

– Mas, às vezes, minha voz crítica interior me elogia – respondeu Beth. – Me dá os parabéns por meus esforços.

Concordei.

– É verdade, o crítico pode oferecer elogios. E esse tom é muito mais pegajoso, porque gostamos dele; imploramos sua aprovação. No entanto, nem todos os elogios são iguais. Devemos questionar os motivos da voz crítica. Se pararmos para pensar, vamos ver que só recebemos elogios por obter um conjunto estreito de resultados ou exibir as poucas qualidades aprovadas pelo crítico.

– É verdade – disse Beth. – Venho sendo empurrada pela voz crítica há 50 anos. Estive tão ocupada tentando merecer seus elogios e provar o meu valor, tentando ser mais inteligente, mais jovem, mais forte e mais bem-sucedida. Fundei três empresas rentáveis e ainda me sinto uma impostora.

Alguns de nós, como Beth, dedicam uma lealdade equivocada à voz crítica interior. Achamos que ela nos mantém atentos e promove o pensamento focado de que precisamos em nosso emprego ou para entender o mundo. Quando prestamos mais atenção, percebemos que o mecanismo da crítica não é nada sofisticado; afinal, ele se formou quando éramos crianças.

As pessoas muitas vezes imaginam que a voz divergente em sua cabeça as ajuda. Mas não. A voz crítica não acredita na bondade humana básica. Ela só acredita em regras e códigos morais. Psicologicamente, é a protetora do ego, que nega todo o resto. Ela não conhece a alma, não confia no coração para saber como você se sente, nem permite que seja empático e solidário nos relacionamentos. Não acredita que a intuição pode servir de guia em situações novas. A voz crítica interna quer que você leve apenas seus conselhos em consideração. Ela não confia na sua capacidade de raciocinar e avaliar os dilemas da vida.

Há uma alternativa para a crítica: passar do julgamento para o discernimento. O julgamento é o hábito agressivo e severo que encerra a conversa, nos liga a comportamentos antigos e bloqueia outras capacidades. O discernimento abre espaço, nos ajuda a ter perspectiva e permite que mais da nossa humanidade apareça. O discernimento ajuda a sabedoria a emergir e nos permite escolher um futuro mais benéfico. A sabedoria inata é uma voz gentil e objetiva que está disponível para todos nós. Ela pode discernir, singularizar e nos guiar de maneira inteligente.

A crítica pode ter servido a um propósito na infância, mas está na hora de atualizar esse modelo.

Eu ministrei um curso na Itália e tive uma troca inspiradora com uma aluna chamada Stella. Ela era uma médica bonita e afetuosa de 30 e tantos anos. Depois da minha conversa sobre a crítica interior, ela se aproximou e falou, muito séria:

– Não tenho uma voz crítica.

– Tem certeza? – perguntei.

– Sim, não consigo encontrá-la – garantiu Stella.

Ela me contou que era bem-sucedida no trabalho, que tinha alcançado seu objetivo de se tornar médica ainda jovem e que os pais tinham muito orgulho dela.

Atualmente, na Itália, ainda existe uma forte tendência cultural – ou poderíamos dizer "crítica cultural" – que exerce uma pressão significativa nas mulheres para que tenham filhos. As italianas muitas vezes acham desencorajador equilibrar o trabalho com as expectativas que se têm das mães. Cada vez mais, muitas optam por não ter filhos. Contudo, o condicionamento e as crenças são profundos e muitas vezes causam consideráveis conflitos internos.

– Você quer que eu tente ajudá-la a identificar sua voz crítica? – ofereci. – Pode ser bastante doloroso.

– Sim, sim, por favor. Eu quero entender.

Então, arrisquei. Num tom muito calmo, perguntei:

– Por que você ainda não é mãe?

Stella começou a chorar na mesma hora. Eu não precisei acrescentar nada, muito menos falar com dureza. Sabia que minhas palavras iriam passar por sua voz crítica interior e o juiz faria minha pergunta soar como uma acusação.

– Você está certo! – gritou ela. – Ouço essa voz o tempo todo... Não apenas na minha cabeça. Vinda dos meus pais, vizinhos, colegas de trabalho, até mesmo dos motoristas de táxi, e isso sempre me magoa.

Identificar a voz crítica deixou Stella muito abalada. Ela chorou mais quando a abracei, mas quis continuar investigando sua experiência para que outras informações surgissem. Sugeri que ela explorasse essa questão com o apoio de um terapeuta.

Stella seguiu o conselho e, um ano depois, voltou a meu curso e contou que estava grávida e muito feliz. Ela vinha garantindo a si mesma que não queria filhos porque preferia se dedicar à carreira, mas, na verdade, a voz crítica lhe dizia que ela não seria uma boa mãe e que nunca encontraria um parceiro com quem pudesse ter filhos.

Graças à terapia, Stella confrontou a voz crítica e reconheceu uma parte profunda de si mesma que queria muito ser mãe. Se a voz desagradável que a humilhava por ser solteira aos 37 anos e "incapaz" de criar filhos tivesse vencido, Stella nunca teria vislumbrado outro caminho a seguir. Ela teve que entrar em sintonia com a voz mais distante da sua alma para então conseguir montar um plano para ter sucesso como mãe e médica.

Nossa natureza tem determinados atributos que são inatos, o que significa que eles já existem dentro de cada um de nós. Uma dessas qualidades inatas é a sabedoria, mas as pessoas não costumam achar que seja. Elas acreditam que é algo adquirido ao longo da vida pela experiência. É verdade, há uma sabedoria analítica que precisa ser treinada e desenvolvida com o tempo. Mas também temos uma sabedoria inata. O budismo se refere à *natureza-sabedoria* que se alcança por meio da meditação. Como aconteceu com Stella, todos nós temos acesso a essa sabedoria interior se ouvirmos atentamente o que ela tem a oferecer.

Conforme enfrentamos o cotidiano, nossa natureza passa pelo condicionamento cultural, familiar e social. As qualidades inatas se chocam com nossa personalidade, nosso sistema de crenças e os obstáculos de nossa mente. À medida que esse contato ocorre, nossas características essenciais sofrem um processo de contração e se distorcem. Então, em vez de se expressarem de forma livre, aberta e natural, elas aparecem desvirtuadas. Sua força fica presa a desejos ou expectativas e se expressa na forma de frustração, raiva e destrutividade. A compaixão atravessa o medo e surge na forma de piedade ou de uma obsessão por consertar os outros e nos proteger da dor.

A voz crítica gosta particularmente de distorcer o conhecimento. Ela diz: "Confie em mim. Conheço você muito bem. Já passei por isso antes." A sabedoria diz: "Relaxe em sua experiência. Pode confiar em que vai saber o que fazer." Em vez de dizer o que pode *parecer* verdade, como faz a voz crítica, a sabedoria nos ensina a descobrir o que realmente é.

É importante entender que, mesmo que se expresse de forma distorcida, nossa essência ainda está lá. Temos a tendência de ver as distorções como obstáculos. Nós nos sentimos derrotados e desistimos ou então fazemos guerra contra nossa raiva, nosso medo e nossa voz crítica interna ao tentar vencê-los ou nos livrarmos deles. Em vez disso, podemos ver os obstáculos como portais. Poderíamos avançar em direção a eles, de maneira suave e persistente, para entender o que significam.

Uma vez, um líder de uma organização espiritual me usou como bode expiatório para colocar em prática um plano sem considerar a disposição da comunidade. Como resultado, fui forçado a deixar a comunidade e me afastar de pessoas que eram importantes na minha vida na época.

Alguns anos depois, refletindo sobre o incidente, fui tomado de ódio contra meu acusador. Repassei em minha cabeça toda a história de como fui injustiçado, acreditando que ela fosse a mais pura verdade. Ao fazer isso, percebi que minha mão direita fazia um movimento cortante na esquerda. A intensidade do ódio aumentava. Desejando entender esse obstáculo, eu me permiti ter pensamentos mais sombrios e amargos. Deixei o ódio extravasar para sentir toda a gama de emoções à medida que fantasiava como tirar aquele homem da minha vida. Meu ódio era frio, calculista, indiferente e temporariamente poderoso. Minha mão direita era como uma faca, cortante e destrutiva.

Só então me lembrei da estátua de Manjushri, uma forma icônica e arquetípica de Buda que é encontrada nas salas de meditação zen. Ele empunha uma espada na mão direita para cortar a ignorância e a confusão das visões enganadoras.

Nesse momento, percebi que a sabedoria era o verdadeiro poder. Dentro do ódio que eu sentia, havia um sabor, um cheiro dessa sabedoria, mas ela tinha sido distorcida. Quando consegui ver com mais clareza, entendi que meu ódio era uma falsa versão de poder.

Com essa sabedoria nascente, vi que, embora minha raiva em relação à rejeição parecesse estar apenas focalizada externamente, ela vinha me corroendo por dentro fazia anos. Havia um ódio corrosivo por mim mesmo por não ter feito o que eu achava que deveria na época. Minha voz crítica me perturbou durante mais de duas décadas, querendo que eu mudasse o que tinha acontecido ou que superasse o fato. Ficou claro que o meu impulso para o autoaperfeiçoamento, como acontece com muitas outras pessoas no caminho espiritual, era exagerado. Nunca me deixei em paz; fiquei me comparando aos outros. Nunca me achava bom o suficiente.

Pensei no que escreveu Pema Chödrön, a monja budista americana e autora de diversos best-sellers: "O problema é que o desejo de mudar a si mesmo é fundamentalmente uma forma de autoagressão." Isso não significa que devemos tolerar os erros, abandonar os planos e as metas ou nos resignarmos a nossas velhas histórias. Significa apenas que devemos fazer o melhor para manter nossas imperfeições com bondade. Podemos ampliar a autoaceitação, ser gentis conosco e ter curiosidade sobre as reviravoltas em nossas qualidades inatas, em vez de tentar subjugá-las.

A fim de cessar o padrão de autotraição que ocorre quando estamos à mercê de um crítico interior descontrolado, temos de nos defender sozinhos. Precisamos agir em nosso próprio interesse. Acho importante que você se lembre de como reagia na infância quando seus pais ou outra figura de autoridade lhe negavam algo ou impunham regras que você achava injustas. Qual era sua resposta automática?

Karen Horney, a psicanalista alemã considerada a criadora da psicologia feminista, escreveu sobre três estratégias para lidar com a ansiedade básica. São aplicáveis tanto à maneira como reagíamos às críticas na infância quanto à forma como continuamos a responder à voz crítica interior hoje:

- Algumas pessoas *se afastam*, se retiram, se escondem, guardam segredos e silenciam. Evitam conflitos. Talvez você tenha ido para o seu quarto, talvez tenha assistido à TV enquanto tentava absorver a crítica ou simplesmente suportá-la.
- Outras pessoas *seguem em frente* tentando agradar, harmonizar, negociar, persuadir e explicar. Talvez você tenha feito um trabalho

escolar extra, tenha tentado ser útil em casa ou sempre tenha sido bem-comportado, a fim de obter aprovação.

- Alguns *reagem*, tentando ganhar poder sobre os outros. Eles se rebelam ou lutam. Talvez você tenha retrucado agressivamente, gritado, agido com hostilidade, batido portas ou fugido pela janela e feito o que queria.

Eis o problema de todas essas estratégias: elas ainda dão à crítica interior todo o poder. Permanecemos presos ao hábito de reagir à autoridade em vez de escolher de forma criativa o próprio caminho. Para desfazer esse velho hábito, é preciso força.

Essa força vem de encontros repetidos com a nossa natureza. Assim desenvolvemos confiança em sua presença e sua orientação. Isso se torna nossa base, a força essencial que colocamos em ação. Quando nossa força é distorcida – pela honradez ou pelo ressentimento, por exemplo –, ela se manifesta como raiva. Mas podemos aproveitar até a energia da raiva. Podemos estabelecer um vínculo proveitoso com sua vitalidade, intensidade e vivacidade.

Suponha que você tenha tomado consciência de uma reação negativa que surgiu dentro de você. Da mesma forma que fiz quando examinei meu ódio em relação ao líder espiritual que eu achava que tinha me prejudicado, você pode conter a expressão nociva de sua raiva antes de agir, concentrando-se na experiência física de seu corpo. Talvez então você possa canalizar essa energia honestamente para se proteger do ataque.

Existem dezenas de livros que oferecem inúmeras estratégias de defesa contra a voz crítica. Para mim, tudo se resume ao seguinte: tomar coragem para enfrentar uma força poderosa e coercitiva. Eu me identifico com o poeta E. E. Cummings, que escreveu: "É preciso coragem para crescer e se tornar quem você realmente é."

Uma vez, enquanto eu ensinava sobre a voz crítica interior, uma mulher levantou a mão e pediu para falar. Sua frustração era evidente: o rosto estava vermelho e o corpo tremia.

– Nunca consegui derrotar a crítica interior! – contou. – Ela sempre sai vitoriosa. Por que sou tão fraca?

Puxei uma cadeira para perto dela e subi no assento, de modo que fiquei um bom meio metro mais alto do que a mulher. Então apontei o dedo para ela e disse num tom firme e alto:

– Você é ruim!

Ela deu uma gargalhada.

– Ah, sim, veja isso! – falou ela. – É assim que a voz crítica faz quando me derrota. Não admira que eu me sinta indefesa. Eu não podia lutar contra essa voz adulta quando era criança. Ela era muito grande, muito poderosa.

Então pedi que a mulher subisse na cadeira para que ficasse mais alta do que eu. Eu a orientei a respirar fundo, sentir o próprio corpo, concentrar-se na consciência e pensar em sua bondade inata.

– Agora, como você responderia à voz crítica interior se ela dissesse que você é ruim ou fraca? – perguntei.

– Não fale assim comigo – disse ela, com a voz forte e confiante. – Me magoa quando você fala assim. E isso não me ajuda a melhorar.

Dizer a verdade emocional, expressar desinteresse pelo que a crítica diz, usar de bom humor, manter-se atento às reações do seu corpo, aproveitar sua força – todas essas estratégias ajudam a resgatar o contato com a própria natureza. Quando somos bem-sucedidos em nos defender de um ataque e nos desligamos da crítica, é possível sentir a mudança na energia física, talvez uma liberação de tensão, um fluxo livre de respiração. Emocionalmente, podemos nos sentir mais confiantes e solidários com o que magoa. Mentalmente, podemos ter mais clareza e menos confusão. No entanto, prepare-se para sentimentos e sensações residuais e para perguntas e dúvidas que vão persistir por um tempo. Em outras palavras, não espere ficar empolgado e confortável de imediato.

Defender-se da voz crítica interior é trabalho duro. É preciso prática.

Matthew era gay e budista praticante de longa data. Hospitalizado devido a uma pneumonia relacionada ao HIV, ele estava com uma febre alta que de vez em quando o fazia gritar e, constantemente, se contorcer na cama como se quisesse rastejar para fora da própria pele. Matthew também lutava contra sua voz crítica interior, que, no seu caso, usava as vestes de uma autoridade espiritual. Ele estava dominado pela ansiedade, pois temia a condenação eterna e se envergonhava da maneira como tinha vivido.

Matthew fora criado numa família cristã ferrenha. Os mandamentos de um Deus punitivo tinham sido incutidos nele pelos punhos de um pai-pregador apocalíptico. Agora, acreditando-se perto da morte, ele estava certo de que Deus o condenaria ao inferno por toda a eternidade devido à sua orientação sexual.

Não é incomum que costumes culturais já esquecidos e os primeiros ensinamentos religiosos ressurjam no momento da morte, mesmo que a pessoa tenha deliberadamente deixado aquelas crenças para trás. Tentei apoiar Matthew, orientando-o para a atenção plena e para as práticas de compaixão que ele tinha estudado e seguido por muitos anos. Montamos um altar em sua cabeceira com a estátua de Buda que ele amava e o *thangka* da cura, uma pintura tibetana tradicional.

Como isso não o acalmou, segurei sua mão, massageei os pés e toquei sua música favorita. Nenhuma mudança. Por fim, o médico prescreveu um sedativo. Também não funcionou. Matthew se debatia em um mundo de confusão, vergonha e horror.

Às duas da manhã, eu estava exausto e, por me sentir incapaz e impotente, decidi ir para casa e dormir um pouco. No caminho, por alguma razão desconhecida, pensei em minha primeira comunhão, o ritual católico em que as crianças comungam pela primeira vez. Ao chegar em casa, procurei no armário minha caixa de recordações, uma pequena coleção de lembranças que eu prezava. Nela, localizei uma estatueta de plástico de Jesus cercado por cordeiros e crianças.

Em vez de ir para a cama, voltei ao hospital. Enquanto Matthew gemia, gritava, atirava coisas e se revirava em agonia, eu retirei o *thangka* e substituí a estátua de Buda pelo pequeno Jesus de plástico.

Enquanto eu ajeitava o pano do altar, uma faxineira chamada Deana entrou no quarto e viu a estatueta. Colocando a vassoura de lado, ela disse com grande entusiasmo: "Jesus Misericordioso! Quando Sua bondade está conosco, tudo está bem."

Imediatamente, os olhos de Matthew se fixaram em Deana. Um sorriso angelical se espalhou por seu rosto quando ele se virou na direção do altar para contemplar a estátua de plástico de Jesus e depois se voltou para Deana. Seu corpo inteiro relaxou.

Naquele momento, o Deus punitivo da infância de Matthew, aquele cuja ira ele aprendera a temer e cujo julgamento o tinha feito se sentir uma pessoa terrível, foi transformado no Deus misericordioso que ele também conhecia e amava. Aquele que adorava todos os filhos, quaisquer que fossem seus supostos erros ou falhas. Um Deus de perdão, bondade, benevolente e que a todos abraça.

A fé de Deana no amor de Deus era tão forte que deu a Matthew a força de que ele precisava para derrotar a voz crítica interior. Eu os deixei juntos. Eles não precisavam de mim.

Quando voltei à casa de repouso mais tarde naquele dia, Matthew estava sentado na cama, sorrindo e comendo gelatina.

A maioria de nós aprendeu na infância noções religiosas de como uma "pessoa boa" deve agir. Sou budista, então não deveria sentir raiva. Matthew fora criado como evangélico, então não deveria ser gay. Mas esses conceitos são apenas nossas vozes críticas internas projetando-se em cada dimensão da vida. A figura de autoridade que vive em nossa cabeça pode vir tanto de convenções culturais e de cânones religiosos como da família e de professores.

Matthew conseguiu se livrar de seu superego espiritual. Em seus últimos dias de vida, ele pôde se aceitar como o homem bondoso, generoso e belo que era. Conseguiu perceber claramente que a educação religiosa recebida na juventude e baseada na repressão e na punição fora o motivo de ele rejeitar a si mesmo. De alguma forma, ele sempre sentira que era "errado" ser gay. Quando, enfim, ele se livrou de sua voz crítica interior, percebeu que estava bem.

Como isso aconteceu?

Com amor. É o amor que nos liberta. O amor é o aliado que permite a aceitação.

Contudo, muitas vezes confundimos aceitação com aprovação. A aceitação é o ato amoroso de um coração aberto. A aprovação costuma estar vinculada a julgamento. Nossa fome de aprovação explica em parte por que somos tão facilmente atingidos pela crítica. Tentamos afastar a indignidade buscando nosso valor a partir de autoridades externas cujas vozes internalizamos. Tentamos satisfazer a enormidade do nosso desejo por meio da acumulação. Temos esperança de que, se conquistarmos bastante, se realizarmos bastante e se mudarmos bastante, um dia finalmente nos bastaremos.

Tememos que a aceitação signifique conformidade e mediocridade e nos perguntamos se isso nos coloca em perigo de nos tornarmos capachos de outras pessoas. Mas eis a verdade: não podemos mudar algo que não aceitamos. Então, primeiro precisamos aceitar. Isso não significa que não mudaremos nenhum comportamento nem iremos intervir com habilidade quando necessário. A aceitação nos dá a oportunidade de conhecer a nós mesmos e nossas vozes internas. Depois, podemos usar nossa sabedoria para determinar o que é útil e o que não é e então decidir nosso curso de ação.

Com a aceitação, nós nos libertamos da comparação, da avaliação e da rejeição da crítica interna. Paramos de nos culpar por ter desejos e vontades e, em vez disso, aceitamos esses desejos como um indício do amor, uma expressão dos anseios de nosso coração pelo que é verdadeiro e real.

A verdadeira aceitação começa com a transformação. O indesejável pode ser transformado em desejável ao aceitarmos de forma consciente nossos defeitos, falhas e qualquer aspecto rejeitado, doloroso e assustador de nós mesmos. Mesmo as questões aparentemente não amadas se tornam amadas se vistas como parte do todo. Expomos nossas supostas imperfeições ao fogo da sabedoria, da força e do amor, e, ao fazê-lo, aprendemos a transformar chumbo em ouro. A confusão vira clareza. Descobrimos coragem em nossa vulnerabilidade. Dissolvemos inimigos internos e os transformamos em amigos. Esse processo revela o verdadeiro tesouro que é o potencial puro que existe em tudo, as propriedades brilhantes da nossa natureza.

10

O RIO ENFURECIDO

Tudo o que emite luz deve suportar o calor.

— VIKTOR FRANKL

Como podemos desenvolver nossa essência sem abrir mão da natureza humana? Esse é o cerne do conceito *Traga o seu eu integralmente para a experiência.*

Ser humano é a coisa mais linda e difícil que existe.

A experiência humana não é fácil. A verdadeira prática espiritual não trata de passar por estados alterados, transcender o corpo, superar as dificuldades emocionais ou curar tudo o que houver de não resolvido dentro de nós. É algo mais sólido, real e vivo que isso. A prática espiritual nos ajuda a aceitar a simplicidade de sermos nós mesmos. A cura que ela gera ocorre quando encaramos de forma consciente tudo o que os hábitos de agarrar-se, resistir e evitar endureceram em nós.

A atenção plena nos descondiciona, cultiva a presença atenta e misericordiosa da mente que não bloqueia o coração. Com isso, as coisas ficam livres para ser o que são. Nós abrimos espaço para a dificuldade, a escuridão, a opacidade. Ficamos mais íntimos de nossa dor e nossas dificuldades, de nossa alegria e nossa beleza, incorporamos nossa humanidade por completo e descobrimos uma sensação ainda mais profunda e ampla de completude.

Muitas vezes o que está *lá longe* parece mais valioso do que o que está *bem aqui*. Mas ser quem você é só pode surgir da aceitação do ponto em que você está.

Minha filha Gina e eu caminhávamos numa praia deslumbrante de uma ilha no norte da Tailândia. Como toda jovem, ela era propensa a variações de humor. Aquele dia específico estava sendo destruído por sua atração não correspondida por um menino de nossa cidade. À medida que caminhávamos, ela falou que precisava arranjar um telefone para ligar para ele. Perguntei se tinha certeza de que queria gastar seu tempo no paraíso criando estratégias para conquistar aquele garoto.

Esperta, ao perceber que não estava sequer vendo a água azul-turquesa ao nosso redor, ela respondeu:

– Não, mas o que posso fazer? Como me livro dessa sensação?

Eu poderia ter considerado isso apenas um drama adolescente, mas vi uma pequena oportunidade. Pedi que Gina sentisse as reações do próprio corpo, especialmente no peito. Ela relatou que sentia a área mais tensa e quente, então fez alguns exercícios de respiração. Perguntei se conseguiria dar nome ao sentimento que estava experimentando.

– Tristeza e medo de ser rejeitada – respondeu ela de pronto.

Porém, assim que falou, ela percebeu como esses sentimentos revelavam o abismo profundo da tristeza que ela desconhecia e que vinha arrastando atrás de si.

– Querida, não se subestime – falei com todo o amor. – Seus pensamentos e suas emoções não são quem você é. Eles passam por você, mas não são você.

Ela ficou quieta. Deve ter sido como Moisés diante da sarça ardente. Aquela verdade simples foi uma revelação para ela.

Deitamos na areia e ficamos olhando para cima.

– Você é tão incrível quanto o céu azul acima da nossa cabeça – falei. – Suas emoções são como as nuvens passando no céu. Essa história de amor não correspondido é só mais uma coisa passageira. Como as nuvens, as emoções podem ser fortes e dolorosas. Muitas vezes elas parecem tão grandes que podem cobrir o sol, mas isso é coisa temporária, não se engane.

Perguntei se havia alguma parte dela que poderia cuidar da tristeza. Dava para perceber que ela estava refletindo e finalmente encontrando uma parte mais aberta de si mesma. Pedi que prestasse atenção na relação entre a tristeza e a abertura recém-encontrada.

– Uau! A relação entre as duas coisas é como uma terceira coisa – constatou Gina.

– Ótimo – falei. – Deixe que elas se encontrem e fiquem íntimas umas das outras.

Aos poucos, a paixão pelo garoto deu lugar a uma relação bem mais interessante com ela mesma.

A capacidade de observar os dramas internos sem se perder em críticas ou reações irracionais é essencial para o crescimento espiritual. Quando tentamos afastar as emoções difíceis ou as sensações corporais e os estados mentais que as acompanham, nós na realidade os mantemos em seus lugares. Quando os aprisionamos, não deixamos o espaço de que eles precisam para se revelar e se desenvolver, para nos ensinar.

A resistência não ajuda nossa mente. No livro *Unfolding Now* (Abrindo-se agora), A. H. Almaas resume isso com perfeição:

> *Quando você resiste, resiste basicamente a si mesmo. É uma espécie de autorresistência. Em vez de estar consigo mesmo, você tenta evitar esse encontro. Em vez de ser você mesmo, você resiste a isso... A resistência implica algum tipo de separação. Ela sinaliza que não reconhecemos que aquilo que está surgindo é uma manifestação de nossa consciência, de nossa atenção. Quando demonstramos ódio, por exemplo, ou medo, é a nossa alma, nossa consciência, assumindo aquela forma naquele momento por uma razão que talvez ainda não entendamos. Se conseguirmos permitir que o medo ou o ódio existam, aceitá-los, abraçá-los, senti-los em sua totalidade – sua textura, cor e vivacidade –, abriremos espaço para que sejam eles mesmos.*

Costumamos acreditar que há duas alternativas quanto às emoções difíceis: reprimi-las ou expressá-las.

Optamos pela repressão quando uma experiência parece ameaçadora, preocupante ou de alguma forma inadequada. A repressão pode ser uma escolha de defesa, como quando ficamos conscientes de um sentimento ou uma experiência e então os escondemos sob a superfície de nossa consciência. Ou a repressão pode ser tão forte que bloqueia completamente a experiência e nós a impedimos de vir à tona.

Quando reprimimos uma experiência, ela não desaparece. Ela ainda se mantém abaixo da superfície, presa em sua forma original e com toda a energia. Quando escondemos sentimentos ou os evitamos, não conseguimos entendê-los, não podemos usá-los de maneira construtiva. A raiva reprimida pode se transformar em depressão, ressentimento ou medo.

A repressão distorce nossas percepções. Ela leva ao que o budismo chama de mente *papañca*, em que se proliferam pensamentos e reações. Nesse estado, nós reencenamos um episódio problemático tal qual o roteirizamos, tramando nossa resposta e agindo de forma compulsiva, com comportamentos mecânicos. Fisicamente, a repressão pode se manifestar por meio de sintomas como tensão, melancolia e falta de vivacidade, podendo até desencadear doenças graves.

Expressar as emoções pode ser algo positivo e saudável. É compartilhando nossas histórias que quase sempre descobrimos o significado e o valor de determinada experiência. Expressar tristeza pela morte da mãe e deixar as lágrimas escorrerem pode ajudar a metabolizar a dor. Por outro lado, ter reações impensadas costuma indicar que nossa resposta é desproporcional ao estímulo. Sentimentos inconscientes ou não resolvidos despertam e emergem com uma intensidade avassaladora. Às vezes agimos de maneira impulsiva com as outras pessoas. Maltratamos um animal de estimação, vociferamos por estar num engarrafamento ou, em outros contextos, tentamos desalojar esses sentimentos desconfortáveis por desejarmos nos livrar do peso deles.

Existe uma terceira opção: *controlar* a emoção. Esta é uma resposta mais equilibrada e criativa. Mantemos de um jeito cuidadoso as emoções e o que se relaciona a elas. Gostando ou não delas, aceitamos a realidade de sua presença. Nós as abordamos com interesse e respeito. Ficamos curiosos com a nossa experiência. Talvez decidamos explorar a tensão no peito ou sentir a carga pesada de nossos braços ou de saudade sem anexar nada disso a uma história, lembrando a nós mesmos de sempre controlar com firmeza e carinho as diversas perspectivas e experiências.

Com serenidade, podemos regular, refletir e reavaliar. Respirar, sentir e trazer a atenção plena para a experiência física estabilizam a nossa atenção e permitem que o corpo se torne um recipiente seguro onde as emoções podem ser incorporadas e regidas. Então, podemos refletir sobre as possíveis consequências de encenar uma emoção ou de alongar-se desnecessariamente nela, sobre o impacto potencial de nos magoarmos ou magoar os outros. Podemos reavaliar a resposta negativa automática e até mesmo reinterpretar nossas percepções para descobrir um novo significado que nos ajude a entender as emoções de forma construtiva. Percebemos que temos a chance de optar por um caminho saudável, ou pelo menos de imprimir paciência e bondade em nossas reações.

O pesar é uma reação normal e natural diante da perda. Também é natural querer evitá-lo.

Existe um ensinamento budista muito conhecido sobre uma mulher chamada Kisa Gotami, cujo filho de 8 anos morre subitamente. Ela fica fora de si de tanta tristeza. Então, pega no colo o corpo do filho e caminha pela aldeia implorando que as pessoas a ajudem, que lhe deem algum remédio que salve o menino.

Alguém a encaminha para o local onde Buda pregava. Ela se aproxima dele e pede: "Por favor, salve meu filho."

Buda responde que pode ajudá-la, mas primeiro ela precisa cumprir uma missão. (Há sempre uma missão nessas histórias míticas.) Então pede que a mulher busque uma semente de mostarda na casa de uma família que não tenha sido tocada pela morte.

A semente de mostarda era um tempero caseiro comum na época. Buda percebeu que, naquele momento, Kisa Gotami precisava acreditar que o filho reviveria – ela ainda não conseguia aceitar a morte dele. Buda não planejava afastá-la da negação nem lhe recusar qualquer parte da experiência. Em vez disso ele a guiou na descoberta da verdade.

Kisa Gotami se põe a caminho da aldeia na esperança de encontrar a semente. Segundo a história, ela vai de casa em casa, mas não consegue encontrar uma única família que não tenha sido tocada pela morte. Ninguém pode lhe dar uma semente de mostarda. Ao reconhecer que a morte vem para todos nós, ela se liberta de seu isolamento. Isso permite que ela tenha paz para enterrar o filho. Em vez de ser derrotada pela verdade, ela no fim é consolada por ela.

Às vezes temos dificuldade de entender a sabedoria dessas histórias e mantemos uma distância segura delas. "Ah, sim, mas esses fatos aconteceram há 2.500 anos", dizemos a nós mesmos. Ou "Ah, mas isso é apenas uma história". É por isso que gosto de imaginar o que poderia acontecer se esses fatos se passassem aqui e agora.

Suponha que uma mulher de luto andasse pelo seu bairro, pela sua rua, e batesse à sua porta, carregando o filho morto nos braços. Você consegue imaginar como seria encontrá-la? O que você faria ao abrir a porta? Pare para pensar. O que você faria? Imagine sua reação.

Alguns a convidariam a entrar, lhe dariam um abraço e talvez tomassem a criança no colo. Poderiam preparar uma refeição, oferecer uma xícara de chá ou tentar confortar de outra forma essa mãe de luto. Outras pessoas poderiam se sentar com ela no sofá, escutá-la, chorar junto com ela e, se lhes parecesse adequado, compartilhariam as próprias histórias de perdas. Como seria de esperar, a maioria não saberia o que dizer ou fazer. Em nossa confusão, poderíamos recorrer a clichês vazios, como "Ele está num lugar melhor. Ele está com Deus agora", ou "Existe uma razão para tudo". Se formos honestos, podemos admitir que ficaríamos assustados demais para abrir a porta. Em vez disso, telefonaríamos para a emergência.

Provavelmente, coisas assim aconteceram até na aldeia de Kisa Gotami. Suspeito que a história não foi tão linear como é contada. A morte é confusa. O luto é ainda mais confuso. Imagino que, ao caminhar de casa em casa, Kisa Gotami encontrou a tristeza, a rejeição, a solidão e a compaixão dos outros. Aos poucos ela começou a perceber não só que a morte vem para todos, mas também que a dor é uma questão em comum, um tecido que nos une.

A maioria de nós não seria capaz de contribuir com uma semente de mostarda. Certamente, ninguém está isento de perdas. Cada um tem o próprio sofrimento. A tendência de autoproteção nos leva a armazenar essas experiências difíceis, às vezes vergonhosas, em um canto escuro e apertado da mente. Mas cada nova perda nos faz lembrar de outra. No intenso sofrimento decorrente da perda de alguém que amamos, redescobrimos a dor acumulada que sempre carregamos, o tipo de pesar comum e cotidiano que faz parte da vida.

Um tempo atrás, no Zen Hospice Project, cuidamos de uma jovem chamada Cindy, que tinha câncer de mama. A família dela morava em Iowa, onde o pai, Clyde, trabalhava fazia quarenta anos no turno da noite de uma empresa de processamento de carne.

Ao perceber que a morte de Cindy se aproximava, telefonei para dizer a Clyde que, se ele quisesse ver a filha, precisaria ir a São Francisco imediatamente.

– Está bem – disse ele. – Vou pegar o trem. Devo chegar em dois dias.

Quando perguntei por que ele não ia de avião, Clyde confessou que nunca tinha voado.

– Clyde, acho que você tem que vir o mais rápido possível – insisti.

Então ele falou que tomaria o avião e chegaria às dez da noite. Fui até a cama de Cindy e sussurrei em seu ouvido: "Seu pai está vindo. Ele estará aqui às dez da noite."

Ela começou a murmurar sem parar: "Dez horas, dez horas, dez horas."

Quando o avião do pai chegou ao aeroporto de São Francisco às dez da noite, Cindy morreu. Honrando suas raízes indígenas, banhamos o corpo dela em uma infusão de ervas e a cobrimos com uma camada de ervas e flores de nossos jardins: sálvia, lavanda, bálsamo de limão, louro, gerânios perfumados e pétalas de rosa.

Era minha função receber o pai de Cindy à porta e lhe contar que a filha de 30 anos morrera. Chocado, no início Clyde apenas andou pelos corredores. Um dos voluntários ficou com ele e outro ficou com Cindy. Uma pessoa para acompanhar um homem em sua dor, outra para testemunhar a morte.

Por fim, Clyde conseguiu entrar no quarto de Cindy. Horas se passaram, algumas em silêncio, outras cheias de histórias sobre Cindy que ele contou e os voluntários ouviram generosamente. Em geral, ficamos próximos, mas sem interferir, mostrando que era possível acompanhar o sofrimento do outro.

– Clyde, estou cansado – falei, por volta das três da manhã. – Tenho que ir para a cama agora e estar em casa para levar meus filhos para a escola pela manhã.

– Tudo bem. Vou ficar com Cindy.

Às oito, quando voltei, encontrei Clyde sentado à beira da cama da filha. Sua mão direita repousava no pé de Cindy, sob a camada de flores. Na mão esquerda ele segurava um pão e, entre o ombro e a cabeça, o telefone. Estava fazendo os arranjos para o funeral da filha.

Tinha havido uma grande mudança em Clyde. Naquele momento ele estava disposto a vivenciar a dor. Perguntei-lhe o que tinha mudado e acrescentei:

– Como pai, não posso imaginar o que você está passando. Deve ser muito estranho que sua filha morra antes de você.

Clyde era um homem sincero.

– Sabe, percebi uma coisa. De certa forma, é familiar.

Na maioria das vezes, pensamos no luto como uma resposta devastadora para um evento singular, geralmente a morte de alguém que amamos. No entanto, quando olhamos com mais atenção, percebemos que ele é nosso companheiro ao longo de boa parte da vida. Clyde estava falando sobre o pesar cotidiano, a resposta às múltiplas privações e às pequenas mortes que ocorrem quase diariamente. A perda de uma joia estimada, a demissão do emprego, a ruptura abrupta de um relacionamento, a infertilidade, as crises financeiras, as crianças indo para a escola, a diminuição da vitalidade ou da capacidade física ou mental e a perda do controle e dos sonhos. O pesar cotidiano surge quando nos lembramos de como a desatenção de nossos atos prejudicou outras pessoas. Surge nos momentos em que não somos reconhecidos e naqueles em que nossas expectativas não são atendidas. Às vezes, a tristeza está ligada ao que tivemos e perdemos; outras vezes, ao que nunca chegamos a ter.

A tristeza é apenas uma das muitas faces do pesar. Acho útil pensar no pesar como uma constelação de reações, um processo em constante mudança. O autor C. S. Lewis, após a morte da esposa, escreveu: "Ninguém me disse que o sofrimento se assemelhava tanto ao medo." Nosso sofrimento se manifesta como raiva, autocrítica, arrependimento e culpa. Sentimos solidão e alívio, culpa e vergonha, bem como períodos de entorpecimento. Raramente estamos preparados para os sentimentos intensos que nos envolvem quando uma pessoa querida morre.

Karen, uma budista que meditava desde longa data, jardineira experiente e amante da natureza, vivenciou a morte de ambos os pais no período de cerca de um ano. O suicídio do pai foi inesperado e particularmente doloroso para ela, que descreveu seu pesar como uma raiva que consumia tudo. Não muito tempo depois, um grupo ambientalista a convidou para discursar num comício para salvar sequoias centenárias. Em resposta, Karen gritou para o telefone: "Meu pai morreu! Não existem árvores!"

Ao lidar com o luto do outro, é comum ficarmos amedrontados e impacientes. O medo que temos do nosso próprio luto pode nos levar a apressar o outro em seu longo caminho para a cura. Mas o sofrimento tem um ritmo e uma textura únicos para cada pessoa. É um processo profundo e lento da alma e não pode ser apressado.

O filho de Dotty morreu de aids. Anos mais tarde, ela me contou que a voluntária muito zelosa de uma agência indicada pela casa de repouso continuamente lhe perguntava: "Como você se sente em relação à morte de seu filho?" Dotty, uma pessoa bastante reservada, dizia apenas: "Dói. De que outra forma uma mãe poderia se sentir quando perde o filho?"

Ao longo de meses, a voluntária, com o encorajamento de seu grupo de apoio, insistiu em tentar ajudar Dotty a "entrar em contato com seus sentimentos". Ao contar a história, Dotty disse: "Senti muita culpa e confusão naqueles dias, não pela morte de meu filho, mas por minha incapacidade em dar àquela pessoa o que ela estava procurando e de que nitidamente precisava."

Precisamos aceitar todo o espectro de expressões do luto, desde o entorpecimento e da ausência de expressão até as manifestações emocionais descontroladas. As explosões quase insanas de dor raramente são permitidas nos grupos convencionais de apoio à perda. Mas a dor é imprevisível, incontrolável. Seu dia pode estar sendo ótimo, mas, de repente, surge uma recordação e você se sente oprimido pela tristeza. Emoções fortes chegam quando você menos espera. Uma amiga que perdera a mãe disse que isso aconteceu com ela no corredor do supermercado. "Eu simplesmente perdi a compostura bem ali, em frente às caixas de cereal."

O medo que temos de perder o controle nos leva a ideias sobre como enfrentar ou superar o luto. Na minha opinião, é curioso nunca falarmos sobre "enfrentar" a alegria ou "superar" a felicidade. O luto é como um rio que passa em nossa vida, e é importante entender que a perda não desaparece. Ela dura a vida toda. É a nossa relação com ela que muda. Nem sempre ela terá a mesma intensidade ou assumirá a mesma expressão para nós. Mas a dor como resposta humana natural à perda permanecerá. Lutar contra isso só aumenta a dor.

Ao desafiar nossa noção de controle, o luto abala nosso escudo protetor, nossa suposta invulnerabilidade. Ele mostra que nos escondemos da verdade e pede que reconheçamos algo que sempre esteve presente e que antes não identificávamos: nossa fragilidade humana.

O luto pode ser tão forte que, em vez de nos rendermos à sua força, buscamos informações e modelos que o resumam a estágios previsíveis, na esperança de que isso facilite o percurso. Ao fazer isso, corremos o risco de confundir mapa com território. Na jornada do luto, familiarizar-se com o terreno e conhecer seus padrões pode de fato ajudar. Mas não há maneira "certa" de viver o luto, nem horário, nem caminho definido. E com certeza não há atalhos para ele. O único caminho é atravessá-lo.

Nós não superamos a dor. Nós passamos por ela e somos transformados.

O coordenador voluntário Eric Poché, do Zen Hospice Project, criou uma fórmula simples que costumamos usar para descrever o luto: *Perda, privação e desprendimento*. Não são estágios nem indicações para se montar um mapa. Não há progressão linear no luto. Perda, privação e desprendimento são experiências comuns pelas quais passamos quando sofremos ou que podem vir de repente à tona em nossa consciência.

A experiência inicial de *perda* é quase sempre visceral. Mesmo quando a morte é esperada, nosso corpo e nossa mente parecem não aceitá-la de imediato. Não queremos acreditar que a pessoa que amamos morreu. Como um soco na barriga, o luto pode deixar você sem fôlego. Uma reação comum são o choque e a incerteza. Você pode se sentir desconectado de outros sentimentos ou de pessoas, agir como um sonâmbulo ou como se estivesse em um sonho. Pode ser difícil encontrar o equilíbrio.

Quando sua irmã, Piper, deu o último suspiro após uma longa luta contra o câncer, Linda estava no corredor. Ao retornar ao quarto, Linda deu um arquejo e encurvou de dor. Na sequência, passou os braços em torno de si mesma e, embora estivesse chorando, nenhum som saiu. Então sentou em uma cadeira ao lado da cama, segurando a mão de Piper e olhando para o vazio, balançando a cabeça de um lado para o outro e repetindo sem parar: "Ela era tão jovem. Isso não é possível. Isso não pode ter acontecido. Não pode ter acontecido."

Não há explicação possível para um momento como esse, apenas companhia. Depois de uma hora ou mais, seguindo nosso costume, convidei Linda para se juntar a nós em um banho ritual do corpo da irmã.

– Ela ainda não morreu! – gritou Linda.

Sim, Piper estava morta. Não havia respiração nem pulso e seus olhos já tinham começado a ficar leitosos. Racionalmente, é difícil imaginar como Linda poderia negar essas verdades. No entanto, naquele momento, sua mente não podia admitir a realidade.

– Conte sobre a época em que sua irmã foi mais vivaz – pedi, seguindo minha intuição.

– Ah, Piper era muito levada quando pequena. Estava sempre encrencada com nossos pais. Quando era adolescente, ficou ainda mais ardilosa. Após o ensino médio, ela se tornou aventureira, fazia trilhas em cavernas e escaladas em montanhas. Mais tarde, virou editora de uma revista política de esquerda. Ela era durona, incrivelmente ativa.

Aos poucos, novas histórias surgiram.

– Piper ficou doente alguns anos atrás – contou Linda. – No início, não sabíamos o que era. Então ela começou a quimioterapia e depois disso tinha dificuldade para andar. Lembra, Frank, quando ela caiu e quebrou o braço logo depois que veio para a casa de repouso e você a levou para o pronto-socorro? Tão teimosa! Não aceitava ajuda para se locomover.

Continuei a escutá-la.

– Tudo aconteceu tão rápido. Nos últimos dias, ela parou de comer, depois parou de falar e até de beber. A respiração dela mudou hoje, não foi? Ficou mais lenta e, mais tarde, falhada. Eu só saí para ir ao banheiro por alguns minutos e, quando voltei, ela havia partido.

Linda fez uma pausa.

– Agora podemos banhá-la – disse afinal.

Fizemos isso, depois vestimos Piper com um belo quimono branco e a cobrimos de flores. Contar a história da vida da irmã ajudou Linda a aceitar a realidade da morte. Ajudou Linda a ver os fatos. Ela me disse mais tarde que banhar o corpo da irmã com o máximo cuidado, tocando a morte, se tornou um refúgio para ela. Ela relembrava aqueles momentos sempre que a confusão ou a negação surgiam para bloquear a verdade.

Choque e descrença podem dar lugar a culpa e arrependimento. Somos implacáveis conosco. Costumo ouvir declarações como "Eu deveria tê-lo levado para o hospital mais cedo", "Poderíamos ter tentado outros tratamentos", "Queria ter passado mais tempo com ela" e "Era para eu estar lá na hora em que ela morreu". Nossa capacidade de ser cruel conosco nunca deixa de me surpreender. Se ao menos pudéssemos parar por um momento e escutar nossa voz, com certeza nosso coração se abriria para acolher a dor.

Sem esse reconhecimento, é fácil ser tomado pelas emoções fortes e incontroláveis que surgem com o luto, muitas vezes de forma inesperada. Depois de meses de cuidados exaustivos, testemunhando o sofrimento de alguém que amamos, podemos nos envergonhar por sentir alívio quando a pessoa morre. Outras vezes, ficamos zangados, irados. Queremos culpar alguém, qualquer pessoa. "Os malditos médicos disseram que ele tinha mais seis meses", ou "Que tipo de Deus leva alguém no auge da vida?". É especialmente confuso quando nossa raiva se volta para a pessoa que morreu. Mas a verdade é que o motivo da raiva talvez seja o fato de a pessoa nos deixar sozinhos com a dor, a solidão e a confusão.

Não há como evitar esses estados dolorosos. Se você está dando apoio a alguém que perdeu um ente querido ou se você mesmo passou por essa perda, é importante reconhecer os sentimentos e entender que eles são normais. Algumas pessoas choram rios de lágrimas, outras se sentem paralisadas. Os homens sofrem de forma diferente das mulheres. Não há jeito certo, apenas o jeito de cada um.

O luto é desorientador. Esquecemos nossa essência, chegamos a lugares e não conseguimos lembrar por que fomos lá. Esse é o estado de luto a que chamamos de *privação* no Zen Hospice Project. Não conseguimos nos concentrar, vivemos numa realidade confusa e isso continua por um tempo depois da morte de alguém que se ama.

Alguns meses após a morte da mãe, uma mulher relatou que estava andando pela calçada quando parou diante de uma vitrine e viu um abajur que a mãe adoraria. Ao chegar em casa, pegou o telefone para ligar para a mãe e contar sobre o achado. Foi quando se deu conta: *Ai, meu Deus, fiquei louca.* Mas esse tipo de experiência é uma reação normal no período de luto.

Antigamente, existia o hábito de usar braçadeiras pretas para sinalizar o luto, porque ele leva as pessoas a agir de forma diferente. E o tratamento dado às pessoas enlutadas também era diferente; os outros cuidavam delas. Nas primeiras semanas após a morte de alguém querido, não espere ser capaz de agir normalmente. Peça ajuda. Deixe que preparem suas refeições e lavem a roupa. Cancele compromissos. Tire um tempo para você. Faça uma caminhada, se puder. Seu corpo vai se rebelar das formas mais estranhas. O cansaço será surpreendente. Suas pernas vão pesar como chumbo. A inquietação o dominará. Você pode ficar sem vontade de dormir ou comer, ou ter vontade de dormir o dia todo. Encontre alguém que possa lhe dar um abraço ou deixe por perto a camisa com o perfume da pessoa amada. A distração só adia a experiência, não a faz desaparecer.

Essa privação pode continuar por semanas, meses, até anos. Quando alguém que amamos morre, continuamos a perdê-lo repetidamente, sobretudo nas festas, na hora de tomar decisões difíceis e naqueles pequenos momentos pessoais que desejamos compartilhar.

Nesse período, percebemos com mais clareza os papéis que a pessoa desempenhava em nossa vida e lamentamos a perda disso também. Não se é privado apenas da esposa quando ela morre. Se era ela que resolvia todos os problemas com os filhos ou que ganhava o dinheiro ou que tocava nosso corpo com amor e ternura, tudo isso se vai também. Um homem me contou que era a esposa quem ia ao banco e que, por isso, ele chorava sempre que precisava fazer um depósito. "Sempre que vou ao banco, sinto que a perco de novo." Se nossos pais morrem, podemos ficar realmente frágeis. Como eles são o amortecedor entre nós e a morte, de repente nos tornamos muito mais conscientes da própria mortalidade.

Essa é a fase do luto em que nos sentimos mais sozinhos. Alguns amigos somem, outros nos dão conselhos indesejados. Após a morte do marido, uma mulher me disse que amigos sugeriram que ela adotasse um cão para lhe fazer companhia. Há ainda os que recomendam que nos mantenhamos ocupados ou que sigamos em frente com a vida. É um reflexo do medo que eles sentem da dor e também da predisposição cultural para evitar qualquer coisa desagradável. Infelizmente, esse tipo de conselho não ajuda.

Minha amiga Caroline me disse que a única coisa que ajudou após a morte do marido foi uma amiga que a chamava toda semana para jantar fora. A amiga dizia: "Sei que você pode não querer ir, e tudo bem dizer não, mas quero que saiba que estou aqui sempre que você precisar de mim. Vou ligar de novo na próxima segunda-feira."

A *privação* é o momento de estar com as pessoas em que você mais confia, aquelas que conquistaram o direito de ouvir. Isso ajuda a aliviar a sensação de não ter vínculos com a vida. Quem sofreu uma perda pessoal de maneira consciente também sabe a importância de ouvir sem julgar e sem ter um objetivo.

No período de *privação*, é fundamental permitir-se sofrer. Alguns dizem que o tempo cura. Essa é uma meia verdade perigosa. O tempo sozinho não cura. O tempo aliado à atenção amorosa, sim.

Algumas pessoas iniciam esse processo escrevendo cartas para quem morreu, falando o que não foi dito ou repetindo o que sentem ser necessário. Outras escrevem diários ou criam álbuns de fotos. Rituais podem ser úteis. Em geral, recomendo montar um altar em algum lugar da casa para colocar uma foto e alguns objetos especiais da pessoa que morreu. Passe um tempo ali todos os dias. Converse com a pessoa, conte-lhe como se sente, medite, ore. Use o momento para desejar que a pessoa esteja livre do sofrimento e que tenha sido tocada pela compaixão.

Há um professor zen que reúne mulheres que perderam bebês. Eles se encontram durante o fim de semana e costuram um *rakusu*, uma versão em miniatura das típicas vestes monásticas budistas. A roupa parece um babador e é feita de dezesseis ou mais tiras de tecido costuradas em um padrão geométrico. Enquanto costuram, elas falam sobre as crianças e compartilham o sofrimento de seus corpos e de seus corações.

O fim de semana termina com um ritual que envolve a colocação do *rakusu* em uma estátua de Jizo, que é considerada a encarnação do Voto do Bodisatva, a aspiração de salvar todos os seres do sofrimento. No Japão, Jizo é o protetor dos viajantes e das crianças, em especial do *mizuko*, que significa "criança da água", mas se refere às almas de bebês abortados, natimortos ou que não completaram a gestação. Os bebês ainda sem nome recebem um nome. Muitas vezes, essa é a primeira e única vez que as perdas dessas mulheres são reconhecidas e homenageadas num ritual. Elas acham esse processo muito curativo.

Durante muitos anos, organizei um retiro anual para pessoas com HIV. Numa determinada noite, nos reuníamos ao redor da fogueira e nos apresentávamos uns aos outros e falávamos sobre nossas perdas. Para alguns, era a perda da esperança ou a perda da fé. Para outros, era a perda da identidade. Para muitos, eram as mortes de seus dez, vinte ou trinta amigos mais próximos, vítimas da aids.

À medida que escutávamos, servíamos de testemunhas uns aos outros. E entendíamos que era possível se abrir para uma dor tão devastadora e até se curar dela. Descobríamos que nossa dor era algo com que poderíamos lidar.

Não é a dor que nos desperta; é nossa atenção à dor. A disposição de vivenciar e investigar o sofrimento produz compaixão e bondade. A atenção consistente e amorosa remove bloqueios. Começamos a convidar a dor para nosso coração. Os pensamentos, as sensações físicas, o tumulto emocional que rejeitamos por tanto tempo e que tinham tão pouco espaço... tudo começa a ser mantido no conforto da nossa consciência.

O *desprendimento* é a fase em que o nó da dor é desatado. Trata-se de um tempo de renovação. Você não pode voltar à vida de antes, porque agora é uma pessoa diferente, transformada por sua vivência no luto, mas pode voltar a aceitar a vida, a sentir-se vivo. A intensidade das emoções de alguma forma diminui. Você consegue se lembrar da perda sem ficar preso na camisa de força da dor e pode seguir em frente sem abandonar quem você ama.

Uma mulher idosa explicou isso da seguinte forma. Ela disse que ela e o marido haviam tomado todas as decisões importantes juntos. Nos meses depois da morte dele, ela continuou a colocar um lugar para ele à mesa do jantar. Ela se sentava, conversava e pedia conselhos, como se ele ainda estivesse sentado à sua frente.

Aos poucos, o hábito parou, mas ela ainda ouvia a voz dele dentro da cabeça. E, na hora de tomar decisões, ainda se baseava no que ele teria dito ou feito. Depois de cerca de um ano de dedicação amorosa a ele e ao luto, ela começou a perceber que as respostas vinham da própria voz, não da voz dele. "Eu comando minha vida agora", disse ela. "Ele viaja comigo para todo lugar, mas eu decido aonde iremos nas férias!"

Quando alguém próximo morre, somos abatidos por uma enorme sensação de perda. No início, é como tentar alcançar a mão que sempre esteve à disposição e descobrir que ela não está mais lá. Aos poucos percebemos que a relação continua. Afinal, a pessoa está de certa forma internalizada e você pode levá-la aonde for. Ela pode surpreender você aparecendo em alguma memória quando você menos esperar. É possível que você fale com ela e ela com você, da mesma forma que ela pode estar com você e você com ela. Não é loucura sentir a presença do ente querido no coração.

O processo de luto é como um espaço de transição no relacionamento. A presença física da outra pessoa costumava ser o centro da relação, mas, quando o físico deixa de existir, o centro da relação passa a ser a sensibilidade e o amor em você.

Passar pelo luto por alguém que amamos é como ser jogado em um rio turbulento de emoções fortes e conflitantes. Somos puxados para o fundo, para debaixo da superfície de nossa vida, em águas escuras e que nos impedem de respirar. Tentamos escapar freneticamente do turbilhão dessa jornada interior. Ao nos rendermos, sentimos que somos arrastados por correntes suaves para um novo destino. Quando saímos da água, nossos olhos estão frescos e vemos o mundo de uma maneira nova.

Acompanhar uma pessoa que está morrendo e fazer a jornada do luto podem ser os maiores desafios que enfrentaremos na vida. Mas não se afaste. Traga o seu eu inteiramente para a experiência. Quando cuidamos de alguém que amamos e fazemos isso com integridade e de maneira impecável, quando sentimos que nos dedicamos ao luto e não reprimimos nada, então certamente sentiremos uma grande tristeza. Mas também seremos gratos e veremos a possibilidade de abrir um reservatório de alegria e amor que talvez nunca tenhamos conhecido antes. Eu chamo isso de amor eterno.

No luto, acessamos partes de nós que, de alguma forma, ficavam indisponíveis. Com essa consciência, a jornada através da dor se torna um caminho para a plenitude. O luto pode nos levar a uma compreensão profunda que ultrapassa a perda individual. Cada vez que passamos por uma perda, temos uma nova chance de viver mais intensamente. Ela nos abre para as verdades essenciais da vida: a inevitável transitoriedade, as causas do sofrimento e a ilusão da separação. Começamos a perceber que somos mais do que o luto. Somos seres pelos quais ele passa.

No final, ainda podemos temer a morte, mas já não tememos tanto a vida. Ao nos rendermos ao luto, aprendemos a nos entregar à vida.

11

ESCUTANDO OS GRITOS DO MUNDO

Se você deseja que os outros sejam felizes, pratique a compaixão.
Se você deseja ser feliz, pratique a compaixão.

— Sua Santidade, O DALAI LAMA

Os condores da Califórnia são criaturas magníficas. Esses seres espetaculares, quase mitológicos, os maiores pássaros da América do Norte, podem ter uma envergadura de cerca de 3 metros e planar como deuses acima da costa. Tempos atrás, centenas de condores mergulhavam nas altas sequoias das montanhas costeiras ao longo do oceano Pacífico. Mas os últimos condores selvagens foram levados para cativeiro em 1987, a fim de salvar a espécie de extinção.

No fim dos anos 1990, os condores da Califórnia criados em cativeiro foram reintroduzidos na natureza para restaurar a espécie ameaçada. Infelizmente, as aves não se adaptaram à liberdade. Não tinham sido bem preparadas para viver na natureza e eram com frequência encontradas em lugares a que não pertenciam, voando, confusas, em torno de edifícios e perto de pessoas, com medo de se aventurar na mata.

Os especialistas em vida selvagem logo aprenderam com o erro. Para as libertações subsequentes, garantiram que os pássaros fossem criados por condores adultos desde cedo, tendo o mínimo de ligação com pessoas. Essa nova geração de jovens cativos, após sua introdução na natureza, se ajustou bem. A população de condores da Califórnia agora está crescendo.

No budismo, a sabedoria e a compaixão são consideradas metaforicamente as duas grandes asas da nossa prática. Quando o equilíbrio entre elas é pouco desenvolvido, não podemos fugir e encontrar a liberdade. Como os primeiros jovens condores cativos, não fazemos escolhas inteligentes e podemos acabar voando em círculos. As tentativas de compaixão sem sabedoria logo se tornam sentimentais e piegas. As tentativas de sabedoria sem compaixão podem parecer frias, indiferentes e mecânicas.

A sabedoria que dá origem à compaixão é a compreensão clara de nossa interdependência, é compreender que não estamos separados. Pode parecer que estamos, mas trata-se de uma percepção errada, uma visão condicionada que molda como nos vemos e como nos relacionamos uns com os outros.

Tenho vários amigos surfistas que estão sempre tentando me ensinar o mecanismo das ondas. Eles falam das forças elementares que criam ondas oceânicas a milhares de quilômetros da costa, do vento que gera energia em movimento no oceano, da forma como as ondas quebram. Eles destacam os efeitos das marés e correntes, o relevo do fundo do mar, o tamanho do banco de areia, a altura da vaga, o tubo e a parede das ondas e como elas se organizam em sequências. Eles passam horas intermináveis estudando o mar. Honestamente, nem sempre vejo o que eles veem.

O que percebo é que cada onda é única. Não há duas iguais. Elas se formam de acordo com diversas condições, duram um tempo e apresentam uma beleza própria antes de desaparecer, jogadas na praia para depois refluir para o mar. Cada onda é única, mas não separada. Todas fazem parte do mesmo oceano. O oceano é o corpo; as ondas são sua expressão individual.

Nós, seres humanos, somos assim: sutilmente únicos e singulares, mas não separados. Com todas as nossas extraordinárias diferenças, compartilhamos a mesma natureza. Somos parte do mesmo vasto oceano.

Quando nos libertamos da ideia de separação, ampliamos nossa visão de mundo. Passamos a enxergar de maneira inteligente que não estamos sozinhos e não podemos gerenciar esta vida sem os outros. Reconhecemos que somos unidos e interdependentes, todos nós: a terra, o céu e o mar, as criaturas que habitam esses lugares e as forças visíveis e invisíveis que afetam nossa vida.

Essa compreensão não requer religião nem crenças espirituais esotéricas. Está fundamentada na observação cotidiana. Compartilhamos necessidades de água, comida, lar e amor. Temos também desejos semelhantes de atenção, de afeto, de sermos vistos e de sermos felizes. Não importa quão vastas sejam nossas diferenças, nós, seres humanos, somos iguais no que é essencial.

A prática simples porém eficaz da meditação enfatiza essa verdade e evoca a compaixão que está gravada em nossa mente. Escolha aquela pessoa idosa que anda de ônibus com você, lembre-se do indivíduo retratado na notícia dolorosa que você acabou de ler ou pense em seu parceiro. Experimente fazer isso quando conhecer alguém. Repita em silêncio algumas frases que reforcem o que vocês têm em comum e sinta a conexão da bondade humana:

Essa pessoa tem um corpo, um coração e uma mente, assim como eu.
Essa pessoa se preocupa e fica assustada, assim como eu.
Essa pessoa está se esforçando ao máximo para encontrar seu caminho na vida, assim como eu.
Essa pessoa é um ser humano, assim como eu.

Agora, permita que surjam alguns desejos benevolentes de bem-estar:

Que essa pessoa tenha força e apoio para enfrentar as dificuldades da vida.
Que essa pessoa esteja livre do sofrimento e de suas causas.
Que essa pessoa seja pacífica e feliz.
Que essa pessoa seja amada.

Enxergar os outros em nós e nos ver neles transforma a maneira como vivemos. A mudança na percepção promove uma mudança emocional. Não podemos mais nos enganar acreditando que o desrespeito intencional, que se colocar acima ou abaixo dos outros ou agir de forma egoísta nos trará a verdadeira felicidade. Como diz o poeta: "Só a bondade faz sentido."

Adoro como Sua Santidade, o Dalai Lama, explica conceitos complexos em uma linguagem simples:

Não há como negar que nossa felicidade está ligada à felicidade dos outros. Não há como negar que, se a sociedade sofre, nós sofremos. Nem há como negar que quanto mais nosso coração e nossa mente se afligem com a má vontade, mais infelizes nos tornamos. Assim, podemos rejeitar todo o resto: religião, ideologia, toda a sabedoria recebida. Mas não podemos escapar à necessidade de amor e compaixão.

Está claro que cuidar de outra pessoa não é, na sua essência, diferente de cuidar de nós mesmos. O altruísmo é uma expressão natural da ação-compreensão que nasce do reconhecimento de nossa humanidade comum.

Se eu machucar a mão esquerda, a mão direita se estenderá na hora para cuidar da ferida. Ela não pergunta se aquilo merece a minha atenção, ou se faz parte da mesma igreja que eu frequento, ou se compartilha de minhas opiniões políticas. Da mesma forma, ela não teme ficar demasiado envolvida ou arrasada pelo sofrimento. A mão apenas abraça a outra com amor e compaixão. Agir de forma altruísta é exatamente assim.

As crianças têm um senso natural de altruísmo e compaixão, talvez porque não haja fronteiras tão rígidas entre elas mesmas e os outros.

Quando meu filho Gabe era pequeno, nós andávamos por São Francisco juntos. Seu coração ficava apertado sempre que via pessoas morando na rua. Por isso, costumávamos levar um saco de moedas, que ele distribuía entre aquelas que encontrássemos.

Um dia, quando ele tinha uns 4 anos, passamos por um senhor de barba branca desgrenhada e roupas esfarrapadas. Honestamente, ele me pareceu meio assustador. Mas a reação imediata de Gabe foi:

– Pai, podemos levá-lo para casa?

– Não – respondi. – Não podemos.

E seguimos andando. Depois de um quarteirão, Gabe parou de andar e franziu a testa.

– Alguém precisa ser bom com ele.

– Que tal se o levarmos para comer? – sugeri.

Assim fizemos. Voltamos e convidamos o homem para ir a um restaurante no outro lado da rua e fizemos perguntas sobre sua vida. Como muitas vezes acontece quando você dedica um tempo a ouvir a história de alguém, descobrimos que Joseph era um cara normal. Ele era pedreiro, mas estava passando por um momento difícil devido à crise na construção civil. Tinha perdido o emprego, gastara suas escassas economias e, quando se dera conta, estava na rua.

Compartilhar sentimentos com os outros pode ser algo gratificante e problemático. Você pode se sentir alegre por um amigo que lhe conta que se apaixonou, ficar entusiasmado ao ouvir histórias da viagem de alguém ou aliviado quando um membro da família relata os resultados positivos de um exame de saúde recente. Compartilhar a experiência faz com que ela se multiplique.

Da mesma forma, ver alguém que amamos sofrer pode desencadear emoções afins. Quando uma pessoa chora de tristeza, nós também podemos sentir essa tristeza e começar a chorar. Ver a imagem de uma criança refugiada desamparada ser levada pelas águas do mar para uma praia estrangeira pode dar origem à sensação de impotência dentro de nós.

É útil distinguir empatia de compaixão. Empatia é a capacidade de sentir o mesmo que outra pessoa. E, como tal, é uma cola necessária e essencial na formação de relacionamentos e redes sociais.

No entanto, precisamos equilibrar e regular a resposta empática inicial para não nos confundirmos com o outro. Isso é particularmente importante para aqueles que são expostos ao sofrimento com frequência, como enfermeiros, professores, conselheiros, terapeutas e profissionais que prestam os primeiros socorros. Caso contrário, a preocupação empática pode virar uma sobrecarga e ter impacto negativo na nossa saúde e bem-estar, levando à exaustão, ao isolamento, ao esgotamento nervoso e até mesmo a comportamentos egoístas, como agir de forma grosseira para aliviar a própria aflição.

Carl Rogers descreveu muito bem a empatia saudável e fundamentada:

> *Ter empatia significa entrar no mundo percebido pelo outro e ficar à vontade nele. Envolve ser sensível, momento a momento, às mudanças de sentido nessa outra pessoa, ao medo, à raiva, à ternura, à confusão ou ao que quer que ela sinta. Significa viver temporariamente a vida do outro, movimentando-se nela sem quaisquer julgamentos; significa detectar significados de que o outro mal tem consciência, mas não tentar desvendar sentimentos totalmente inconscientes, uma vez que isso seria ameaçador. Inclui comunicar suas percepções do mundo da pessoa à medida que você enxerga com olhos novos e sem medo os elementos que ela teme.*
>
> *Estar com o outro dessa maneira significa que, por ora, você deixa de lado os próprios pontos de vista e valores para entrar sem preconceitos no mundo alheio. De certa forma, isso significa deixar de lado o seu eu. Isso só pode ser feito por pessoas suficientemente seguras, que sabem que não se perderão no que pode vir a ser o mundo estranho ou bizarro do outro e que podem retornar ao seu próprio mundo quando quiserem.*

Embora a empatia possa ser uma base para a compaixão, também podemos nos preocupar com o sofrimento alheio e nos sentir motivados a ajudar mesmo quando não compartilhamos esses sentimentos. Uma distinção prática é que a empatia nos leva a sentir *como* o outro, e na compaixão nós sentimos *pelo* outro.

Além disso, a compaixão é diferente da empatia pela forte motivação de reduzir o sofrimento e promover o bem-estar do outro. Sem a presença da compaixão, não podemos estar abertos ao sofrimento. Ela serve como uma espécie de guia interior, que nos ajuda a responder de forma precisa ao sofrimento.

Adoro romance, assim como Catherine. Uma noite, enquanto assistíamos a *Uma linda mulher* na TV da casa de repouso, ela fez o anúncio. Ela provavelmente tinha só mais seis semanas de vida, mas queria se casar com o namorado. Ela me perguntou se eu faria a cerimônia. "Claro, eu ficaria honrado", respondi. "Mas o que você realmente precisa é de um organizador de casamento, e, para sua sorte, eu sou muito bom nisso. Há muitos detalhes a planejar."

Então, todos os dias eu entrava no quarto dela e conversávamos sobre o casamento. Eu fazia perguntas sobre cada aspecto da cerimônia: o cara com quem ela estava casando, por que ela o amava? Tinha alguma dúvida se eles combinavam? Eles iriam escrever os próprios votos? Que tipo de bolo ela queria? Preferia ficar em uma cadeira de rodas ou na cama para a cerimônia? Qual vestido ela usaria?

Todo o tempo eu estava ciente de que havia mais nessas conversas do que apenas detalhes nupciais.

Um dia, antes de decidir o que fazer a respeito do bolo, Catherine caiu em lágrimas e exclamou: "Eu só queria que minha mãe estivesse aqui."

A mãe de Catherine tinha morrido fazia seis anos, mas isso era o que mais importava para Catherine no momento. Não era o câncer, nem o fato de que estava morrendo. Era que a mãe não estaria presente no seu casamento. Esse era o rosto de seu sofrimento. Eu poderia ter ignorado ou oferecido alguma frase clichê do tipo: "Ah, sim, isso teria sido ótimo." Em vez disso, fomos direto ao cerne da questão, analisando como poderíamos trazer a mãe para o casamento.

– Podemos ter fotos dela lá – sugeriu Catherine.

– Ótima ideia – respondi. – E, se ela estivesse lá, o que você queria que ela dissesse no dia do seu casamento?

– Eu adoraria que ela lesse em voz alta o poema que me escreveu antes de morrer – falou Catherine após pensar um pouco, então emendou, tímida: – Você o leria?

– Com todo o amor.

Quando nossa atenção não crítica reage exatamente ao que magoa o outro, o coração se abre e a pessoa se sente cuidada e vista. A compaixão está ciente de todas as considerações a fazer, porém em sintonia com o que mais importa no momento. Às vezes, essa sintonia é tão íntima que nos sentimos num encontro de almas com o outro.

Tanto Steven quanto Rick tinham aids e estavam em quartos próximos no Zen Hospice Project. Rick, além de seu diagnóstico de HIV, sofrera um derrame que lhe paralisara o lado direito do corpo e deixara sua fala embolada. Ele ficava bastante zangado com isso e se irritava com a maioria das pessoas. Isso, junto com sua incapacidade de se comunicar, fez com que ele se isolasse.

Steven, por outro lado, se comportava de maneira aberta e exultante. Quando você ia ao quarto dele, a sensação era de entrar em um santuário. Steven tinha feito a lição de casa: sua jornada interna para enfrentar os próprios demônios. Agora, havia uma imensa sensação de paz e gratidão nele.

Um dia, expliquei a Rick que Steven se aproximava do fim da vida. Rick decidiu dizer adeus. Eu o ajudei a seguir pelo corredor até o quarto de Steven, e ele se sentou na beirada da cama. Fiquei no canto, disposto a não interferir.

Durante os vinte minutos seguintes, assisti ao mais incrível desdobramento: os dois homens entraram em uma profunda troca silenciosa. Nenhuma palavra foi dita, mas o olhar de um permaneceu no rosto do outro. No final, Rick acenou com a cabeça e Steven disse: "Sim, obrigado, isso foi maravilhoso." Eles se abraçaram, então Rick voltou para o quarto. Steven morreu naquela noite.

Rick tinha se mostrado com seu medo e sua melancolia. Ele sabia que estava olhando para o próprio destino. Ele também morreria em questão de semanas, e isso o assustava. Mas, como Steven tinha se aberto para o próprio sofrimento, ele pôde conviver com o temor de Rick sem aumentar ainda mais o seu medo. Steven olhou para Rick com amor e compaixão inacreditáveis. Foi a conexão de almas que, pelo menos naquele momento, proporcionou a Rick um bálsamo curativo.

É equivocado o conceito que muitas pessoas têm sobre compaixão, de que devemos ajudar o outro a se sentir seguro, a ver que não existe perigo. Isso é bom, é claro, se for possível. Mas eu trabalho com doentes terminais e, para muitos deles, morrer não parece seguro.

Descobri que, quando estou realmente presente e fundamentado na compaixão, a outra pessoa pode sentir isso e começa a confiar e a se abrir – não por não existir perigo, mas porque ela percebe que não está sozinha. A verdadeira compreensão e a companhia compassiva oferecem o apoio e o encorajamento de que a pessoa precisa para continuar na direção do que parece ser perigoso.

Mesmo quando dedicamos a vida à ação compassiva, às vezes nos sentimos oprimidos pelo sofrimento. Nesses momentos, precisamos recuar e buscar os recursos necessários para enfrentar a situação. Talvez eu precise recordar experiências de compaixão oferecidas a mim ou por mim. Ou talvez precise estabilizar minha atenção para ter condições de enfrentar a sobrecarga emocional. Pode ser que eu precise me entregar a uma atividade de afirmação da vida.

No auge do meu trabalho na casa de repouso, muitas pessoas morreram no decorrer de uma semana. Às vezes, quando o sofrimento era esmagador, eu fazia três coisas: ia à academia regularmente, muitas vezes passando a maior parte da aula chorando na mesa de massagem; recorria à meditação e às práticas que estabilizavam minha atenção, regulavam meus estados emocionais e nutriam qualidades como a bondade amorosa; visitava amigos enfermeiros que cuidavam de bebês de mães viciadas. Eu me sentava numa cadeira de balanço, segurava esses bebês no colo e os fazia dormir. Havia algo na inocência deles e na satisfação de ser capaz de acalmá-los que me permitia refazer a conexão com minha compaixão e enfrentar o sofrimento diário que fazia parte da experiência na casa de repouso.

Ao falar sobre compaixão, sempre tenho a sensação de que deveria colocar um rótulo de advertência na garrafa. É importante que os cuidadores ou aqueles que trabalham com pessoas em sofrimento compreendam algo sobre a compaixão: quando ela está realmente presente, é provável que muita dor e sofrimento apareçam em resposta. Isto porque a dor quer se expor à bondade amorosa que cura.

Anos atrás, fui convidado pelo professor zen Bernie Glassman Roshi para ajudar a liderar um retiro ecumênico de "testemunho" nos antigos campos de extermínio nazistas de Auschwitz-Birkenau. A ideia era mergulhar em um ambiente tão perturbador que não haveria escolha senão abandonar o jeito habitual de pensar. Bernie escreveu:

No instante em que você comprova a existência de Auschwitz, não há separação entre nós e as pessoas que mataram. Nós mesmos, como indivíduos, com nossa identidade e estrutura do ego, desaparecemos e nos tornamos as pessoas aterrorizadas saindo dos trens, os guardas indiferentes ou brutais, os rosnados dos cães, o médico que aponta para a direita ou para a esquerda, a fumaça e as cinzas saindo das chaminés. Quando comprovamos a existência de Auschwitz, não somos nada além de todos os elementos de Auschwitz. Não é um ato de vontade, é um ato de desapego. Abrimos mão do conceito da pessoa que acreditávamos ser.

Todos os dias, sentávamos ao longo dos trilhos de trem em Birkenau para meditar, orar e recitar os nomes dos mortos. Também nos reuníamos diariamente em pequenos grupos para falar sobre o que sentíamos. O grupo em que atuei como facilitador incluía uma mulher que vivera no campo de concentração na infância, bem como filhos e filhas de ex-prisioneiros e soldados nazistas.

Fiquei inquieto uma noite e decidi ir ao campo de Birkenau para meditar em um dos alojamentos infantis. Era um edifício comprido e sombrio que já fora uma estrebaria. Pouco depois de me sentar, ouvi alguém entrar pela outra extremidade do prédio. Era a mulher do meu grupo que disse ter sido prisioneira no campo. Ela começou a chorar e gritar na escuridão.

Levantei e me sentei ao lado dela, que continuou pranteando e gemendo. Eu nunca tinha ouvido sons assim. Eram primitivos, quase animais. Os lamentos continuaram a maior parte da noite. Nenhuma palavra foi dita. Não há nada que você possa dizer quando alguém sente tanta angústia. Tudo que você pode fazer é acompanhar. Quando o dia começou a amanhecer, voltamos para o albergue e silenciosamente nos despedimos.

Mais tarde naquele dia, voei para Berlim para ministrar uma oficina sobre tristeza e perdão. Não mencionei minha experiência em Birkenau;

ainda pode ser difícil falar desse tipo de coisa na Alemanha. Conforme a oficina entrava na reta final, uma mulher no fundo da sala se levantou e disse: "Eu o ouvi falar de perdão, mas meu pai foi prisioneiro nos campos de concentração e eu não posso perdoar seus assassinos. Meu coração é como gelo."

A sala inteira ficou em silêncio. De novo, a única resposta apropriada era testemunhar.

Então uma mulher do outro lado da sala levantou a mão para falar. Pensei comigo mesmo: *Agora as histórias dos campos e o luto por essas perdas virão.*

Ela se levantou e disse: "Meu coração também é de gelo. Parece uma pedra. Meu pai era oficial nazista e atuou como guarda nos campos. Eu sei que ele matou pessoas. Não posso perdoá-lo."

Silêncio.

Então, essas duas mulheres fizeram a coisa mais corajosa que já vi. Elas atravessaram a grande sala de conferências com duzentas pessoas e se abraçaram. Elas não disseram uma palavra. Nem precisavam. Apenas se abraçaram, num claro reconhecimento de que não estavam mais sozinhas na dor. Naquele momento, o sofrimento delas sintetizava todo o nosso sofrimento.

É fácil imaginar que a compaixão requer uma força heroica que não possuímos. É possível que não acreditemos estar à altura da missão de enfrentar o sofrimento do mundo. Pode ser útil considerar a possibilidade de que a compaixão não seja uma das qualidades que possuímos, e sim uma característica a que temos acesso. O amor esteve aqui o tempo todo. Ele é absoluto porque tudo e todo mundo sempre foi amparado no amor.

As escolas budistas mais recentes se fundamentam na compaixão. Elas incluem descrições detalhadas de diferentes tipos de compaixão ligadas ao desenvolvimento da *Bodhicitta*, termo que se refere ao impulso da "mente-coração" para despertar. Nos treinamentos do Metta Institute, meu amigo e colega, o professor Norman Fischer, falou da "conectividade radical" e de como perceber que a não separação é a fonte da compaixão. Ele disse: "A *Bodhicitt*a é um sentimento amoroso baseado no reconhecimento profundo de que aquilo que chamamos de 'eu' e de 'outro' são destinos, conceitos, hábitos da mente, não realidades do mundo. O verdadeiro altruísmo não é se sacrificar em benefício dos outros... em nome de algum sentimento de culpa que diz que *devemos* ser bons, agradáveis, gentis ou úteis. Altruísmo é reconhecer que o eu e o outro não são *fundamentalmente diferentes*, apenas *aparentemente diferentes*."

Diz-se que existem dois níveis de *Bodhicitta*, o Absoluto e o Relativo. Por meio da *Bodhicitta*, transcendemos o egoísmo e envolvemos todos os seres em compaixão. De uma forma mais secular, poderíamos falar de compaixão *universal* e *cotidiana*.

Todas as tradições espirituais apontam para a compaixão *universal* como um aspecto inato e essencial da existência. No pensamento budista, ela é vasta e ilimitada, a qualidade dinâmica da realidade que contribui para a harmonia. Sendo uma faceta do amor, ela é aberta e ilimitada. A compaixão universal é a base de toda cura, uma fonte de benevolência e cuidado. Sua natureza é impessoal, mas ela está sempre nos abraçando, ainda que não saibamos disso. Mesmo que o nosso condicionamento tenha obscurecido nossa capacidade de vê-la como parte integrante de toda atividade.

E há também a compaixão *cotidiana*. É ela que se expressa na vida diária, quando ajudamos alguém, alimentamos os famintos, nos posicionamos contra a injustiça, trocamos os lençóis sujos, massageamos os pés dos doentes, ouvimos um amigo falar sobre uma desilusão amorosa ou contribuímos para algum fundo humanitário. Podemos ser eficazes ou ineficazes em nossos esforços, mas fazemos o melhor possível.

Essas duas facetas da compaixão dependem uma da outra. A compaixão cotidiana pode ser exaustiva. Ficamos cansados e arrasados por conta dos esforços repetitivos para cuidar da família, ajudar os outros ou diminuir o sofrimento do mundo. É por isso que a compaixão cotidiana deve ser obtida na abundância da compaixão universal. Mas essa é uma via de mão dupla. A compaixão universal também precisa de compaixão diária. Sem essa dose rotineira, a compaixão universal é apenas uma ideia abstrata, uma oração. E, se orações bastassem para curar o mundo, teríamos parado de sofrer há muito tempo.

Com esse entendimento, percebemos que a compaixão não vem de nossos esforços individuais. Ela se origina de nossa natureza básica, é uma expressão dinâmica da própria realidade. A compaixão universal precisa de nossos braços, de nossas pernas e de nossas costas fortes. Somos o seu veículo, a maneira como ela se manifesta no cotidiano. A compaixão usa o nosso compromisso, a nossa mente e o nosso coração. Enquanto isso, a compaixão cotidiana é constantemente renovada, porque surge da compaixão universal. Aos poucos, aprendemos a confiar em que, embora haja um sofrimento infinito neste mundo, há também uma compaixão sem fim.

Há momentos em que a presença da compaixão parece curar na hora uma dor. Mas há outros em que a presença da compaixão e da bondade amorosa nos permite aguentar o sofrimento que, de outra forma, poderia ser muito difícil de tolerar. Ao permanecer com a dor e o sofrimento, a compaixão permite que a verdade mais profunda seja revelada.

Meu amigo Michael viveu por quase 25 anos com esclerose múltipla. Nós trabalhamos juntos durante 15 anos na preparação de sua morte. Sim, nós conversamos durante 15 anos. Uma vez, ao voltar para casa depois de uma internação na UTI por pneumonia, ele disse:

– Frank, eu não vou voltar.

– Não vai voltar para o hospital? – perguntei.

– Não, não vou.

– Por que, Michael?

– Fiquei realmente assustado – disse ele. – Com todo o trabalho que fizemos, eu ainda tenho medo!

Houve uma longa pausa enquanto eu absorvia a intensidade do sofrimento de Michael. Então, em um momento de clareza que veio mais da compaixão do que do conhecimento, eu disse:

– Michael, esse medo nunca irá embora. A parte de você que está assustada sempre ficará com medo.

No início Michael pareceu um pouco atordoado. Mas depois deixou que as palavras tocassem seu coração.

– Uau, essa é a coisa mais reconfortante que alguém já me disse sobre essa situação.

Não era resignação; era a compreensão de que, mesmo havendo o medo, meu amigo estava ciente dele, portanto podia acessar a dimensão dele ainda que não se assustasse. A consciência podia estar ao lado do medo. Ele não era o único ator ali. A compaixão também se apresentava. Ela proporcionava o espaço necessário para perceber que o medo era viável.

A compaixão exige que entremos em contato com o que dói. É a dor, o próprio sofrimento, que convida a compaixão a se manifestar. A inteligência da compaixão revela uma bondade que não tenta se livrar do sofrimento. Isso vai contra os desejos do ego. O ego só quer ser protegido da dor. A compaixão se abre para ela.

Temos um monte de estratégias que podemos empregar para manter longe o que nos desagrada. Nossas defesas nos tornam cegos e podem nos enganar sobre os verdadeiros motivos do sofrimento. Medo, raiva, culpa, preocupação, ressentimento, vergonha – todos sintomas dolorosos e que podem levar a reações irracionais. Nossas defesas psicológicas podem mascarar dinâmicas mais profundas em nossa psique, impedindo-nos de compreender as causas básicas de nosso sofrimento. Dessa forma, nossas defesas inconscientes muitas vezes servem para reciclar o sofrimento.

Quando a compaixão está presente, nossa atitude defensiva pode relaxar. Quando nossas defesas estão baixas, podemos olhar de forma objetiva para nossa situação e identificar as verdadeiras origens do sofrimento. Então, podemos intervir e tratar as causas reais, não apenas os sintomas. Assim, outro aspecto da compaixão é a capacidade de estar com o sofrimento como um meio de alcançar mais verdade e liberdade.

Uma vez, durante uma palestra na Alemanha, Bernie Glassman Roshi fez uma referência a Avalokiteshvara, o bodisatva da compaixão. A divindade é retratada com mil braços. Em cada mão há um ouvido para escutar os gritos do mundo. Os mil braços estão lá para responder. Bernie sugeriu que a compaixão é uma resposta natural e apropriada ao sofrimento.

– Tudo isso é muito bacana, mas não tenho mil braços. Tenho apenas dois – falou um homem, levantando-se. – O que devo fazer para aliviar todo esse sofrimento?

Bernie fez uma pausa, depois disse:

– Você está enganado.

– Não, tenho certeza de que só tenho estes dois braços – insistiu o homem.

Bernie pediu a todos na sala que levantassem as mãos no ar. Havia mais de quinhentas pessoas presentes.

– Veja – disse ele. – Mil braços.

Seu objetivo era mostrar que é ilusório pensar que estamos sozinhos nessa tarefa. Na verdade, tudo está intimamente ligado, em uma vasta rede de interdependência. Todos os nossos pensamentos, sentimentos e ações afetam o restante nessa rede. O naturalista John Muir disse uma vez: "Quando tentamos separar alguma coisa, descobrimos que ela está ligada a tudo no Universo."

O que nos leva de volta ao oceano, onde cada um de nós é uma onda individual, única e inseparável do todo.

Quando olhamos para a realidade do ponto de vista do eu separado, buscamos o que nos distingue dos outros. Tudo o que vemos são coisas se desintegrando. Tudo o que vemos é sofrimento. Mas, se mudarmos para a perspectiva da conectividade, podemos sentir a harmonia. Não abandonamos nossa individualidade: adotamos pontos de vista mais inclusivos.

A compaixão é o que nos permite chegar perto do sofrimento, conhecê-lo na intimidade. Quando nos aproximamos dessa forma, a ilusão do "eu" e do "outro" perde força. Compreendemos que fazemos parte desta teia de mutualidade. Vemos que o eu pequeno e isolado é apenas uma história limitante. Quando a separação desaparece, reconhecemos que somos todas as coisas. Sendo assim, a compaixão é a resposta apropriada, a maneira natural de servir e amar o que é de fato a nossa totalidade e de expressar a sua liberdade.

O QUARTO CONVITE

Encontre um lugar de descanso no meio de tudo

O descanso é uma conversa entre o que amamos fazer e como amamos estar.

– DAVID WHYTE

Adele era uma judia russa firme e obstinada de 86 anos. Tive a honra de estar com ela na noite de sua morte, no Zen Hospice Project. Ela se sentou na beirada da cama, respirando com grande dificuldade. Cada inspiração era uma luta.

Quando me acomodei no sofá do canto, a assistente de enfermagem amável e bem-intencionada sentou ao lado de Adele e tentou tranquilizá-la:

– Não precisa ter medo – disse a assistente. – Estou aqui com você.

– Acredite, querida, se você estivesse no meu lugar, ficaria assustada – retrucou Adele.

A assistente de enfermagem começou a acariciar as costas de Adele.

– Você está um pouco fria. Gostaria de um cobertor? – perguntou.

– Claro que estou fria – respondeu Adele, rispidamente. – Estou quase morta!

Continuei quieto, no canto.

Ao presenciar a honestidade crua de Adele, duas coisas ficaram claras para mim. A primeira foi que Adele preferia conversas objetivas e relações sinceras. Não queria analisar o processo pelo qual passava nem falar sobre ir na direção da luz. Não estava interessada em ideias sentimentais.

A segunda foi que, apesar de ter recebido todos os tratamentos adequados, Adele ainda lutava. Morrer é trabalhoso, assim como nascer.

Puxei uma cadeira para perto de Adele e nossos olhos se encontraram.

– Adele, você gostaria de sofrer menos? – perguntei.

– Sim – disse ela, assentindo.

– Notei, no final de sua expiração, uma pequena pausa. Você conseguiria direcionar a atenção para essa pausa por um tempo? – pedi.

Adele não se interessava pelo budismo, nunca meditara, mas estava muito motivada a se livrar do sofrimento. Por isso, concordou em tentar.

– Vou respirar com você – incentivei-a.

Assim fizemos e, algum tempo depois, Adele conseguiu direcionar a atenção para aquele pequeno intervalo entre a expiração e a inspiração. À medida que o resultado aparecia, o medo se desfazia em seu rosto. Continuamos a respirar juntos.

Passado algum tempo, Adele recostou a cabeça no travesseiro e, logo depois, morreu em paz.

Muitas vezes pensamos no descanso como algo que acontecerá quando tudo o mais em nossa vida estiver completo: no banho ao final do dia, quando sairmos de férias ou quando cumprirmos todos os itens de nossas listas de afazeres. Imaginamos que só podemos descansar se mudarem as circunstâncias.

O Quarto Convite nos ensina que, como Adele, podemos encontrar um lugar de descanso dentro de nós, sem ter que alterar nossas condições de vida. Afinal, as condições de Adele continuaram as mesmas – sua respiração não mudou; ela ainda estava morrendo. No entanto, encontrou um lugar de descanso.

Esse lugar de descanso está sempre disponível. Precisamos apenas nos voltar para ele. Podemos senti-lo quando direcionamos toda a atenção, sem distrações, para a atividade de agora, para o momento em questão. Com a verdadeira prática, depois de algum tempo, podemos fazer dessa vastidão parte de nossa vida. Ela se manifesta como um aspecto de nós que nunca fica doente, que não nasce nem morre.

12

A CALMA NA TORMENTA

Descanse na grande paz natural, mente exausta, golpeada incansavelmente pelo karma e pela inquietação como a fúria implacável das ondas do oceano infinito de samsara.

— NYOSHUL KHEN RINPOCHE

Há uma história zen sobre um monge que varria o chão do templo quando outro passou por ele e murmurou: "Muito ocupado." O primeiro monge então respondeu: "Você deve saber que há alguém que não está muito ocupado."

A moral da história é que, ainda que o monge que estava varrendo parecesse "muito ocupado" a um observador casual enquanto cumpria as tarefas monásticas diárias, por dentro ele não estava ocupado. Ele reconhecia a quietude de seu estado de espírito, a parte de si mesmo que permanecia em repouso no meio de tudo.

A maioria das pessoas se acha muito ocupada. Provavelmente elas são mesmo, mas a maneira como pensamos sobre o assunto também faz diferença. Quando estava no terceiro ano, o ponteiro de minutos no grande relógio redondo da escola se movia lentamente enquanto eu esperava que o sinal de saída tocasse, às duas da tarde. As férias de verão pareciam durar para sempre. Agora o tempo voa e as férias nunca são longas o suficiente. O que aconteceu? O dia ainda tem as mesmas 24 horas, portanto a sensação de "não ter tempo suficiente" não se aplica à realidade objetiva.

O que acontece é que, quando me encontro num período em que minha mente está presa a horários e à falta de tempo, ou que salto de um momento para outro de forma inconsciente, me transformo em prisioneiro dos meus pensamentos. Fico preso numa armadilha que eu mesmo construí. E nem percebo que a porta da cela não está trancada. Tenho apenas que decidir empurrá-la.

Encontrar um lugar de descanso não tem a ver com acrescentar outra tarefa a uma já longa lista de afazeres. Tampouco significa tirar um cochilo durante o expediente de trabalho (embora isso possa ser útil). É uma escolha – a opção de ficar alerta e trazer a atenção para este momento. Ser multitarefa pode prender nossa atenção e nos exaurir. No fim das contas, não é agradável nem produtivo. Para falar a verdade, nenhum de nós tem o superpoder de fazer mil coisas ao mesmo tempo; só podemos viver um momento de cada vez.

Mahatma Gandhi disse: "Não quero ver o futuro. Estou preocupado em cuidar do presente. Deus não me deu nenhum controle sobre o momento seguinte." Essa ideia é frustrante. Queremos girar vários pratos ao mesmo tempo, fazer malabarismos e vivenciar dois sonhos de uma só vez. Qualquer outra coisa soa chata. "Vou descansar quando morrer", muitos dizem.

O resultado disso é que ficamos viciados em agitação. Confundimos descanso com improdutividade e preguiça. "Não há tempo a perder!", nós nos repreendemos enquanto corremos de uma atividade para outra. No entanto, fazemos tudo isso em um contínuo estado de atenção parcial, supondo alcançar mais quando, na verdade, vivemos menos.

O smartphone, nosso companheiro mais constante, é um exemplo perfeito dessa mentalidade. Uma pesquisa recente feita com moradores de São Francisco descobriu que a maioria das pessoas interage com seus smartphones mais do que com outros seres humanos. Metade dos entrevistados admitiu usar o aparelho para escapar da interação social e quase um terço disse ficar ansioso quando não tem acesso a seu telefone.

Você se lembra da época em que a propaganda para vender computadores afirmava que eles trariam *mais* tempo de lazer e *maior* conectividade entre as pessoas? Quero meu dinheiro de volta.

Na verdade, muita gente tem medo de descansar. Médicos e enfermeiros sempre comentam comigo que a exaustão é uma parte central em seu treinamento. Eles temem que, se pararem de correr, o enorme sofrimento que testemunham penetre suas defesas.

A armadura que construímos em volta do coração pode bloquear o sofrimento, mas também não deixa a ternura entrar. É como se a solidão e o vazio que tememos pudessem aflorar caso parássemos. Então construímos uma falsa sensação de segurança, afastando a incerteza por meio da atividade constante.

Dessa forma, a exaustão se torna uma capa sobre nós. Nos seminários com profissionais de saúde, costumo pedir que analisem a seguinte pergunta: "O que há de bom em estar exausto?" No início, eles negam quaisquer benefícios. Com o tempo, no entanto, surgem respostas honestas. Alguns dizem: "As pessoas acreditam que estou trabalhando duro. Recebo elogios por ser dedicado." Outros respondem: "Estar exausto e desgastado significa que o que faço importa." Há os que reconhecem: "As pessoas sentem pena de mim e isso faz com que eu me sinta amado." Muitas vezes, o esgotamento não é resultado de trabalhar demais, e sim de não haver total envolvimento e sinceridade.

Há um fenômeno comum entre aqueles recém-diagnosticados com câncer. Minha amiga Ange Stephens, experiente terapeuta especializada em pessoas com doenças graves, o chama de "gratidão secreta". Depois que o choque inicial diminui, muitos pacientes demonstram alívio. "Agora posso dizer 'não' para o que sempre me senti na obrigação de dizer 'sim'", contam. "Agora, posso descansar."

Será que é preciso morrer para poder descansar em paz?

Encontramos descanso quando estamos presentes e não deixamos a mente vagar sem rumo pelos corredores do medo, da preocupação e da ansiedade. O descanso acontece quando nos tornamos mais fazendo menos, quando não permitimos que o que há de urgente afaste o que é importante. É o resultado de organizar a mente e dissociar-se das visões rígidas. O descanso é um sabá, é o instante em que paramos e cultuamos as possibilidades do momento eternamente renovado.

O ócio não é uma indulgência nem um vício, muito menos algo indispensável. Quase todas as plantas ficam adormecidas no inverno. Certos mamíferos hibernam, diminuindo o próprio metabolismo de forma radical. Plantas e animais são guiados por relógios internos para que ressurjam em sua plenitude quando as condições forem adequadas. Esse período de descanso é crucial para sua sobrevivência.

Também precisamos levar nossos instintos em consideração e encontrar um lugar de descanso. A falecida Angeles Arrien, que foi minha amiga e membro do corpo docente do Metta Institute, gostava de dizer: "O ritmo da natureza é de médio a lento. Muita gente vive em alta velocidade, fora do ritmo natural. Há duas coisas que nunca podemos fazer na correria: aprofundar a experiência e integrá-la." Angeles incentivava os alunos a passarem uma hora ao ar livre e, no mínimo, meia hora em silêncio todos os dias. Ela dizia: "Quando perdemos o contato com o ritmo natural, ficamos desequilibrados. Para estar plenamente presentes em nossa natureza, devemos estar em equilíbrio com a terra ao redor."

Viver desconectados de nossos ritmos primitivos só traz consequências ruins.

Gosto de praticar mergulho submarino. É uma das minhas formas de entrar em contato com o que a natureza tem a ensinar. O que mais gosto de fazer durante o mergulho é afundar lentamente e sentar no fundo do mar. Os guias costumam ser acelerados demais para mim. Eles querem mostrar um determinado recife de coral, depois um naufrágio e mais alguma outra coisa. Mas eu amo ficar quieto, observando a vida subaquática passar por mim e escutando minha respiração enquanto ela se ajusta ao silêncio infinito do oceano.

Uma vez, na Indonésia, fiz um mergulho noturno. Foi em uma noite de uma beleza de tirar o fôlego. Partimos ao pôr do sol, com o céu em chamas, marcado por traços alaranjados brilhantes, e nuvens irradiando paz em tons de rosa e roxo. Seguimos em botes rústicos de madeira pintados de vermelho, amarelo e azul-turquesa. O mar calmo refletia o céu e a fina linha do horizonte dava a impressão de que dois mundos se fundiam.

Para iluminar nosso caminho na água, contávamos apenas com lanternas simples protegidas por fita adesiva; nada de luzes especiais para mergulhar à noite. À medida que eu e meu parceiro de mergulho descíamos na escuridão do mar, tive vontade de desligar a lanterna. E, ao fazê-lo, percebi como estava de fato escuro; um tipo de escuridão que eu nunca tinha visto. Não dava para saber se era para subir, descer ou ir para o lado, e eu não tinha ideia se alguém ou alguma coisa estava por perto. A ansiedade percorreu meu corpo e me apertou o peito, mas a sensação logo passou, como o pesadelo de uma criança.

Acendi a lanterna e, com meu amigo, contornei um enorme recife de coral. Logo depois, atingimos o fundo do mar. Fazer isso à noite era ainda mais silencioso do que o habitual. Até os peixes pareciam descansar.

Conforme o oceano nos envolvia, a sensação de serenidade e paz se tornava tão grande quanto o céu noturno.

Quando o nível de oxigênio dos tanques ficou baixo, começamos a voltar. Quando você sobe depois de um mergulho, tem que se mover devagar e fazer pausas de tempos em tempos, para não ter problemas com a descompressão. A meio caminho da superfície, dava para sentir a força das correntes marítimas, como se fossem rios que vêm de longe e se estendem pelos oceanos, ameaçando levar você embora. Ao emergir, descobrimos que uma forte tempestade desabava, com direito a trovões e ondas grandes.

Durante uma tempestade, o mar não é o lugar mais seguro do mundo, mas eu gritava de alegria. A turbulência não me assustava. A felicidade tinha vindo junto comigo lá do fundo do oceano. Não era nada especial. Nenhum mistério. Eu apenas estava ali, ciente do que acontecia e fincado na minha paz interior.

Felizmente, avistamos o barco não muito longe dali. Meu colega e eu conseguimos subir a bordo, assim como os outros mergulhadores. Voltamos em segurança, e nunca vou esquecer a emoção daquela experiência.

Ao ensinar a prática da meditação, muitas vezes uso o oceano como exemplo para descrever as camadas da mente. Na superfície, há em geral bastante turbulência nos pensamentos. Somos afetados pelos ventos que sopram no momento, pelas condições da vida cotidiana, pelas tarefas do dia, pelo estresse e pela ansiedade. A maioria das pessoas vive nesse nível, com uma quantidade razoável de agitação mental e tempestades emocionais ameaçando afogá-las. Ficamos com a sensação de que tudo tem a ver conosco. Nós nos consideramos o centro do Universo. Essa mentalidade pode criar uma expectativa de que o mundo nos deve alguma coisa ou a crença irreal de que somos responsáveis por grande parte do que acontece.

Ao aquietar a mente por meio da meditação, podemos começar a sentir as correntes universais, aqueles rios subaquáticos que ajudam a produzir turbulências na superfície. Isso nos coloca em contato com as tendências humanas mais profundas, as pulsões instintivas, as forças primitivas e o condicionamento ancestral a que todos estão sujeitos e que não se limitam às nossas circunstâncias individuais. Esses padrões mentais tentam construir uma noção rígida do eu e um mundo estável a partir de mudanças contínuas. Eles moldam comportamentos, criam hábitos e distorcem crenças – tudo isso provoca sofrimento.

Por meio da atenção plena, começamos a perceber: *Ah, essas correntes percorrem minha mente e me arrastam. Elas se revelam via reações irracionais, medo, raiva e desejo de controle, mas não são só minhas: elas estão em todos; é a condição humana.*

Além do mais, percebemos que essas condições humanas impessoais antecedem o nascimento. Não temos culpa. Não escolhi nascer em uma família de alcoólatras. Minha alma não estava no céu esperando a chance de pular em um corpo que sofreria abuso sexual aos 13 anos. Mas tive que aprender a lidar com o que aconteceu comigo. A questão crítica é que, apesar de precisarmos nos responsabilizar pelo impacto que essas condições têm em nossa vida, *não somos responsáveis por elas acontecerem.*

Perceber que todos estão submetidos a condições além de seu controle é o começo da nossa libertação para apreciar mais a vida. Reconhecer as correntes inconscientes estimula a empatia, a compaixão e a aceitação não apenas em relação a nós mesmos, como também aos outros.

Se mergulharmos ainda mais fundo, encontraremos muita tranquilidade e serenidade. Reconheceremos que, apesar da corrente que passa por nós, não temos que nos deixar aprisionar nem arrastar. Fazer isso não significa escapar das inconstâncias da vida, mas encontrar um lugar natural de repouso. É como se estivéssemos sentados no fundo do mar observando o movimento de nossa mente e de nosso coração como peixes esgueirando-se entre os corais.

Descansando nesse estado de consciência, nos libertamos do hábito de administrar as circunstâncias, de controlar tudo para evitar a dor e obter prazer. Temos mais espaço por estarmos mais livres das reações irracionais. Em vez de negar, justificar ou racionalizar, reconhecemos: sabemos que o que é assim assim será. Trata-se de uma maneira gentil e corajosa de apreciar a verdade mais profunda do que significa ser humano.

Pode parecer complicado, mas tudo começa com a consciência básica e com o cumprimento de rotinas simples. Certa vez, trabalhei com um executivo de uma empresa de tecnologia que valia bilhões de dólares. Ele apresentava sintomas severos de estresse: irritações na pele, problemas intestinais e insônia. Passava grande parte do dia em uma sala de reunião sem janelas, em contato com várias equipes de trabalho encarregadas do desenvolvimento e da implantação de novos dispositivos. As equipes iam e vinham, mas ele raramente saía da sala.

Começamos com um acordo bem objetivo: ele faria uma pausa a cada hora para ir ao banheiro. Aos poucos, acrescentamos alguns exercícios de consciência respiratória durante as reuniões e uma caminhada atenta pelo corredor. Com o passar do tempo, o banheiro virou seu local temporário de meditação. Lá, ele se reconectava com seu centro de tranquilidade e, então, mais sereno, voltava para o trabalho.

Para encontrar um descanso de verdade, precisamos entender as correntezas que nos perturbam. No entanto, reconhecê-las é apenas o começo. Para fazer uma mudança real, temos que mergulhar mais fundo e entender os condicionamentos a que fomos submetidos ao longo da vida. Só então podemos tratar as causas de nossas aflições.

Na tradição budista, há uma imagem conhecida como roda de samsara. *Samsara* significa o ciclo de morte e renascimento do mundo material. A roda ilustra o ciclo contínuo de condições a que estamos sujeitos. Seu motor às vezes é chamado de *os três venenos*, as causas de nosso sofrimento: avidez (ambição), aversão (ódio) e ignorância (ilusão).

A princípio, *veneno* pode parecer uma palavra forte – até que comecemos a reconhecer a toxicidade desses estados aflitivos e como eles contaminam nossa mente, obstruindo nossa franqueza. Contudo, prefiro uma forma mais contemporânea e visceral de nomear esses obstáculos universais, que compartilho com Martin Aylward, professor budista do retiro Moulin de Chaves, na França. Ele os chamou de *reivindicação*, *defesa* e *distração*.

A avidez, o primeiro veneno, é a *reivindicação* de que nossos objetos de desejo nos proporcionem satisfação duradoura, de forma que possamos nos sentir realizados, íntegros e completos. É a tendência de se apegar a alguém, a algo ou a uma ideia e ficar ligado a isso. A avidez cria uma fome interna que nos leva sempre a lutar por um objetivo inatingível: um emprego melhor, outro parceiro, mais um filho, um carro novo, uma casa maior, um corpo mais jovem, uma atitude diferente. Acreditamos erroneamente que nossa felicidade depende de alcançar um objetivo.

O problema é que, mesmo quando chegamos lá, descobrimos que não podemos obter uma satisfação duradoura, porque tudo na vida é transitório. As circunstâncias vão mudar ou vamos nos acostumar ao novo papel, ao novo objeto ou à nova pessoa em nossa vida – e o nosso prazer, inevitavelmente, desaparecerá.

A *reivindicação* tem como parceira a noção de que aquilo que temos no momento não é bom o bastante. Em nosso corpo, esse impulso por ter sempre mais se manifesta como um desejo desesperado de algo para preencher a sensação de incompletude.

O segundo veneno, a *defesa*, pode se apresentar como raiva, aversão, ódio, bullying, solidão, intolerância ou medo. A defesa nos leva a ver conflitos e inimigos em toda parte, a negar e evitar sentimentos, circunstâncias e pessoas que nos desagradam. Ela reforça a percepção equivocada de que estamos separados de tudo e de todos. Sua energia é o oposto da atração, é o afastamento. A ironia é que qualquer coisa que afastamos geralmente volta mais forte.

A *distração* é o terceiro veneno. Ela nos cega para a realidade e não nos deixa perceber a natureza transitória e interdependente das coisas. Na tentativa de fugir do sofrimento, nos perdemos em um ciclo de distrações. Álcool, compras, comida, jogo, sexo, mídias sociais, videogames, e até mesmo a meditação – tudo isso pode passar por banalidade e ser usado como estratégia para nos distrair. Ficamos perdidos, confusos e nos agarramos a opiniões inúteis. Vagamos pela vida numa espécie de névoa, incapazes de ver que há uma saída para o sofrimento, porque isso nos obrigaria a prestar atenção nele. Ao tentar ignorá-lo, tropeçamos e nos afundamos ainda mais nele. Nós nos sentimos alheios, entorpecidos ou levemente inconscientes.

Estes são os três venenos que se escondem sob nossa consciência, influenciando nossos comportamentos cotidianos e nos impedindo de descansar. Algumas pessoas gostam de pensar neles como versões budistas dos tipos de personalidade criados por Myers-Briggs. Imagine uma festa. A reivindicação (avidez) vai direto para a mesa de comida. A defesa (aversão) reclama da decoração, da comida e da música. A distração (ignorância) se pergunta se está na festa certa. É uma maneira leve de reconhecer essas condições impessoais que moldam nossa personalidade.

De um modo geral, sentimos a presença desses estados, mas preferimos não reconhecer a força que têm sobre nós. São as correntezas universais chacoalhando nossa mente como minúsculos navios no mar.

O antídoto para os três venenos é a atenção plena. A cura passa pelo aprendizado sobre os estados aflitivos de reivindicação, defesa e distração, bem como pela percepção de que eles afetam *todos* os momentos de *todas* as experiências. O sofrimento não é aleatório, não é um castigo por nossas falhas, muito menos um sinal de fraqueza moral. Ele é a consequência natural de ignorar as condições mutantes da vida.

As inclinações naturais para reivindicar, defender-se ou distrair-se não desaparecem quando se finge que elas não existem. Pelo contrário, elas precisam ser notadas e compreendidas. Quando percebemos quanta dor elas causam, ficamos menos inclinados a atender suas ordens.

Na tradição budista, dizemos: "Os obstáculos se tornam o caminho." Os erros que cometemos à medida que reivindicamos, nos defendemos e nos distraímos também são portais para a beleza inata de nosso eu interior. Quando nos permitimos confiar em nossa franqueza natural, podemos vir a conhecer esses venenos e notar o impacto prejudicial que eles têm em nossa vida. Então deixamos de nos enganar. Percebemos nosso condicionamento e nossa identificação com eles. Despertamos para o fato de que nosso sofrimento foi aumentado por ignorarmos a verdade.

Trata-se de um momento de libertação. A verdade que estava escondida nos liberta. É um pouco como a forma como nossa visão muda ao longo do tempo, desfocando a percepção que temos da beleza. Colocamos óculos e, de repente, enxergamos bem. A magnificência do mundo fica mais evidente para nós.

Além de reconhecer os três venenos, também é útil cultivar fatores de equilíbrio para contrabalançar suas forças e transformá-las em algo mais positivo. Por exemplo, podemos estimular nossa franqueza e justiça inatas para equilibrar nossos impulsos de avidez e nos sentirmos contentes. Quando conseguimos isso, desfrutamos muito mais a beleza e o prazer que já existem em nossa vida. Além disso, começamos a pensar em nós mesmos como cuidadores temporários, em vez de proprietários do que nos foi dado, e dessa forma compartilhamos nossas dádivas de forma generosa.

A bondade amorosa, a gratidão e a ação compassiva podem diminuir nossas reivindicações e relaxar nossas tendências de defesa. Focando a preocupação com os outros e o compromisso com a cura e a conexão, utilizamos essas capacidades para desafiar a desigualdade, a devastação ambiental e a injustiça social.

A sabedoria supera a distração e a compreensão substitui a ilusão. Quando usamos o discernimento para vencer o egocentrismo, percebemos que todas as nossas ações têm consequências. Então nos sentimos motivados a diminuir o sofrimento do mundo e aumentar a felicidade de todos os seres vivos.

Um dia, depois de derramar água no meu laptop, entrei em pânico. Corri até a loja de informática e os técnicos disseram que o equipamento não tinha conserto. Precisei comprar um computador novo e reinstalar todos os meus arquivos.

Num primeiro momento, fiquei muito estressado. Minha principal reação foi de defesa: eu queria esquecer aquela experiência. Sentindo-me como uma vítima da barra azul que sinalizava o tempo de instalação restante, pensei: *Cinco horas? Parece muito tempo.* Então, mais tarde: *Espere aí! Agora faltam 14 horas? O que está acontecendo?*

Aquela barrinha azul era enlouquecedora. Por um tempo, ela me deixou confinado numa realidade alternativa em que a tecnologia era a inimiga. Culpei o mau funcionamento do computador pela minha ansiedade e frustração e também por ele desencadear o medo crescente de eu não ser capaz de cumprir os prazos combinados.

Então decidi parar, respirar fundo algumas vezes e encontrar um lugar para descansar no meio de tudo. Percebi que estava contando a mim mesmo uma história baseada nas minhas preferências e que vinha lutando inutilmente contra os fatos. Com uma simples mudança de mentalidade, consegui contrabalançar minha reação instintiva de defesa usando a gratidão. Reconheci ser uma pessoa de sorte, pois me lembrara de fazer o backup do laptop na noite anterior, então não perderia tanto trabalho. Além disso, eu tinha condições financeiras de comprar outro computador. Nem sempre foi assim e quem sabe como será no futuro? Lembrei-me de apreciar as dádivas recebidas agora, no momento.

Estava tudo bem. A gratidão encheu meu coração. Senti que eu voltava a estar presente. Reencontrei a paz de espírito.

Domar a mente agitada e ativa é um pouco como treinar um cavalo selvagem – não é fácil, mas não é impossível. Aos poucos o cavalo se acalma e pode ser usado no trabalho produtivo. Aí podemos desfrutar algum equilíbrio e descansar.

Quando você consegue fazer isso em um relacionamento – seja com alguém que está morrendo ou com o chefe, o cônjuge ou o filho –, vê que é possível viver de uma forma diferente. Você identifica as causas e condições de cada situação e interage com elas para aliviar o seu sofrimento e o dos outros. Você se torna a calmaria na tempestade.

Pode ser necessário mudar algumas causas e condições de sua vida, em vez de apenas acompanhar o fluxo. Talvez seja bom mudar de emprego quando se tem um chefe agressivo ou pedir ajuda para se livrar de um vício. Se você estiver na superfície da mente, tudo que poderá fazer é reagir. Você estará à mercê da tempestade, sendo jogado de um lado para outro como um barco à deriva no mar bravio. Ao mergulhar nas águas calmas profundas, você conseguirá agir com sabedoria e compaixão.

O filósofo Blaise Pascal escreveu: "Digo com frequência que a única causa da infelicidade do homem é que ele não sabe ficar quieto no seu canto." Quanto mais fundo mergulhamos em nós mesmos, mais expansivos nos tornamos. Permitimos que tudo se mostre, mesmo o que está escondido no inconsciente. Não há necessidade de reprimir as partes indesejadas de nossas situações, de nós mesmos ou dos outros. Percebemos que tudo é produto de nossa dinâmica, de nossas histórias e de nossas reações impensadas – e que tudo faz parte da condição humana. Podemos dar vazão a pensamentos, sentimentos e ideias sem sermos dominados por eles.

Quando estou com a família e os amigos ou na cabeceira de alguém, tento criar um ambiente caloroso, generoso e sem julgamentos onde qualquer coisa que tenha que acontecer possa vir à tona. Isso funciona melhor se eu me tornar primeiro o meu próprio refúgio. Posso fazer uma pausa e convocar a melhor parte de minha natureza para me abrigar dos hábitos de me defender e de agir de forma impensada ou de qualquer tendência que me deixe sobrecarregado pelo caos ao redor. Nem sempre conseguimos eliminar as dificuldades, mas podemos usar o que aprendemos para transformá-las em oportunidades. É possível ser aquela pessoa calma no canto.

Ao fazer isso, podemos nos transformar num verdadeiro refúgio para os outros.

Samuel era um hóspede em nossa casa de repouso. Ele tinha aids e estava frágil como um passarinho. Aos 28 anos, pesava apenas 40 quilos. Os amigos decidiram organizar uma festa de aniversário para ele. Levaram champanhe, trufas e morangos, balões de encher, música e muita alegria. Eles estavam se divertindo como antigamente. Samuel não. Seu corpo já mirrado parecia se encolher ainda mais na cama, quase desaparecer. A intenção dos amigos fora boa, mas Samuel parecia se afogar em tanto estímulo.

Nesse exato momento, Ray, um massoterapeuta voluntário, entrou no quarto. Ray colocou uma cadeira ao pé da cama, se acomodou, fez algumas respirações profundas e acenou para Samuel com um leve sorriso. O gesto foi algo entre "Bom ver você de novo" e uma reverência respeitosa, uma forma de atrair a atenção de Samuel e pedir permissão para tocá-lo.

Nenhum dos amigos de Samuel pareceu notar a presença de Ray. As mãos do massagista foram até o pé de Samuel. Eu não podia ver seus movimentos; deviam ser suaves. Não sei se Ray pressionou alguns pontos especiais ou se aplicou a reflexologia, mas o que importava era o contato profundo do toque, que estabeleceu uma ligação entre os dois.

Durante meia hora Ray "escutou", tranquilizou, explorou e interagiu com Samuel sem dizer uma palavra. O burburinho na sala continuava, só que agora, em vez de se afogar, Samuel flutuava. Ray retirou as mãos de maneira lenta. Depois se sentou e parou. Samuel lhe jogou um beijo, fechou os olhos e afundou no travesseiro, repousando.

As condições permaneceram inalteradas. A festa prosseguiu. As pessoas continuaram a comer trufas e a beber champanhe. Ray e Samuel nem sequer se falaram. No entanto, por meio do toque gentil, Ray ajudou Samuel a diminuir a carga emocional e a agitação que se refletia no corpo. Muitas vezes subestimamos o conforto do silêncio e o valor da presença humana.

Da mesma forma, quando eu me recuperava da cirurgia cardíaca, minha velha amiga Martha deBarros, uma das fundadoras do Zen Hospice Project, ia com frequência à minha casa me ajudar na prática da meditação. Ela terminava a sessão com o lindo ritual que ensinava havia anos a pessoas na prisão. Ela pedia que eu colocasse a mão direita no coração e a esquerda no ventre e repetisse: "Estou aqui agora. Estamos aqui agora."

Aqui e agora é o único lugar de descanso.

Uma noite, depois da cirurgia cardíaca, acordei às duas horas da manhã de um sono agitado por pesadelos. Senti medo e resistência ao sofrimento. Então, ouvi uma voz. Uma voz que vinha da minha alma. Ela me orientava usando minhas próprias palavras. "Encontre um lugar de descanso no meio de tudo", dizia.

Pensei: *Ok, Frank, tente descansar*. Então sorri.

A questão é a seguinte: tentar descansar não é descansar, é apenas uma tentativa. O esforço é necessário na vida. Você não pode sequer pegar uma sacola na mala do carro se não se esforçar. No entanto, quando aplicamos a mesma estratégia ao descanso, o resultado é o oposto do que se esperaria. Não conseguiremos descansar enquanto fizermos esforço para mudar a maneira como as coisas são.

Quando olhamos de perto, vemos que o desejo é algo quase contínuo. É um fogo dentro de nós que inflama e alimenta nossos anseios. Ser uma pessoa que tem anseios – uma característica que tenho orgulho de assumir em alguns momentos – é um passo inevitável no caminho espiritual, mas pode facilmente se tornar um obstáculo. Em termos energéticos, quem busca algo se sente agitado, inquieto. Isso implica ser imperfeito, desconectado de algo essencial na minha vida. Acredito que algo está faltando e essa crença perpetua a minha busca.

A agitação não nos conecta com a nossa verdadeira natureza. Tentar fugir de nossos desejos também não funciona. Este é o verdadeiro contrassenso da vida espiritual: o que nos salva também pode nos enlouquecer. Não estou dizendo que os anseios não têm lugar neste mundo. Afinal, para que possamos começar nossa jornada espiritual, devemos estar motivados a buscar uma vida melhor – conexões mais profundas conosco e com os outros, explicações para questões existenciais e alívio da dor e do sofrimento.

No entanto, muitas vezes nossa busca de paz e realização se mistura com a tentativa. Lemos livros, vamos atrás de professores e saímos em busca de nossa tribo. Acumulamos práticas, crenças e estratégias à medida que procuramos soluções. Vamos à caça de respostas fora de nós mesmos quando já temos tudo o que precisamos aqui, dentro de nós.

Há uma forma de anseio que acho útil. Eu a chamo de *desejo sadio*. Trata-se do desejo de ser livre, de saber o que é verdadeiro e de ser você mesmo em sua totalidade.

O desejo sadio não leva à inquietude, mas cessa a agitação, porque paramos de buscar aprovação e satisfação fora de nós. Ele dá uma sensação parecida com amor. Nós amamos nossa verdadeira natureza, amamos a presença e, porque amamos dessa forma, queremos nos aproximar dela, criar uma relação de intimidade. É uma espécie de romance com a verdade. "Estou aqui agora. Estamos aqui agora."

Uma das características da mente aberta é a profunda calma. Chegamos a essa tranquilidade aceitando e compreendendo os desejos, não os rejeitando. Abandonamos nossas estratégias e resistências.

Deitado na cama naquela madrugada, com a cabeça produzindo e regurgitando todo tipo de anseios, eu me sentia desanimado, envolvido no esforço de encontrar o descanso que me escapava. Então me lembrei de uma lição que aprendi em milhares de visitas que fiz a pacientes terminais: parar à porta do quarto, porque essa pausa quebra a força do hábito. Ela nos dá uma escolha.

A única escolha que temos realmente é entre a receptividade e a reserva. Sermos receptivos ao que se apresenta diante de nós ou seletivos em nossa aceitação. Na verdade, não gosto do termo "aceitar" – ele é moralista demais. "Reconhecer" parece mais adequado ao que estou descrevendo. Ele é mais suave e nos leva além dos conceitos de aceitar e rejeitar. Ele nos liberta das ideias de comparação, preferência e oposição, esperança e medo, proporcionando um verdadeiro lugar de descanso.

Então me permiti descansar nesse reconhecimento. Naquele momento não havia mais desconexão, nada faltava e, portanto, não havia nada a ansiar. Deitado na cama, me entreguei ao repouso. Corpo em repouso. Coração em repouso. Mente em repouso. Consciência em repouso.

A busca não termina com o encontro, apenas termina. Ela acaba quando nossa consciência descansa na profundeza pacífica de nossa natureza essencial. Então, como o monge que varria o templo, podemos realizar as atividades diárias e ainda manter a calma interior.

13

PRESTE ATENÇÃO AOS ESPAÇOS

No meu fim está o meu começo.

— T. S. ELIOT

Quer saber o que a morte tem a ensinar? Comece a olhar para os finais. O final de uma expiração, o fim de um dia, o fim de uma refeição, o final desta frase.

Como você recebe os finais na vida? Você os evita inconscientemente? Você sai, em termos emocionais ou mentais, antes que um evento termine? Ou você é o último no estacionamento, o que observa os outros partirem? Encerramentos o deixam triste e com os olhos cheios d'água? Ansioso? Ou você fica indiferente, se isola e se recolhe num casulo protetor? Você para de falar com os outros antes que o fim chegue? Ao sair do trabalho, você se despede de colegas e clientes? Você espera que os outros percebam o fim ou se adianta a eles? Você visita amigos que estão morrendo? Você acha que não é importante dizer adeus?

Durante um retiro intensivo com foco na transitoriedade, uma aluna notou os fins de cada experiência. Uma rosa murcha no caminho a lembrou de que o botão estava bonito poucos dias antes. Quando ela me encontrou para uma entrevista, reclamou:

– Tudo morre! É muito triste.

– É verdade que todas as coisas mudam – respondi. – "Triste" é a história que você conta a si mesma.

A forma como terminamos uma experiência molda como a próxima surgirá. Apegar-se ao velho dificulta o surgimento do novo.

A respiração nos oferece a oportunidade de estudar de forma íntima nosso relacionamento com os finais. A respiração é um processo vivo, que muda e se altera em ciclos – inspiração, pausa, expiração, pausa. Cada respiração tem começo, meio e fim. Cada respiração passa por um processo de nascimento, crescimento e morte. A respiração é um microcosmo da própria vida.

Sentimos o percurso da respiração do nariz até o fundo da garganta e no abdome. Lá observamos o momento sutil de transformação, quando a inspiração vira expiração. Então notamos a respiração começar a longa jornada para fora do corpo. No final da expiração, há um intervalo, uma pausa. Pode ser um momento de medo ou fé: a respiração deixou o corpo e não sabemos se retornará. Você confia em que a próxima inspiração surgirá por conta própria? Você consegue descansar a mente no intervalo?

Depois de uma cirurgia de revascularização do miocárdio que durou seis horas, fui levado para a unidade de tratamento coronariano do hospital. Essa área supertecnológica, repleta de monitores eletrônicos e bipes incessantes, parece ter saído de um filme de ficção científica. Meus batimentos cardíacos eram monitorados por fios ligados a sensores no meu peito. Os medicamentos anticoagulantes gotejavam nas veias de um braço enquanto a morfina fluía no outro. Um cateter estava ligado à minha bexiga, outro drenava líquidos no meu pescoço. Um longo tubo conectava meus pulmões ao ventilador que respirava por mim. A equipe se movimentava, entrando e saindo o tempo todo em silêncio.

Minha mente despertou devagar da anestesia. Fiquei em um estado intermediário, no limiar da consciência, por horas. Eu me sentia como se estivesse dirigindo por uma estrada nebulosa. Detalhes do quarto e os rostos dos familiares e dos amigos apareciam numa bruma densa, então desapareciam ou se misturavam com sonhos.

No fim da noite, quando meu filho Gabe e meu querido amigo Eugene estavam sentados ao lado da minha cama, um terapeuta respiratório entrou no quarto e, com grande entusiasmo, anunciou: "Vamos tirar esse tubo e ver se você consegue respirar por conta própria." Tomei um susto. Eu não sabia se conseguiria respirar. Estremeci e meneei a cabeça dizendo que não, pois sentia que havia algo errado com meu pulmão esquerdo.

Como a máquina de respiração me impedia de falar, rabisquei em um bloco de notas: "Estou com medo."

Eugene, um professor de meditação inteligente e objetivo, soube intuitivamente o que fazer. Primeiro, ele me instruiu a sentir meu corpo, mas não consegui. Cheguei apenas até a altura do tronco antes de desistir, frustrado. Ele pediu, então, que eu encontrasse a minha respiração, o que foi ainda pior. Eu meditava havia anos, mas, de repente, não conseguia separar minha própria respiração da atividade da máquina. Fiz um movimento de pânico, como se estivesse me afogando.

Naquele momento, uma história que ouvi muitas vezes sobre Suzuki Roshi me veio à cabeça. Esse japonês gentil foi um dos mestres zen mais reverenciados dos Estados Unidos. Ele criou o San Francisco Zen Center, que serviu de inspiração para o Zen Hospice Project, e tem sido um guia fundamental na minha vida, apesar de eu nunca tê-lo encontrado pessoalmente. Ele praticou e ensinou meditação durante décadas com sincera dedicação. No entanto, na noite anterior à sua morte, o filho mais novo, Otohiro, estava colocando o pai na banheira quando o mestre zen entrou em pânico. Ele achou que morreria ali mesmo e começou a ofegar e a respirar rápido.

O filho falou baixinho em seu ouvido: "Pai, acalme-se. Respire devagar, respire devagar." O próprio Otohiro começou a respirar alto e deliberadamente. Ao ouvir as palavras do filho e sentir o ritmo de sua respiração, Suzuki Roshi conseguiu se reconectar e se acalmar.

Se Suzuki Roshi teve medo, então eu também posso ter, disse a mim mesmo. Permiti que meu velho coração sentisse medo. Tendo passado tanto tempo meditando e cuidando da respiração, confiei em que seria capaz de retomá-la.

Nessa hora, Gabe colocou a mão sobre meu coração. Esse gesto criou uma espécie de canal condutor para a fonte do amor, o que me estabilizou bastante. Puxei Eugene mais para perto e encostei minha orelha em sua bochecha. Ele entendeu que eu queria acompanhar sua respiração. "Apenas respire", disse ele calmamente. "Deixe a respiração lhe dar vida."

O som e o ritmo da respiração dele foram o meu bote salva-vidas. Peguei emprestado o fôlego de Eugene até recuperar o meu. Aos poucos, fui me acalmando e relaxando. Depois de algum tempo, sinalizei para que o terapeuta respiratório fizesse o seu trabalho e me tirasse da máquina respiratória.

Com amor e a respiração, encontrei o caminho de volta.

Na história da criação judaico-cristã, relatada no livro do Gênesis, aprendemos que no primeiro dia Deus disse: "Que se faça a luz." E surgiu a luz. Nos dias subsequentes, Deus cria as águas, a terra, as plantas abundantes e as criaturas que se movem. No sexto dia, Deus cria um ser humano à sua imagem e semelhança a partir do barro. Então, dá a essa pessoa o sopro da vida – não por meio de palavras, e sim soprando nas narinas da nova criatura.

Uma vez, durante uma aula no Metta Institute, meu amigo, o falecido rabino Alan Lew, sugeriu que o significado dessa parte da narrativa é que a respiração é a conexão mais íntima que o ser humano tem com o reino de Deus. Ele explicou que a respiração é um meio de alcançar a transcendência. A respiração nos leva à experiência que é mais profunda que as palavras, o pensamento e até mesmo a forma.

A respiração desperta a vida humana e a sustenta. Ela precede o pensamento e as palavras. Ela não é conceitual, não tem palavras. Não pode ser descrita; só vivenciada. Podemos respirar sem falar, mas não podemos falar sem respirar.

Na meditação, usamos a respiração para focar o presente. A respiração só acontece em tempo real. Ela sempre ocorre no aqui e agora. É isso que a torna um veículo tão poderoso para a percepção. Muitas vezes pensamos no momento presente apenas como um ponto de partida para algum objetivo futuro. Mas na verdade a vida só pode acontecer no presente. O momento atual é o único lugar onde podemos descansar.

Em geral, a respiração é um processo involuntário, que ocorre sem a nossa atenção e seguindo o próprio ritmo. Quando caminhamos, respiramos. Quando dormimos, respiramos. A respiração está sempre lá, funcionando sem a nossa interferência.

Curiosamente, porém, quando sentamos para meditar, muitas vezes começamos tentando modular a respiração. Nós a tornamos mais profunda, mais silenciosa, como se houvesse uma "respiração perfeita". Na prática budista, uma respiração longa não é melhor do que uma curta. O que é importante é perceber que você respira.

A respiração nos convida ao corpo. John O'Donohue, o maravilhoso e selvagem poeta irlandês, escreveu: "Precisamos voltar ao ninho do templo dos nossos sentidos. Nosso corpo conhece seu lugar... é a nossa mente que nos deixa sem teto." Nós voltamos ao ninho à medida que percebemos a textura e o ritmo da respiração, a mudança na duração de cada inspiração e expiração. Com o tempo e a prática, aprendemos a nos alinhar e nos mover com a respiração, a permitir que tenha a profundidade e o fluxo naturais. Cada respiração nos leva ao lugar a que pertencemos. Ao abrir mão de comandá-la, aos poucos sentimos que é ela que nos respira. Este é um bom treinamento para quem precisa largar as rédeas da vida e aprender a cooperar com ela.

Quando nos abrimos para o milagre da respiração e sentimos o processo de oxigenação, apreciamos como o ar alcança todas as células de nosso corpo. Cada momento é novo. Cada respiração é única, significativa e essencial à existência. Respirando de forma consciente, nos envolvemos em uma exploração, na descoberta gentil da vida. Cada respiração é milagrosamente viva.

A respiração também funciona como uma janela sobre a maneira como nos movimentamos no mundo. Com a inspiração, absorvemos o mundo e podemos reivindicar a existência de "eu" e "meu"; ela constrói a imagem de um eu independente. Já com uma simples expiração, reconhecemos nosso lugar na complexa teia de interconexões com a vida. É possível perceber como tudo que pensamos, dizemos ou fazemos reverbera nessa teia, afetando todo o restante.

A respiração nos convida a descansar, a recuperar e a revitalizar. Nós nos livramos do frenesi diário e contrabalançamos a tendência instintiva de lutar, fugir ou paralisar-se. O livro do Gênesis lembra que Deus "abençoou e santificou o sétimo dia" e descansou do trabalho realizado. Quando prestamos atenção ao momento presente – seja meditando em meio à natureza ou deitados para ler um romance – descobrimos o bem-estar que surge quando não estamos nos esforçando, dispersos ou lutando.

Jeffrey, aluno de um dos meus cursos de meditação, descreveu como sua mente vinha sendo consumida pela confusão. Ele tinha sido demitido fazia pouco tempo e o namorado o traíra com o melhor amigo. Seu mundo antes estruturado se transformara em caos. Sua cabeça estava presa no tumulto de constantes estratégias que não lhe traziam alívio.

Sugeri que ele respirasse fundo.

Alguns dias depois, ele relatou que, ao focar a respiração, conseguira descansar. Ele disse: "Percebi que, quando meu foco estava voltado para a respiração, o mundo exterior podia continuar girando. Eu não precisava pará-lo nem resolver nada. As histórias se repetiam infinitas vezes, como uma fita girando sem parar na minha mente. Isso me lembrou o ciclone de *O Mágico de Oz*: casas, vagões e arbustos girando, girando. Mas não havia nada que eu precisasse fazer a respeito. Respirar e sentar no centro de tudo isso me deu uma nova perspectiva do caos. A respiração virou o meu lugar de descanso, um porto seguro."

Tomar consciência da respiração é uma das maneiras mais diretas e fáceis de se envolver no momento presente. Direcionar o foco para a respiração cria um vínculo em que o corpo acalma a mente e vice-versa.

A atenção plena proporciona sensibilidade e aceitação e permite que a mente se abra e receba o momento presente tal como ele é, sem se apegar nem rejeitar nada. Fazemos uma pausa, relaxamos e reconhecemos o momento. Os pensamentos podem vagar, sentimentos perturbadores podem se revelar, mas não tentamos controlá-los, mudá-los, aprová-los ou rejeitá-los.

Quando voltamos a atenção para algo ou para uma experiência e permanecemos focados à medida que o objeto de nossa atenção muda, acabamos desenvolvendo a concentração e certa flexibilidade. Quando a atenção plena aumenta, podemos ir além da superficialidade, penetrar na experiência e compreendê-la de forma mais profunda. Aos poucos, começamos a compreender por que certos pensamentos, sentimentos e emoções surgiram.

Entretanto, a atenção plena não é apenas olhar para dentro. Ela pode orientar nossas ações externas. É importante compreender como a relação que temos com nossa experiência pode tanto causar o sofrimento quanto nutrir a sabedoria. Isso nos permite desenvolver uma resposta diferente e mais útil a próxima vez que enfrentarmos uma situação, uma pessoa ou um pensamento desafiador e manter a calma e a sensatez.

Uma de minhas alunas, Liang, era vice-presidente em uma grande empresa de tecnologia e mãe recente. Ela acordava várias vezes durante a noite para alimentar o bebê, mesmo depois de ter voltado ao trabalho, um ambiente de muita pressão. Ficava exausta e estressada. Toda vez que o filho chorava de madrugada, ela se irritava. Enquanto ele mamava, ela se via contando os minutos até que pudesse voltar a dormir.

Então Liang começou a praticar a respiração consciente durante a amamentação e sua experiência mudou. Em vez de desejar que aquele momento acabasse, ela começou a notar as sensações que surgiam em seu corpo. Isso permitiu que ela aprofundasse seu vínculo com o bebê.

Liang ficou feliz e em paz, grata pela oportunidade de estar com o filho querido. Ainda se sentia fisicamente cansada no trabalho, mas não tão desgastada. Seu entusiasmo pela vida se renovou.

A técnica da atenção plena vem sendo promovida na TV, comercializada em podcasts, vendida como aplicativo e apresentada nas capas de revistas populares. No culto à produtividade, a atenção plena no local de trabalho se tornou a promessa atual de bons retornos sobre o investimento. O crescente interesse em aplicá-la a questões de negócios, à medicina, à educação, à neurociência, ao vício e à justiça social pode dar a impressão de que se trata de uma nova descoberta. Mas a atenção plena é mais antiga que a religião, mais antiga que a magia.

O futuro da atenção plena parece brilhante. Há milhares de pesquisas que relatam seu impacto positivo na redução do estresse, no controle da dor, na variação da frequência cardíaca, na ansiedade, na expressão genética, no abandono do tabagismo, na recuperação de doenças, no tratamento da depressão e dos transtornos de personalidade, no luto e até mesmo no medo da morte. No entanto, a pesquisa em atenção plena e no campo da neurociência ainda está em um estágio inicial. Parece prudente questionar as modalidades de tratamento para garantir a segurança e evitar expectativas inatingíveis.

É comum que se interpretem de forma distorcida os ensinamentos das tradições de fé e até mesmo as práticas seculares de atenção mental e que elas sejam aplicadas de modos que não correspondam à intenção original. Ouvimos um especialista incentivar a ação compassiva e desencorajar as emoções negativas e entendemos que isso significa que nunca devemos ficar com raiva. Além de praticamente inalcançável, esse é um obstáculo para a descoberta da força interior da qual podemos precisar para sobreviver a eventos difíceis. No esforço de criar uma nova "identidade espiritual", começamos a rejeitar partes de nós. Eu fiz isso, assim como grande parte das pessoas que conheço.

A questão é que a atenção plena não é apenas uma aptidão mental nem um método para aumentar a produtividade ou alcançar um resultado específico. Ela com certeza promove mudanças saudáveis e positivas. No entanto, buscar apenas esses fins pode nos impedir de reconhecer a beleza mais profunda de ser plenamente humano.

Estamos sempre criando problemas para nós mesmos. Determinamos o que deveríamos e o que não deveríamos sentir. Nós nos esforçamos por definir a nós mesmos, torcendo para fazer isso da maneira correta. Essa atividade constante é exaustiva e faz com que o desenvolvimento pessoal se torne interminável e penoso. Tentamos sempre melhorar – na verdade, não conseguimos parar de tentar –, ser pessoas especiais. Há certa agressividade nesse suposto autoaperfeiçoamento. Melhor voltar à verdadeira intenção da meditação, que é abrir mão do esforço, aceitar as coisas como elas são e descobrir a liberdade de forma serena.

Um dos meus alunos, uma médica chamada Kandice, me enviou o texto a seguir depois de participar de um retiro de meditação ao longo de uma semana:

> *Eu costumava ver a atenção plena como algo a ser alcançado. O sucesso era medido pelo grau de concentração que eu conseguia pôr na respiração. Muitas vezes reclamei do tempo gasto em meditação: "Essa sessão foi uma droga. Minha mente ficou muito solta. Fiquei muito inquieta." Também percebi que rotulava quase tudo que me vinha à mente nesses momentos como "bom" ou "ruim". Eu acreditava que manter uma tabela de classificação me motivaria a "melhorar" na meditação, tornaria minhas sessões mais produtivas. Imaginei se alguém mais se sentiria assim, mas, quando olhei ao redor, todos pareciam ótimos meditando. Cheguei a questionar por que eu tinha me inscrito no curso. Nunca gostei de treinar, mas queria resultados, então continuei.*
>
> *Até que, um dia, você disse algo que me chamou a atenção: "A atenção plena resulta numa maneira de ser não crítica." Essa frase foi catalisadora para mudar o meu mundo. O alívio que senti por não ter que gastar tanta energia julgando tudo (inclusive a mim) foi libertador, amplo e expansivo. Meu corpo todo se aquietou. Meus ombros relaxaram, meu pescoço deixou de doer e parei de estalar o cotovelo o tempo todo. Comecei a desenvolver a verdadeira atenção, compreendendo que ela começa e termina com a escolha simples de prestar atenção ao que acontece. Ponto final. Sem tabela de classificação. Sem notas. Sem rótulos. Sem pressão.*
>
> *Agora, quando estou atenta, sinto que me abro às coisas sem lhes atribuir um valor: dor, alegria, tristeza, ansiedade. Passado, presente e futuro se tornam um. Tudo pode estar lá, e isso é bom. Há espaço para que tudo exista. Estou aqui para observar e aprender, não para fugir das emoções mais desafiadoras nem para desejar um estado em vez de outro. Na verdade, quando fujo, anseio ou atribuo valor, sofro muito, porque quero que as coisas sejam diferentes do que são.*

Minha prática de atenção plena continua a ser bastante difícil às vezes. Porém, quando estou sentada em silêncio, cada vez mais fico consciente de mim. Sei que estou lá. Sinto meu corpo. Isso é muito importante: eu de fato sinto os pés no chão, o ar entrando e saindo das narinas, os pequenos movimentos internos, como a pulsação, o estômago roncando, as costas doloridas.

Ao longo da semana, senti a dor do luto surgindo – luto por todos os anos que passei vivendo na minha cabeça, julgando, criticando e analisando. Ainda há momentos em que choro ao meditar sobre essas coisas, mas consigo respirar e, com o tempo, a tensão se desfaz. Minha atenção plena é – e sempre será – sobre recuperar a respiração. É como se eu encontrasse um lugar seguro para pousar, uma casa, um abraço amoroso.

Já não me sinto tão compelida a classificar meu desempenho. Aprendi que a atenção plena não visa a alcançar o estado perfeito nem ser o melhor em algo. Trata-se de ser autêntico, imperfeito, vulnerável e humano.

A meditação não cura tudo. Mesmo quando praticamos a atenção plena, podemos ser compreensivos em relação a determinados aspectos de nossa vida e cegos a outros. Conheço meditadores experientes que estão sintonizados com o corpo, mas desconectados da vida emocional. Conheço outros que entendem a mente, mas ignoram o corpo. Ouvi falar de praticantes capazes de ficar em silêncio durante dias, mas que têm habilidades interpessoais limitadas. Outros, ainda, sentem um amor universal por todos os seres, mas são incapazes de amar a si mesmos ou os outros de maneira pessoal.

Meu amigo John Welwood, o psicólogo que cunhou o termo "desvio espiritual", disse uma vez: "Usamos frequentemente o objetivo do despertar ou da libertação para justificar uma transcendência prematura: tentar nos elevar acima do lado indisciplinado e confuso de nossa humanidade antes de a termos enfrentado plenamente e feito as pazes com ela."

Admito que de início também usei a meditação para escapar do nó provocado pelo meu passado. Nesse aspecto, a meditação foi tão eficaz para que eu contornasse minha história complicada quanto o álcool foi para meus pais e o uso de drogas para o meu irmão Alan.

Minhas sessões de meditação eram cheias de esforço. Desenvolvi um grande poder de concentração durante retiros intensivos, nos quais atingi incríveis estados de arrebatamento e tranquilidade. Fiquei orgulhoso de minhas realizações, mas, quando os retiros terminavam, eu logo percebia que não estava mais feliz. Ficava decepcionado ao descobrir que as feridas não cicatrizadas, os traumas inexplorados e os conflitos da minha vida ainda me esperavam em casa.

O foco em si, mesmo o foco intenso, não produz a compreensão de si mesmo. Nos ensinamentos budistas, usamos a concentração para acalmar a mente e o corpo, para que possamos aproveitá-los para desenvolver a sabedoria. Mas o apego à tranquilidade pode nos levar a ignorar, a enterrar ou a negar grandes períodos de nossas experiências.

O idealismo é um dos riscos do caminho espiritual. Ele pode ser a morte de qualquer prática. Quando criamos um ideal espiritual, nos apegamos a uma visão de onde devemos estar, mas usamos essa ideia para não estar onde estamos. Por exemplo, prometemos meditar todas as manhãs por uma hora, mas depois de uma semana perdemos alguns dias e então desistimos por completo.

Esta é a maneira ardilosa de a personalidade sequestrar as práticas espirituais e usá-las para seus próprios objetivos. Se eu tenho uma tendência para o narcisismo, posso exibir meus hábitos de meditação para me sentir importante e especial. Se costumo fugir das dificuldades internas, posso me sentir atraído por ensinamentos sobre desapego e renúncia. Se me assusto com sentimentos fortes, posso aceitar a crença de que uma pessoa espiritualizada não deveria se perturbar e então falar sobre "ir além das emoções". Ao nos desviarem das experiências imediatas, esses mecanismos de defesa nos desconectam de nossos recursos internos.

Durante os retiros, gosto de me reunir individualmente com os alunos para que eles compartilhem suas experiências com a meditação. É um pouco como debater comigo mesmo. A personalidade de Margie julga sua prática com severidade: insiste em que ela é a pior meditadora que já existiu. Barry tem um senso claro de superioridade e tenta fazer tudo de maneira um pouco mais consciente do que os outros. Jason enche diários com ideias brilhantes, percepções e anedotas pesadas e bem-humoradas, em vez de meditar enquanto caminha. Jeanette se perde na procrastinação, na ideia do tudo ou nada. Charlotte admite que foge do retiro para tomar sorvete, porque, segundo ela, merece uma pausa. Jeremias reclama que a meditação não ajuda a resolver as dificuldades de relacionamento com a esposa.

Todos eles são eu.

Nos círculos budistas, muitas vezes dizemos: "A meditação não resolve problemas; ela os dissolve." A mente é selvagem. Nós não a domamos ao tentar parar os pensamentos, reprimir as emoções ou mesmo resolver nossos problemas. Temos muito menos controle sobre a vida do que imaginamos. Parafraseando a amável instrução de meditação feita muitas vezes por Suzuki Roshi: "Dar à sua vaca um prado grande e espaçoso é a melhor maneira de controlá-la."

Sua mente não ficou selvagem quando você começou a praticar a meditação. A atenção plena apenas fez com que você tomasse consciência do que acontecia em segundo plano o tempo todo – e que sua personalidade tentava gerenciar.

Aqui vai uma sugestão que pode contrariar o bom senso: permita tudo. Os pensamentos, as emoções fortes e os padrões energéticos associados – não se preocupe com eles. Deixe tudo parar por conta própria. Sua vaca será muito mais feliz.

O objetivo da meditação não é mudar, jogar fora o velho e trazer o novo. Trata-se de ficar amigo de si mesmo, recebendo cada parte da vida com curiosidade e compaixão. Isso não significa tolerar as coisas difíceis que surgem na meditação, mas sim examiná-las para nos familiarizarmos com nosso mundo interior.

Darlene Cohen, uma professora zen que viveu por muitos anos com artrite reumatoide e câncer, disse:

> *Às vezes as pessoas me perguntam de onde vem minha energia de cura. Como, em meio à dor e à lenta e implacável paralisia, posso encorajar a mim e os outros? Minha resposta é que a cura vem da própria amargura, do desespero, do terror. Ela vem da sombra. Eu mergulho sem parar naquela lama e fico inundada de sua energia de cura. Apesar da renovação e da vitalidade que ela me dá para enfrentar os meus medos mais profundos, não vou de bom grado quando eles me chamam.*
>
> *Repeti esse percurso milhares de vezes: primeiro eu entro em desespero, mas, por alguns dias, nego que esteja me sentindo assim; depois, diante da minha resistência, o impulso se torna mais insistente e, por fim, ele me domina e me destrói. É nítido que estou presa, então finalmente me rendo a essa reunião com o aspecto sombrio da minha adaptação à dor e à perda.*

Tornar-se livre nessa experiência humana significa incluir os aspectos pessoais, psicológicos e emocionais da vida e também superar a própria personalidade, em busca de um despertar mais completo. Temos de estar dispostos a enfrentar o sofrimento, a descobrir as sombras ocultas, a reconhecer os padrões problemáticos, a curar as feridas da infância e a aceitar o que rejeitamos. Eu precisei equilibrar a prática espiritual com uma boa psicoterapia, terapias somáticas, acompanhamento para lidar com o luto e outros métodos de investigação. Esse grupo de terapias foi inestimável para me ajudar a incorporar o que descobri primeiro em silêncio.

Hoje em dia, eu me refiro à atenção plena como "um exercício de intimidade". Não podemos nos conhecer, conhecer uns aos outros ou conhecer a morte a distância. Trata-se de uma tarefa pessoal. Na meditação, tudo se resume a aprender a ser íntimo de si mesmo, dos outros e de todos os aspectos desta vida mundana, usando o poder curativo da consciência amorosa para que possamos enfrentar o que é assustador, triste e doloroso.

Quando entendemos o condicionamento da mente e os nossos comportamentos habituais, compreendemos como nos infligimos sofrimentos desnecessários. É nesse ponto que reside a verdadeira liberdade da prática. Ela não ajuda a fugir ou transcender a dor. Em vez disso, ficamos íntimos e nos percebemos como parte de tudo.

O professor budista norte-americano e autor de best-sellers Jack Kornfield popularizou a expressão "Depois do êxtase, lave a roupa suja" em um livro com o mesmo título. Isso significa que, mesmo depois de uma experiência reveladora, transcendente e profunda, ainda temos de lidar com o lado prático da vida, atividades cotidianas como cozinhar, limpar e cuidar dos filhos e dos idosos.

Uma estudante de meditação tinha vários filhos pequenos. Ela descobriu que, sendo mãe solteira, simplesmente não conseguiria meditar sentada em uma almofada. Ela seria interrompida a toda hora.

– O que devo fazer? – perguntou ela ao professor quando ele foi visitá-la.

– O que você faz a maior parte do tempo? – perguntou ele.

– Lavo roupa e louça.

Ele então a acompanhou enquanto ela lavava roupa e limpava a cozinha e a ensinou a se manter atenta o tempo todo. Essa seria a sua prática, pelo menos até que os filhos crescessem e ela pudesse voltar às sessões de meditação mais formais.

Tudo o que fazemos pode ser usado no cultivo da atenção plena: dirigir para o trabalho, comer, educar os filhos, estar com as pessoas que amamos. É possível incluir tudo no que chamamos de "prática espiritual" e integrá-la a todos os aspectos de nosso cotidiano. Acordar para um novo dia é um momento sagrado – uma oferta de novas possibilidades. Tudo é uma fonte potencial de apoio e despertar.

Durante muitos anos, valorizei o ensinamento do guru indiano Sri Nisargadatta, que disse: "A mente cria o abismo, o coração o atravessa." Esta famosa declaração é muitas vezes entendida como uma ilustração dos papéis díspares da cabeça pensante e do coração emocional e de como o amor é a ponte entre os dois.

Ao longo dos anos, cheguei a uma compreensão mais profunda do provável significado proposto por Nisargadatta. Segundo a tradição budista, mente-coração é uma entidade única. O abismo é formado quando afastamos a mente do coração. Como quando destacamos o ordinário do sagrado, eles aparecem como dois lados separados por uma lacuna. Nisargadatta nos lembra do espaço ilimitado de consciência que está além do pensamento e da emoção. Esse espaço não se separa. Quando mente e coração estão atentos, você vê tudo em detalhes, até mesmo os problemas, e tudo se resolve com amor e sabedoria.

É a isso que Rumi se refere em suas famosas linhas:

Para além das ideias de certo e errado
existe um campo. Eu me encontrarei com você lá.
Quando a alma se deita naquela grama,
o mundo fica preenchido demais para que falemos dele.
Ideias, linguagem, mesmo o termo "cada um" perdem o sentido.

Sim, há espaço entre cada respiração, entre cada pensamento, mas esse espaço na realidade os conecta. É um pouco como aquela imagem em que, dependendo do ponto de vista, se reconhecem uma idosa ou uma jovem. Está tudo lá, unificado, assim como coração e mente, sagrado e ordinário.

Quando a mente está atenta, focada, percebemos esse espaço e encontramos um lugar de descanso. Claude Debussy disse que "A música é o espaço entre as notas". O espaço em branco nesta página permite que seus olhos descansem das palavras. Na arte, o espaço em branco é tão importante quanto a própria imagem, pois ajuda a equilibrar a composição. Não importa quanta atividade, não importa quantas formas existem em nossa vida, há pausas e espaços em todos os lugares, convidando-nos a descansar.

Hoje em dia me permito penetrar nos vãos. Os espaços vazios não são o inimigo. As transições, os lugares intermediários na vida, são onde encontro paz e tranquilidade, o alívio da consciência pura, o ponto imóvel, a perspectiva que reconhece o sagrado em todas as coisas.

Preste atenção aos espaços. O sagrado pode residir no habitual. O descanso pode se dar no meio de tudo.

14

PRESENÇA CORAJOSA

Esperar até não ter mais medo para agir, escrever, falar, ser,
é como enviar mensagens num tabuleiro Ouija, reclamações
enigmáticas do outro lado.

— AUDRE LORDE

Quando o medo fala, a coragem é a resposta do coração.

Conheço Janet há vinte anos. Ela é minha aluna, minha amiga e uma lembrança viva da bondade básica do ser humano.

Anos atrás, Janet estava desfrutando de um churrasco no quintal com o marido, o amigo Albert e familiares. Olhando ao redor, não encontrou o filho de 3 anos, Jack, nem o filho de Albert, Daniel. Preocupada, ela falou que ia procurar os meninos. Mas o marido e Albert disseram: "Você não para. Sente um pouco com a gente. Relaxe." Eles garantiram que as crianças estariam bem, provavelmente brincando dentro de casa.

Minutos depois, todos ouviram um estrondo e um grito. Daniel veio correndo até os adultos. Janet saiu em disparada na direção contrária até a frente da casa, onde encontrou Jack deitado, quase sem sentidos, com a perna quebrada no meio da rua. O motorista que o atropelara havia fugido.

Janet tomou Jack nos braços. Todos se espremeram na caminhonete e foram para o pronto-socorro o mais rápido possível. Albert era médico, então trabalhou durante todo o trajeto para manter a respiração de Jack. Janet se sentia dominada pela culpa e pela vergonha, embora sua principal preocupação fosse o filho. Como ela deixara aquilo acontecer?, perguntava-se.

O acidente foi grave. Os médicos fizeram de tudo, mas no fim explicaram que os ferimentos que o menino sofrera na cabeça causaram danos cerebrais. O filho de Janet não sobreviveria. Quando as máquinas ligadas a ele foram retiradas, ele não reagiu.

Todos ficaram em choque, paralisados e incrédulos. Janet abraçou o filho e o embalou com uma doce canção de ninar, como fizera tantas noites enquanto o colocava para dormir. Não haveria despertar daquele sono.

Horrorizados, os pais voltaram para casa pouco antes do amanhecer. A estrada acompanhava um riacho. Janet notou a lua cheia refletida na água. Esse contato com algo fora de si mesma a ajudou a sentir uma parte profunda e clara de seu ser, uma consciência tranquila que interrompeu, por um momento, o processo de culpa, pesar e incredulidade. Ela ouviu uma voz interior lhe dizendo: "Se eu vou honrar a vida de Jack, não posso deixar que esse acidente me destrua."

Ainda assim, no dia seguinte, quando a polícia telefonou para confirmar o atropelamento, seu corpo inteiro foi tomado pela raiva. Então, às 11h da manhã, ocorreu outra mudança. Alguém bateu à porta. Do outro lado, um homem mais velho, um estranho. Instintivamente, Janet compreendeu que era o motorista que fugira. Por um momento, a angústia no rosto dele dissolveu sua raiva, e a mãe de luto convidou o estranho a entrar em sua casa.

O poeta Henry Wadsworth Longfellow escreveu certa vez: "Se pudéssemos ler a história secreta de nossos inimigos, encontraríamos na vida de cada um sofrimento e dor suficientes para desarmar toda hostilidade."

O motorista pediu desculpas, admitiu sua responsabilidade e explicou que não sabia que o carro tinha atingido uma pessoa. Mais uma vez, a orientação de Janet falou com ela com um resquício da força interior da última noite. Ela olhou para o homem e, sem nenhuma falsa simpatia, falou: "A morte de Jack é uma responsabilidade que nós quatro, adultos, compartilhamos."

Janet e o homem que acidentalmente matara seu filho conversaram por mais algum tempo. Janet chorou ao falar de como ela, o marido e o amigo ficaram preocupados, mas não vigiaram direito o menino. O motorista explicou que a filha ia se casar e que ele estava correndo para o ensaio do casamento. Janet se convenceu de que tinha sido um momento de distração de todos que levara àquele desastroso desfecho. Um instante de desatenção, nada mais.

Temos a tendência de preferir o mais simples, aquilo que organiza as incertezas da vida. Queremos que os acidentes sejam colocados sob o controle humano. Queremos que alguém seja responsabilizado. Queremos que o cruel e o impossível sejam compreendidos, de modo a aliviar nosso sentimento de desamparo. Mas a vida nem sempre se apresenta de maneira correta ou razoável. A verdade é que raramente estamos no controle das catástrofes, das voltas e reviravoltas do destino, muito menos de nossa morte.

Em sua humildade, Janet compreendeu que só poderia se salvar daquele horror inexplicável aceitando-o. Ela disse a si mesma que, para não viver cheia de vergonha e culpa, precisava assumir sua parte da responsabilidade. Em vez de "É tudo culpa minha" ou "É tudo culpa dele", ela encontrou um meio-termo.

Haveria ainda anos de luto pela frente, de dor, de raiva em relação ao motorista, em relação a ela mesma e até mesmo a Jack, por ter morrido. Era preciso coragem para enfrentar tudo isso. Mas Janet entendeu a importância de encarar o sofrimento caso quisesse voltar a ter uma boa vida um dia. Sua pequena comunidade rural a ajudou. Num dia, um ramalhete de flores aparecia em sua porta; no outro, uma cesta de ovos frescos.

Janet me contou mais tarde que vivenciar o sofrimento a abriu para um novo nível de amor. Por um tempo, ela viveu com medo da absoluta fragilidade da vida, avisando outras jovens mães dos perigos que os filhos corriam. Com o tempo e cuidado, no entanto, seu coração se regenerou. Sua relação com a fragilidade da vida se transformou, dando origem à gratidão e à sensação de vividez. Ela passou a não rejeitar nada.

Seu casamento não sobreviveu ao trauma da morte de Jack, mas Janet, sim. Ela se tornou uma das melhores profissionais de cuidados paliativos que conheço e ensinou centenas de voluntários e familiares a conviver com a tristeza e acompanhar a morte. Ela é a pessoa que sua comunidade chama para ficar ao lado de pais quando ocorre alguma morte súbita ou traumática de crianças. Jack tornou tudo isso possível. Que garotinho poderoso, que fez tanta diferença em tantas vidas!

Os antigos textos budistas se referem aos "grandes e corajosos bodisatvas", seres que, como Janet, têm a força de suportar o sofrimento que pode nos colocar de joelhos. Não é que essas pessoas não tenham medo, mas elas são capazes de manter uma presença corajosa apesar dele. Elas se abrem para o medo e estão dispostas a enfrentá-lo, aprender com ele, ser transformadas por ele. Desse modo, o medo funciona como um catalisador, uma entrada para a compaixão e um caminho para a transformação.

As ações de Janet diante do luto e da dor inimaginável nos mostram que a presença corajosa não é apenas para os raros bodisatvas, soldados valentes e Madres Teresas de nosso mundo. As pessoas comuns colocam em prática a presença corajosa de pequenas e lindas maneiras todo dia.

Conheço um homem corajoso chamado Julio, que é assistente de enfermagem em um grande hospital metropolitano. A função de Julio é limpar a sala de emergência. Após o pandemônio de uma emergência na qual a equipe médica tentou em vão ressuscitar um paciente, é a vez dele de agir.

Julio entra em silêncio e passa um momento analisando o caos com os olhos e os ouvidos, percorrendo a sala para definir o que precisa ser feito. Então seu olhar gentil se dirige ao paciente. Ele se aproxima, se inclina respeitosamente e sussurra: "Você morreu. Está tudo bem agora. Vou me esforçar ao máximo para limpar toda a poeira e confusão."

Assim que Julio organiza a sala, fecha as gavetas do carrinho da emergência, recolhe gazes e limpa manchas, ele lava as mãos e então começa a banhar o paciente. Às vezes alguém vai apressá-lo, mas Julio não se importa. Sabe que a equipe do hospital conhece e respeita seu trabalho. Ele demora o tempo que for preciso para honrar o morto.

A disposição de enfrentar o medo é um ato de coragem.

O medo é tanto uma construção psicológica como uma função biológica de estímulo/resposta que envolve a liberação de adrenalina e cortisol na corrente sanguínea, o aumento da frequência cardíaca, a tensão de determinados músculos, arrepios e dilatação das pupilas. O medo é uma reação humana normal, com frequência uma resposta necessária diante de uma ameaça.

Falamos de medos racionais e irracionais. Mas todo medo é subjetivo. O que me deixa apenas nervoso, como a possibilidade de um terremoto terrível na Califórnia, pode gerar pânico em outra pessoa. O que faz você se encolher aterrorizado, como uma aranha, pode não me causar qualquer apreensão. O medo pode surgir da percepção exata ou de uma visão completamente distorcida de uma situação.

O medo dos tigres-dentes-de-sabre é real – ou, pelo menos, era quando esses animais existiam. Agora esse medo só sobrevive em nossa imaginação. Ainda assim, podemos nos assustar com o pensamento de que estamos sempre sendo caçados ou de que devemos nos esconder ao cair a escuridão para nos mantermos seguros. Podemos até nos preocupar com o possível retorno de verdadeiros tigres-dentes-de-sabre no futuro.

O medo não precisa se basear na realidade para ter impacto sobre nós. Não importa qual é a sua causa, ele ainda parece real. Dito isto, é melhor não tratar o medo como uma verdade absoluta.

É razoável querermos proteger a nós e aqueles que amamos, mas, quando somos movidos apenas pelo medo, deixamos de usar o bom senso e tomamos decisões imprudentes. Ficamos cada vez menos dispostos a assumir riscos e a enfrentar conflitos ou desaprovações, e podemos até ficar submissos. Viver com medo pode estreitar nossa perspectiva, limitando a vida ao que é confortável e familiar.

Para alguns, o medo se manifesta fazendo-os participar de atividades perigosas, de alto risco, e testar os próprios limites ou a lealdade dos outros. Para mascarar o medo ou negar seu impacto, podem até se tornar agressivos. Quando o foco é apenas a superação do medo, não há descanso.

Seja na forma de submissão ou rebelião, no fim o medo não tratado é um exílio autoimposto, uma prisão criada por nós mesmos.

Sempre haverá coisas que nos assustam. É tolice imaginar o contrário. Tenho muito medo. Meu medo se revela na dúvida de mim mesmo, na procrastinação, na dificuldade em confiar e na busca de conforto nos outros. Não adianta querer se livrar do medo; o importante é se libertar do bloqueio que ele causa em nossa vida e aprender a enfrentá-lo com uma postura corajosa.

Quando Gabe tinha 5 anos, começou a ter medo de monstros no armário. Uma noite, quando ele estava com dificuldade para dormir, deitei na cama com ele e puxei as cobertas acima de nossas cabeças para que pudéssemos nos esconder dos monstros.

– Você acha que eles estão lá agora? – perguntei com sinceridade.

– Sim, pai. Eles estão no armário – garantiu Gabe, de olhos arregalados.

– Você acha? Quer conferir?

– Não! – respondeu ele, puxando ainda mais as cobertas.

Tentei manter uma atmosfera lúdica e confortável enquanto ficamos sob as cobertas rindo por algum tempo. Depois, perguntei:

– Tem certeza que você não quer ir ver? Nós poderíamos trazer os travesseiros para nos proteger.

– Está bem – concordou ele.

Então pegamos os travesseiros, nos abaixamos e rastejamos até o armário. Abri a porta só um pouco e a fechei depressa. Repeti isso diversas vezes, fazendo minha cena: olhar dentro do armário em busca de monstros, em seguida rastejando de volta em segurança. Isso fez Gabe rir.

Depois de um tempo, abri bem a porta e joguei todos os travesseiros dentro do armário. Algumas coisas caíram no chão – um par de tênis, uma bola de futebol, uma caixa vazia – mas não monstros. Gabe começou a rir sem parar. Quanto mais ele ria, mais relaxada a atmosfera se tornava e mais curioso ele ficava, até que ele teve coragem de explorar o que havia lá dentro. Lentamente, seu medo se dissipou.

Gabe não teve mais medo de monstros depois disso. Ele não precisava ter medo deles, porque os tinha enfrentado. Se eu tivesse lhe dito "Não, não seja bobo. Não há monstros no seu armário. Agora vá para a cama" e desligado as luzes, ele teria que acreditar no que eu estava dizendo. Desta forma, ele mesmo percebeu que os monstros não existiam, que eram apenas invenção da sua cabeça.

No fim das contas, as coisas não são tão diferentes para nós, adultos. Os monstros que enfrentamos podem parecer maiores, mais feios e mais desafiadores do que aqueles que viveram nos armários de nossa infância, mas, assim como Gabe, nossos medos se resumem a histórias que contamos a nós mesmos.

Aprender com o medo e tirar proveito dele proporciona certa liberdade interior. Logo percebemos que viver com medo significa ter pouca confiança na realidade e nos enxergar como seres à parte, fora do todo. Nos círculos budistas, o eu isolado às vezes é chamado de "corpo de medo". Ele toma a forma física de uma capa de tensão ao nosso redor, que enrijece o corpo e reforça as defesas contra o medo. Com isso, a mente fica rígida e confusa. O coração se fecha.

Ao lidar com o medo, é útil distinguir nosso estado emocional do objeto do medo. Quando ficamos obcecados com aquilo que tememos – insetos, roubo de identidade, rejeição, terrorismo, falar em público –, evitamos o contato com a emoção em si. Da mesma forma que os monstros no armário, o que tememos pode nem existir, mas a atenção voltada para o que nos assusta transforma a ilusão em realidade.

Quando entendemos a diferença entre a emoção e o objeto, conseguimos compreender nosso papel no processo e, com isso, começar a escapar da opressão. Relaxamos e aprisionamos temporariamente o medo no refúgio do corpo, tendo como apoio uma respiração regular que nos permita analisar as atividades mentais – as crenças, as suposições, as memórias e as histórias que são a base do medo. Dessa forma, podemos começar a diminuir nossas reações irrefletidas.

Quando criança, eu era mandado para a sala do diretor com bastante frequência. Na minha escola, isso geralmente significava que o aluno havia aprontado. No meu caso, no entanto, eu sabia que o problema não era meu comportamento: minha mãe ligava com frequência para a escola pedindo que eu voltasse para casa.

Em geral, ela queria minha ajuda porque estava tendo dificuldade para respirar devido ao enfisema. Ao chegar, eu a encontrava na varanda dos fundos, ofegante. Eu pegava os inaladores, ajudava a melhorar um pouco sua respiração e a deixava confortável enquanto preparava o nebulizador. Quando sua dificuldade para respirar aumentava, eu buscava o tanque de oxigênio. Curiosamente, eu não tinha medo de seu estado de saúde ruim nem de ajudá-la nesses procedimentos médicos.

Outras vezes, quando meus pais bebiam muito, minha casa virava um lugar de medo. Mamãe falava em suicídio e papai podia ficar violento. Não dava para prever que situação eu encontraria ao entrar pela porta da frente. Lembro-me do frio da maçaneta enquanto eu girava o pulso devagar para abri-la, do rangido das dobradiças, do esforço necessário para abrir a porta e da coragem para atravessar a casa. Eu vasculhava os cômodos com apreensão. Podia encontrar o fogão aceso. Podia encontrar minha mãe desmaiada no chão do porão. Minha mente ficava hipervigilante, e meu corpo, tenso.

Muitos anos depois, quando comecei a meditar, um professor me ensinou a manter a atenção em todas as atividades. A ideia era diminuir os comportamentos automáticos e aumentar a capacidade de estar presente. Um exercício enfatizou a atenção cuidadosa que as pessoas dedicam à maneira como abrem e fecham a porta quando entram em um novo espaço. Fiquei adepto dele. Percebi que conseguia manter a consciência desde a aproximação, sentindo a temperatura da maçaneta e depois o peso da porta, até abri-la com determinação. Mas, em termos emocionais, eu estava ausente.

Foi então que comecei a treinar sentir tanto o meu corpo como a maçaneta quando fazia uma pausa antes de abrir a porta. Senti uma fisgada na barriga e uma inquietação que pareciam não estar relacionadas com a tarefa em questão. De repente, comecei a chorar tanto que não consegui passar pela porta.

O professor me ajudou a fazer a ligação com o medo que eu tinha sentido na infância. Ele explicou que não era surpresa que eu tivesse tal reação ao exercício, considerando minha criação.

Abrir portas virou um exercício essencial na minha vida por um tempo. Aos poucos, com a prática, a atenção plena substituiu a hipervigilância e contribuiu para o processo de cura das minhas velhas feridas. Uma maneira de expressar a presença corajosa é pela prática consciente de tocar com benevolência e ternura aquilo que antes tocamos apenas com medo.

Há três tipos de coragem fundamentais para viver de maneira plena, enfrentar a morte e descobrir a verdadeira liberdade: a coragem guerreira, a coragem de um coração forte e a coragem da vulnerabilidade.

A imagem mais comum da coragem guerreira está relacionada à bravura em situações de emergência ou de perigo. Podemos pensar em soldados que demonstram vigor e persistência por conta de seu treinamento, de suas crenças e da adrenalina em estado puro que lhes permite assumir riscos, superar o medo ou, ao menos, não se deixar paralisar por ele. Médicos e profissionais de saúde recebem um tipo semelhante de treinamento para superar a exaustão. Para algumas pessoas, o simples ato de se levantar da cama pela manhã requer uma coragem de guerreiro. Para outras, ela é invocada quando surgem turbulências emocionais – como quando começam num novo emprego, ou precisam conviver com doenças crônicas, depressão e desespero. Para a maioria das pessoas, o cotidiano exige certo grau de coragem. Coragem pode ser a escolha de fazer o que acreditamos ser certo.

A coragem guerreira saudável é motivada pela honra, lealdade aos companheiros, serviço ou compromisso e é equilibrada pela inteligência. No entanto, ela tem também um lado sombrio, pois pode ser despertada pela vergonha, pela coerção, pela necessidade de controle ou pelo desejo de obter aprovação, o que leva a uma posição defensiva e a um falso senso de invulnerabilidade.

Quando eu estava avançando na prática budista, ouvi falar muito sobre "guerreiros espirituais", cujos exemplos eram histórias transmitidas a partir das tradições asiáticas. Os textos budistas são repletos de imagens de campos de batalha, daí a sugestão feita num deles para que a pessoa se imagine cercada por um exército de 10 mil soldados. Diz-se que conquistar esse exército é mais fácil do que domesticar a mente. Para mim, esses ensinamentos não funcionam. Acho que imagens desse tipo estimulam esforço e rejeição consideráveis. Elas têm um valor limitado e pouco ajudam quem tem mágoas por se autocriticar demais e por odiar a si mesmo.

No entanto, há um lugar para a coragem guerreira em nossa vida e na prática de meditação. Ela nos ajuda a permanecer firmes diante da dificuldade, a encarar o sofrimento, a arriscar-se no desconhecido e a enfrentar a ignorância. Ela impede que sejamos seduzidos pelos hábitos da complacência e da atração pela incerteza.

A história do samurai e do monge a seguir ilustra a integridade e a inabalável coragem guerreira necessárias para liberar nossos apegos e enfrentar o medo.

O samurai sobe a montanha para chegar ao pequeno templo. Lá, encontra um monge sentado em meditação. De modo autoritário, vira-se para ele e ordena: "Monge, ensine-me sobre o céu e o inferno!"

O monge olha para o guerreiro e responde com absoluto desdém: "Ensinar sobre o céu e o inferno a você? Eu não conseguiria lhe ensinar nada. Você é ignorante, desprezível, uma desgraça para a classe samurai. Desapareça da minha frente!"

O samurai fica furioso. Dominado pela raiva, puxa a espada e se prepara para matar. Olhando direto nos olhos do samurai, o monge diz: "Isto é o inferno." O samurai congela, reconhecendo a compaixão do monge, que arriscou a vida para lhe dar aquela lição. O guerreiro abaixa a espada e se curva com respeito e gratidão. Então o monge explica: "E isto é o céu."

Ser destemido não significa eliminar, ignorar ou afastar o medo; trata-se de desenvolver a capacidade de estar corajosamente presente com os nossos estados da mente e do coração mesmo quando enfrentamos o terror.

A coragem do coração nos pede que baixemos nossas defesas. É a coragem de sentir, permitir que tanto a beleza quanto o horror nos toquem. Ela exige um tipo diferente de destemor, que requer tanta – ou talvez mais – paixão do que a coragem guerreira. Encontramos esse tipo de coragem quando nos mantemos do lado da verdade de nossa experiência, quando não a rejeitamos, mas enfrentamos o que está bem aqui e agora.

A coragem de um coração forte ativa uma receptividade destemida em relação ao que está acontecendo e cria um espaço para que possamos reconhecer, explorar e integrar o medo. Esse tipo de coragem nos leva a desenvolver uma profunda compaixão pelo sofrimento de todos os seres. Nós percebemos que todo mundo tem medo e, como os bodisatvas, nos solidarizamos com o outro.

Com tanta violência nos noticiários, é fácil perder as corajosas histórias de corações fortes não abordadas pela imprensa. Jencie Fagan, professora de ginástica de Nevada, arriscou a vida para deter um garoto de 14 anos que um dia foi à escola com uma arma. Ele entrou no pátio e disparou três vezes. A primeira bala atingiu um colega no braço. Uma menina ficou ferida no joelho quando a segunda bala ricocheteou no chão. A terceira bala, felizmente, não atingiu ninguém.

Jencie se aproximou devagar do garoto, caminhando até ficar de frente para ele e sua arma. Depois de conversar com o menino por um tempo, convenceu-o a baixar a arma. A coragem guerreira teria parado aí – no ato inegavelmente corajoso, que, com certeza, salvou vidas.

Mas Jencie demonstrou ter a coragem do coração forte quando surpreendeu a todos abraçando o atirador. Ela garantiu ao garoto que não o deixaria sozinho e o acompanhou até a delegacia e durante todo o processo legal, para se certificar de que ele estaria seguro.

Mais tarde, quando lhe perguntaram por que ela agira com tanta compaixão em relação ao atirador, Jencie respondeu: "Acho que qualquer outra pessoa teria feito isso. Eu olho para os alunos como se fossem meus filhos."

A vulnerabilidade, o terceiro tipo de coragem, é a porta de entrada para as dimensões mais profundas de nossa natureza interior. De modo geral, associamos vulnerabilidade a fraqueza, a exposição emocional e a suscetibilidade a injustiças: magoar-se, ser ferido. Temos pavor dela e queremos evitá-la a todo custo. Mas ela não é só uma maldição; ela é uma bênção.

A coragem da vulnerabilidade nos permite sentar com um amigo que perdeu o filho, sentir sua dor e ouvi-lo sem julgamentos. Graças à vulnerabilidade, podemos reconhecer o medo de iniciar um novo empreendimento, de contar sobre um divórcio e de reagir ao anseio de engravidar novamente depois de um aborto.

Vulnerabilidade não é fraqueza; é não erguer barreiras. A ausência de defesas nos deixa abertos à experiência. Ficamos mais transparentes e nos tornamos sensíveis aos milhares de sofrimentos e de alegrias desta vida. Se não estivermos dispostos a ser vulneráveis à dor, à perda e à tristeza, ficaremos insensíveis à compaixão, à alegria, ao amor e à bondade básica.

Existe um estado mais vulnerável do que o amor? Ele é cheio de risco, incerteza, intensidade, intimidade, conflito e verdade. A coragem de amar exige vulnerabilidade. Ser vulnerável significa ser sensível, impressionável, mais receptivo ao outro e à própria orientação interna. Reconhecemos que o controle total é uma ilusão, percebemos que o sofrimento é inevitável e somos convidados a soltar as rédeas e explorar o inexplicável e o imprevisível.

A coragem da vulnerabilidade abre a porta para a invulnerabilidade da nossa natureza. Essa invulnerabilidade não é inabalável nem imune aos altos e baixos da vida. Em nossa cultura, ela costuma implicar uma postura antiemoção, uma falsa sensação de impenetrabilidade, como se o corpo não pudesse morrer nem ser ferido. Porém a invulnerabilidade de nossa natureza significa abertura, uma vastidão indefesa na qual recuamos e permitimos que os ventos do medo soprem através de nós. Não há lugar para o medo se fixar, nenhum terreno no qual pousar. Podemos abandonar a luta, relaxar os esforços desnecessários e descansar. Reconhecemos que não estamos separados de nada nem de ninguém. O medo desaparece quando percebemos que nossa essência não se danifica, nunca fica doente e nunca morre.

Na noite anterior à minha cirurgia de peito aberto, fiquei agitado, cheio de temores sobre uma possível invalidez, em dúvida sobre a necessidade do procedimento e remoendo perguntas intermináveis.

Minha amiga Sharda, que é professora de meditação budista, chegou para me ver, mas não tinha as respostas.

Ela sentou ao meu lado, segurou a minha mão e quase não falou. Ficamos calados por um bom tempo, sozinhos no quarto do hospital. De vez em quando, eu dizia que estava com medo da cirurgia e de morrer. Ela assentia com a cabeça, dizia "Sim" e voltava a ficar em silêncio.

Ela exalava amor, e isso funcionou como um espelho para a parte mais profunda de mim, uma parte maior do que o meu medo. Em seu rosto, eu via um reflexo de minha própria natureza amorosa.

Existe um dinamismo que acontece entre duas pessoas. Depois de uma briga, dá para sentir a negatividade e a tensão no ambiente. O mesmo vale para a circunstância oposta: você sente uma presença corajosa.

Sharda não ficou por muito tempo, talvez meia hora. Então, ela se levantou calmamente e disse:

– Preciso ir para casa.

– Sim, eu sei – falei.

– Eu te amo.

– Sim, eu sei.

E então ela saiu.

Depois dessa visita, fiquei tranquilo, confiante na cirurgia, de bem com o mundo. A gratidão mantém a sensação de bem-estar. Eu me senti conectado às outras pessoas que poderiam estar sofrendo naquela noite e fui além do medo que tinha me atormentado.

Dormi bem naquela noite. De manhã, quando foram me buscar, eu estava relaxado. Meu filho Gabe e minha esposa, Vanda, empurraram minha maca até a entrada do centro cirúrgico. A serenidade me acompanhou no restante do caminho.

Entrar em um estado de vulnerabilidade nos abre às sensações de prazer e de dor corporais, às emoções e à percepção dos pensamentos. Não é fácil sentir tudo isso nem enfrentar a causa de nosso sofrimento, que é acreditar em nosso ego rigidamente construído. Mas a capacidade de ser vulnerável também nos permite experimentar todos os níveis da realidade. Percebemos quão permeáveis somos de fato, que nossa identidade não é fixa e nada na existência é permanente. Compreendemos o vazio de nossas compulsões e fixações. Indefesos e vulneráveis, estamos abertos a tudo isso, a todas as possibilidades da existência humana, inclusive as dimensões mais sutis e profundas do ser. Portanto, paradoxalmente, a coragem da vulnerabilidade nos leva à abertura da completa invulnerabilidade.

Para conhecer o medo, não basta buscar fatos. Para transformar o medo em presença corajosa, precisamos de amor. Uma das professoras mais importantes que tive, a especialista em sofrimento Elisabeth Kübler-Ross, costumava afirmar que havia apenas duas emoções primárias: o amor e o medo. Não tenho certeza se é tudo assim tão simples, mas acredito que o amor e o medo são dois lados da mesma moeda. O medo é o lado retraído; o amor é o expansivo.

Podemos fazer amizade com o medo? Podemos enfrentá-lo com atenção plena, envolver com uma forte compaixão o sofrimento que ele causa e cultivar a serenidade amorosa que nos permitirá permanecer com ele? Se isso for possível, então seremos capazes de descansar, ainda que com medo.

Ram Dass disse uma vez: "Depois de muitos anos fazendo psicanálise, ensinando psicologia, trabalhando como psicoterapeuta, tomando remédios, viajando para a Índia, agindo como iogue, tendo guru e meditando, até onde sei, eu não me livrei de nenhuma neurose. Nenhuma. A única coisa que mudou é que as neuroses não me definem mais. Invisto menos energia em minha personalidade, por isso é mais fácil mudar. Minhas neuroses já não são monstros enormes. Agora elas são pequenos monstrinhos que eu convido para o chá."

Escolher o amor em vez do medo revela confiança na benevolência, na bondade básica da realidade e em algo maior do que o medo. Porém, para acolher o medo, precisamos nos sentir seguros.

Donald Winnicott, pediatra e psicólogo inglês de renome, desenvolveu o conceito de relação com o ambiente e de "mãe suficientemente boa" que é fundamental para a teoria do apego na psicanálise contemporânea. Ele entendia a figura materna como pré-requisito para o desenvolvimento saudável da criança – amar o bebê de tal maneira que ele se sinta sempre cuidado, seguro, compreendido e amado. Quando uma criança é cuidada dessa forma, ela desenvolve uma confiança que depois é estendida para suas outras relações. Se os cuidados forem insuficientes, a criança provavelmente terá reações mais irracionais ao lidar com o mundo, pois verá o ambiente com desconfiança.

Observe como uma criança que tem uma ligação saudável com o principal cuidador interage com o mundo. Quando há uma boa sustentação em sua vida, a criança se aventura. Talvez ela tente andar e leve um tombo, mas então a figura materna a abraçará e a encherá de amor para que ela tente de novo. A cada tentativa o pequenino se enche de coragem para se aventurar além do limite anterior.

Alguns dias depois do nascimento de Gabe, percebi a importância de lhe oferecer esse apoio, essa sustentação. De repente, ele começou a chorar descontroladamente. A mãe tentou tudo para confortá-lo, mas acabou ficando exausta. A parteira e uma amiga que criara quatro filhos foram chamadas para ajudar, mas também não conseguiram consolá-lo.

Por fim, eu disse: "Sei que sou homem, mas deixe-me tentar uma coisa." Recostei Gabe em meu peito e o levei para fora, ao ar livre. Lá, respirei fundo e sussurrei: "Eu te amo, você sabe. Sempre vou te amar." Então cantei para ele a música que eu cantava quando ele ainda estava na barriga da mãe.

Foi um contato simples, mas muito íntimo com meu filho, tão profundo quanto qualquer experiência em meditação. De certa forma, emprestei a ele o meu sistema nervoso. Eu não estava aflito. Não estava incomodado com a angústia dele. Não censurei a maneira como ele se sentia. Apenas o abriguei na segurança dos meus braços e do meu peito, deixando que seu incômodo transbordasse e desaparecesse no ar e que ele se acalmasse e adormecesse.

Visualize a própria consciência como sendo esse ambiente onde há sustentação. Imagine que o primeiro passo na meditação é estabilizar a postura, prestar atenção ao corpo e à respiração e só então evocar a atenção amorosa como forma de estimular a confiança. Às vezes, quando medito, gosto de imaginar que sou minha própria "boa mãe". De vez em quando, repito a frase do ensinamento budista sobre a bondade amorosa: "Assim como a mãe arrisca a vida para proteger seu único filho, o coração sem limites deve cuidar de todos os seres vivos, espalhando amor pelo mundo."

Acredito que, quando sentimos segurança no ambiente de consciência ao nosso redor, permitimos que o medo, a dor e o erro se revelem e sejam tratados sem críticas para que possam ser curados. Sentimos o apoio e a coragem para irmos além de nossas crenças limitadoras. Com isso, enfrentamos com dignidade situações aparentemente impossíveis, como a nossa própria morte ou a de uma criança. A consciência é o nosso lugar de repouso.

O QUINTO CONVITE

Cultive o não saber

A mente é como um paraquedas:
não funciona se não estiver aberta.
– THOMAS ROBERT DEWAR, citado por Frank Zappa

Os *koans* do zen são histórias, diálogos ou frases destinados a nos ajudar a lidar com problemas. Eles muitas vezes parecem contraditórios, mas a intenção não é criar enigmas. Pelo contrário, o objetivo é nos ajudar a melhorar a intuição, dissolvendo as formas comuns de ver o mundo e nos impulsionando para a experiência direta.

O *koan* "Cultive o não saber" pode parecer confuso no início. Por que tentaríamos ser ignorantes? Contudo, não se trata de um incentivo a que se evite o conhecimento. O não saber é caracterizado pela curiosidade, pela surpresa e pela admiração. Ele é receptivo e está sempre pronto para enfrentar o que surgir.

Antes de eu ser submetido à cirurgia de peito aberto, meu filho Gabe, que estava com quase 30 anos na época, me visitou na unidade coronariana do hospital. Tivemos uma conversa agradável, repletas de boas lembranças. Compartilhamos histórias cheias de amor, bondade e risos.

Num certo ponto, Gabe parou de falar e ficou sério.

– Pai, você vai sobreviver a essa cirurgia? – perguntou.

Amo meu filho demais e, como todo pai, queria tranquilizá-lo e garantir que eu sobreviveria, que ficaria bem. Mas fiz uma pausa para procurar a resposta e sentir minha experiência antes de responder. Então uma frase saiu sem eu pensar:

– Não tenho preferência.

Minha resposta surpreendeu nós dois. O que eu quis dizer foi que não escolhia nem a vida nem a morte. Confiava em que tudo ficaria bem de qualquer forma. Não sei de onde vieram aquelas palavras; elas saíram de mim sem censura. Não estava tentando parecer sábio ou um bom budista. No entanto, ambos ficamos reconfortados com a resposta. Acho que foi porque reconhecemos a verdade expressa com amor. Nós nos abraçamos e Gabe foi para casa com a promessa de voltar pela manhã.

Nossa capacidade de lidar com as questões do dia a dia se fundamenta em nosso conhecimento e na habilidade de refletir sobre os problemas. Acumulamos informações pela experiência, treinamos temas específicos para fazermos bem o nosso trabalho. Tudo isso é útil e necessário para passar pela vida com tranquilidade.

A ignorância costuma ser vista como falta de informação. Infelizmente, ela é mais do que apenas "não saber". Significa que sabemos alguma coisa, só que errada. Ignorância é erro de percepção.

O não saber vai além do saber e do desconhecer. Ele é muito mais do que as ideias convencionais sobre conhecimento e ignorância. É a "mente do principiante" a que o mestre zen Suzuki Roshi se referiu quando disse: "Na mente do principiante há muitas possibilidades, mas na mente do especialista há poucas."

O não saber não é limitado por agendas, papéis e expectativas. Ele é livre para descobrir. Quando estamos plenos de conhecimento e a cabeça está cheia, o pensamento fica restrito e a capacidade de ver o quadro mais amplo se limita, bem como a habilidade de agir. Só vemos o que o conhecimento nos permite ver. A pessoa sábia é ao mesmo tempo compassiva e humilde, além de ciente de que não sabe.

Quando entramos em uma situação munidos do não saber, estamos dispostos a encará-la sem apego a uma determinada visão ou a um dado resultado. Não descartamos o conhecimento – ele está sempre lá, pronto para nos ajudar caso seja necessário –, mas abrimos mão do controle e de ideias fixas.

O não saber é um convite a entrar na vida com olhos renovados, a esvaziar a mente e abrir o coração.

15

A HISTÓRIA DO ESQUECIMENTO

A memória é uma coisa complicada; ela é parente da verdade,
mas não sua irmã gêmea.

— BARBARA KINGSOLVER

Leroy estava com uns 75 anos quando nos conhecemos. Tinha sido operário a maior parte da vida adulta, principalmente em usinas siderúrgicas. Alto, negro e imponente, Leroy estava acostumado a conseguir o que queria. Agora, estava com câncer de pulmão e metástases cerebrais e perdia a lucidez.

Uma noite, eu estava em seu quarto dando-lhe de comer quando ele gritou: "Lucinda, traga mais molho! Você sabe que adoro seu molho. Vou encher essas batatas com ele e mandar tudo para dentro." Levei um minuto para perceber que ele não falava com a enfermeira, e sim com outra mulher: a falecida esposa.

No momento seguinte, estávamos em seu Pontiac 1953 cruzando uma estrada rural. Leroy dirigia como um louco e gritava para que eu aumentasse o volume do rádio.

Acompanhar Leroy em sua viagem imaginária foi divertido no início, mas depois me deixou assustado. Talvez a desorientação dele tenha desencadeado meu medo de um dia passar pelo mesmo problema. Mas parece que foi mais do que isso. Acho que teve a ver com o fato de ele não me reconhecer. Não saber onde eu me encaixava teve um impacto perturbador em meu senso de realidade. Comecei a pensar que deveria lembrar Leroy de que ele era um paciente da casa de repouso e de que não estávamos em seu carro. Eu só queria sair dali.

Do alto-falante veio um aviso: "Dr. Jeffrey, seu carro está bloqueando a entrada. Por favor, apresente-se na zona de carga e descarga."

Virei-me para Leroy e menti. Menti descaradamente, dizendo que estavam me chamando para tirar o carro. Fui embora como um raio.

Quando me dei conta daquele comportamento ridículo, eu já estava no estacionamento. Permiti que o desconforto me consumisse.

É complicado ficar ao lado de pessoas que estão confusas, porque temos a expectativa de que as pessoas façam sentido. A aparente irracionalidade e a ausência dos padrões sociais esperados são perturbadoras.

Temos tamanha identificação com o que parece racional que a ideia de perder o controle é assustadora para a maior parte das pessoas. Então, por medo, nos distanciamos até mesmo daqueles que amamos.

Dessa forma, podemos ficar frustrados quando, por exemplo, nossos pais com Alzheimer se esquecem de tomar os remédios. Ou desconsiderar as preocupações de alguém que sofreu um AVC apenas por não conseguir compreender as palavras da pessoa. Ou não tentar conversar com alguém que está acamado no hospital porque presumimos que ele não vai compreender.

Minha tia Mimi estava com 80 anos quando a visitei em uma casa de repouso. Uma série de pequenas isquemias e os efeitos crescentes da demência relacionada à idade a deixaram bastante desorientada. Inclinada na cadeira de rodas, ela sempre falava baixinho sozinha e às vezes tentava tirar o vestido. Ela me chamava por vários nomes: o do irmão, o de um professor ou de um colega. Era impossível termos uma conversa normal.

Num dado momento, fiquei curioso em saber por que tia Mimi nunca tinha se casado.

– A senhora teve algum amor secreto? – perguntei.

De repente, tia Mimi me olhou com imponência. Sentada em sua cadeira, ela cruzou os braços e pronunciou perfeitamente:

– Algumas perguntas são muito pessoais para serem feitas!

Surpreendido por seu repentino momento de clareza, eu só abanei a cabeça, concordando. Ficamos em silêncio depois disso, de mãos dadas ao longo da tarde.

Para entender a desorientação ou a confusão de outra pessoa, devemos começar por nós mesmos. Sentir como é difícil fazer contato com o outro é um excelente ponto de partida. Qual é a sensação de estar perdido, não saber o que está acontecendo, ser incapaz de se conectar?

Pensar nessa experiência com bondade e aceitação nos permite enxergar o isolamento daqueles que não conseguem se fazer entender. Somos levados a sentir empatia pela solidão e pelo medo deles. Captamos como é não ser capaz de "funcionar normalmente" e mesmo a vontade de esconder a doença de outros. Podemos compreender seus motivos em demonstrar ira ou em resistir aos esforços dos cuidadores.

Pessoas com Alzheimer ou demência são muitas vezes incapazes de controlar o próprio comportamento, mesmo quando se esforçam ao máximo. Isso significa que nem você nem elas podem evitar que os problemas surjam. No entanto, a atitude que você traz para o encontro pode afetar o comportamento delas. O bem-estar delas muitas vezes depende do seu. Se você estiver com pressa ou irritado, elas ficarão ansiosas e relutantes. Uma presença calma, acompanhada de um toque compassivo, pode muitas vezes ser a ordem em meio ao caos, um substituto para a estrutura interna que lhes falta. É quase sempre reconfortante ficar sentado em silêncio quando as pessoas estão nesse estado.

Pouco depois de levar a mãe com demência para morar com ela, Gillian entrou na sala de estar e encontrou seus amados livros, inclusive textos sagrados budistas, espalhados pelo chão.

– Cansei de todos esses livros velhos e empoeirados – falou a mãe. – Vou levar tudo para o meu dentista.

Por um instante, Gillian caiu na armadilha da raiva e repreendeu a cuidadora da mãe:

– Como você deixou isso acontecer?

A cuidadora não se envolveu no drama.

– Senhora, posso arrumar os livros hoje e desarrumar de novo amanhã. Se isso dá alguma sensação de controle a esta mulher que perdeu tanto, então para mim está tudo bem. Não é importante. Gosto de estar com ela.

Então Gillian percebeu quanto precisava estar no controle da situação, e isso permitiu que ela compreendesse o desamparo da mãe. Naquela mesma tarde, ela sentou no tapete da sala e ficou um tempo se divertindo com a mãe no meio da confusão.

No dia seguinte, ao voltar à sala, Gillian viu que a cuidadora tinha de fato posto os livros de volta nas prateleiras.

Quando passo um tempo com pessoas que têm Alzheimer ou algum outro tipo de demência, eu me esforço para olhar além da superfície e enxergar o indivíduo como um todo. Sento sem fazer nada, abro espaço para apenas estar presente, sem que nenhuma obrigação me atrapalhe. Eu me empenho para aceitar as pessoas e ouvi-las com o coração, evitando qualquer julgamento. Eu cultivo o não saber.

A partir daí, descubro que não preciso me preocupar com a lógica na linguagem. Também incorporo as emoções imprevisíveis que muitas vezes surgem. Por um tempo, os deuses da razão e da racionalidade não comandam a interação, o que é muito relaxante.

Isso me permite ver a natureza dos relacionamentos de uma nova maneira. Percebo que não somos seres isolados, reconheço a inseparabilidade e a interdependência. Sinto que estou me tornando mais humano.

Se você – como eu – às vezes fica sobrecarregado e ansioso e se afasta, seja gentil consigo mesmo. Afinal, somos todos humanos e cometemos erros. Respire fundo e sinta o próprio corpo. Ao cuidar de alguém com um quadro de confusão mental, enfrentamos nosso pior medo. É emocionalmente desgastante e fisicamente exaustivo, mas é também um momento de compaixão. Dedicar tempo e esforço a perdoar e a se autoaceitar é o que nos permite oferecer o mesmo aos outros.

O medo de perder a memória é comum. Acho útil e até reconfortante reconhecer que, na verdade, perdemos um pouco dela a cada instante.

Lembro que eu plantava rabanetes no jardim quando tinha 5 anos, e que quebrei uma costela, no ano seguinte, ao pular do telhado do galinheiro. Eu me lembro do teto abobadado do ateliê de cerâmica em cima da garagem onde meu pai lavava carros e dos potes coloridos de tinta com que eu me divertia. Ainda trago na memória o vestido branco da mamãe, mas queria me lembrar do seu cheiro. Existem, é claro, as recordações que eu gostaria de apagar, mas não consigo.

No mundo racional em que vivemos, temos uma fé inabalável na eficácia da razão. Ligamos pensamento claro a competência e valor. Associamos memória a exatidão, precisão a verdade e verdade a justiça. Quantas vezes você discutiu com seu parceiro sobre quem tinha razão quanto a determinada cena que descreviam do passado?

– Você usou um vestido vermelho em nosso primeiro encontro. Você estava linda – diz o marido.

– Obrigada, mas meu vestido era roxo. Sei porque escrevi em meu diário que roxo era a minha cor favorita – rebate a esposa.

– Mas dos sapatos de salto eu me lembro bem – emenda o marido. – Não dava para imaginar como você conseguia se equilibrar neles.

– Tenho certeza de que eu usei uma rasteirinha. Você deve estar pensando em outra namorada.

Na realidade, o esquecimento acontece a todo mundo. Não precisamos sofrer de algum tipo de demência para esquecer as coisas, embora isso naturalmente ocorra com maior frequência à medida que envelhecemos. Nós entramos distraídos em uma sala e depois nos esforçamos para lembrar por que entramos lá. Um breve lapso na memória faz com que nos atrasemos para uma consulta. As chaves do carro, uma piada que ouvimos outro dia, uma expressão em outro idioma – começamos a perder o controle de pequenos pedaços de conhecimento. E, então, mesmo o que costumava ser importante para nós começa a escapar: memórias que prezamos, nomes de pessoas que amamos. Esquecemos cada vez mais detalhes à medida que vivemos. Talvez seja isso que nos assusta tanto quando somos confrontados com o esquecimento de outras pessoas: reconhecemos que, além das recordações simples, nossa própria vida poderá ser esquecida.

O cérebro não é como um disco rígido de computador. A memória humana não é uma simples questão de "dados precisos entrando, dados precisos saindo". É um processo muito mais complicado, sutil e bonito. O próprio esquecimento faz parte do sistema: o que não é usado é apagado.

Os cientistas que estudam o cérebro falam da transitoriedade da lembrança – a maneira como o cérebro se livra das recordações não utilizadas para abrir espaço para as novas. Muitas vezes, pessoas com amnésia grave não conseguem formar memórias de curto prazo, apagam a informação quase imediatamente. Mas é fato que todo mundo limpa os armários do cérebro com regularidade.

Isso significa que a memória não é algo objetivo, fiel e exato, muito menos permanente. Ela é composta de construções maleáveis. Um estudo demonstrou que, cada vez que nos lembramos de algo, as redes cerebrais mudam de modo a alterar o registro do evento original. Como na velha brincadeira de telefone sem fio, pequenas imprecisões surgem sempre que algo nos volta à lembrança. Esses "erros" passam a fazer parte de nossa experiência. No fim, a recordação de um evento pode ficar tão imprecisa que acaba se tornando falsa.

Após a cirurgia cardíaca, tive perdas cognitivas significativas e também problemas de memória. Passei a esquecer fatos simples, a confundir nomes e a trocar as datas dos compromissos. Meus amigos enfermeiros disseram que esse é um efeito secundário comum para quem passa por uma cirurgia de ponte de safena e fica ligado por muito tempo à máquina coração-pulmão ou recebe anestesias de longa duração.

No começo, achei a perda de memória constrangedora. Eu batia com os dedos na cabeça, torcendo para que isso fizesse aflorar um pouco de conhecimento. Tentava esconder meus erros e ficava cheio de autocrítica quando entendia algo de maneira errada.

No fim das contas, consegui aceitar o esquecimento. Fiquei mais à vontade falando de forma sincera sobre a perda de memória, sem sentir vergonha ou culpa. Aceitei o fato de que provavelmente nunca serei tão sagaz quanto era antes do procedimento.

Na verdade, nem todo mundo é gentil comigo. Alguns amigos e colegas se irritam com minha perda de memória, minha incapacidade de compreender a referência acadêmica que eles fazem ou mesmo com minha necessidade de recorrer a anotações ao dar uma palestra. Eles querem o velho Frank de volta.

Faço questão de lembrar às pessoas que todo mundo sempre esquece algo. Nossas recordações estão constantemente sendo reescritas. A memória falha. Isso faz parte do processo de estar vivo. O melhor, então, é se concentrar em lembrar o que mais importa. Não os detalhes das datas ou conversas, e sim que somos amados e que somos capazes de amar. Só quando aceitamos sem restrições o desconhecimento e paramos de insistir em que a realidade seja diferente conseguimos relaxar em vez de sentir medo.

Quando a recordação é considerada verdadeira, ela não é questionada. Isso leva muitas vezes a suposições rígidas e pensamentos do tipo "ou tudo ou nada", o que pode interferir de modo não intencional em futuras decisões. Estimular a curiosidade e uma investigação aberta dessas suposições pode nos ajudar a descobrir novas maneiras de entender histórias antigas.

Uma mulher italiana muito doce chamada Rose ficou conosco no Zen Hospice Project. Ela entrou com um prognóstico de sete semanas de vida. Sete meses depois, ainda estava conosco.

Dia após dia, os voluntários descreviam a mesma conversa com Rose. Entravam em seu quarto e a cumprimentavam:

– Como está hoje, Rose?

– Eu só quero morrer – respondia ela, num tom resignado.

Isso se tornou uma espécie de piada recorrente na casa até que conversei com os voluntários:

– Não estamos levando Rose a sério – expliquei a eles. – Estamos rindo dela quando precisamos ouvir exatamente o que ela diz.

Na manhã seguinte, fui até a cama dela:

– Como está hoje, Rose? – perguntei.

– Eu só quero morrer.

– O que a faz pensar que morrer vá ser melhor?

Ela olhou para mim como se dissesse: "Que tipo de pergunta é essa para se fazer a uma mulher de 80 anos?"

– Sabe, Rose – insisti –, não há garantias de que vá ser melhor do outro lado.

– Bem, pelo menos eu sairia – respondeu ela.

– Sairia de quê? – perguntei.

Essa pergunta abriu as comportas. Rose começou a contar a história de seu relacionamento com o marido. Ficou claro que, ao longo dos 50 anos de casamento, ela sempre cuidara do marido – fazia as compras e preparava as refeições para ele, equilibrava as contas no fim do mês, comprava e lavava as roupas dele e aplacava seu humor. Agora que estava doente, Rose não conseguia imaginar o marido cuidando dela. Como não queria ser um fardo, preferia ser cuidada por estranhos. Por isso se mudara para a casa de repouso.

Depois de compartilhar sua história, Rose e eu passamos algum tempo conversando. Sugeri que ela considerasse a ideia de contar ao marido como se sentia. Eu não presenciei a conversa deles, mas, três dias depois, Rose voltou para casa. Ela morou lá por mais seis meses antes de morrer, tendo o marido como dedicado cuidador.

Não ofereci uma solução a Rose, apenas perguntei sobre sua experiência e essa pergunta a ajudou a questionar as próprias suposições. Assim ela alcançou uma nova compreensão das circunstâncias de sua vida e percebeu quanto se prendia à obrigação de cuidar do marido. Ao se desapegar dessa ideia e cultivar o não saber, surgiu uma nova opção que ela não se permitira considerar: pedir que o marido cuidasse dela.

Há um provérbio iídiche que diz: "Às vezes precisamos de uma história mais do que de comida." Contar nossas histórias e ouvir as dos outros é uma poderosa maneira de obter novos entendimentos e novas perspectivas sobre a vida.

Ao percebermos que nossas lembranças não são precisas nem confiáveis, nos libertamos para narrar as histórias que precisamos contar. Compartilhar histórias não significa relatar fatos com precisão. De certa forma, o importante é pegar as partes separadas, isoladas e fragmentadas da vida e reuni-las para poder contar a história completa.

Quando compartilhamos histórias, relaxamos sobre a necessidade de interpretar os eventos da vida de uma maneira específica. Nós nos abrimos para o não saber e permitimos que a parte mais profunda de nós mesmos apareça. De certa forma, são as histórias de nossa alma que emergem.

Não podemos alterar eventos passados que nos magoaram, mas podemos mudar nossa reação com o que aconteceu. Quando discorremos longamente e recontamos uma história, essa nova circulação de memórias pode fixar velhos sofrimentos ainda mais em nossa mente, fazendo com que o presente seja definido pelo passado. Quando observamos nossas reações atuais com compaixão, somos capazes de nos libertar do grilhão de velhas feridas.

Podemos influenciar a maneira como pensamos sobre os eventos agora olhando para as interpretações, mudando as percepções e descobrindo novos significados. Podemos nos conscientizar das memórias que nos prendem e então nos desapegar delas.

Contar histórias nos permite recuar e observar o cenário mais amplo. Lembramos as coisas de forma diferente e ficamos mais conscientes de detalhes que talvez não tenhamos notado antes. Quase sempre, enterrada em uma história antiga está a força que precisamos para aceitar as situações atuais. A cura requer mais do que apenas uma mudança no roteiro, mas relatar ou ouvir uma recordação pode iniciar o processo.

Michael, um voluntário do Zen Hospice Project, era um professor de inglês que entendia o poder de uma boa narrativa. Ele gostava de conversar com os pacientes e os incentivava a compartilhar momentos de suas vidas. Eles contavam a Michael histórias de infância, relembravam os parentes mortos e expressavam seu amor. Também falavam de arrependimentos e contavam segredos, dizendo que fariam certas coisas de maneira diferente se tivessem uma segunda chance. Alguns tinham conversas imaginárias com Deus.

Michael gravava essas conversas. Mais tarde, em casa, transcrevia as fitas e, em seguida, produzia belos livros artesanais de histórias, encadernados em capa de couro ilustrada por uma fotografia ou imagem que destacasse um dos elementos da narrativa. Ele embrulhava os livros, amarrava uma fita vermelha no pacote e devolvia às pessoas suas histórias contadas nas próprias palavras.

Era um presente maravilhoso. Os livros se tornaram legados que os pacientes deixavam para a família e os amigos. Quando a pessoa não tinha parentes ou amigos, pedia que o livro fosse devolvido a Michael, já que ele compreendia a importância de receber com dignidade a história de outra pessoa.

Um dia, um adolescente de cabelo verde e roxo, com tatuagens nos braços e nas pernas e piercings no nariz, nas orelhas e bochechas, se ofereceu como voluntário no hospital Laguna Honda. Ele disse que tinha escolhido aquele hospital na esperança de "ajudar os velhos".

O coordenador dos voluntários, um homem muito conservador, olhou para ele, entregou-lhe um formulário longo para preencher e disse, num tom desencorajador, que entrariam em contato caso surgisse alguma função adequada ao rapaz.

O jovem baixou a cabeça e se virou para sair. Sem querer, esbarrou num médico que trabalhava em nossa casa de repouso. O médico perguntou para onde ele ia.

– Bem, eu queria ser voluntário para ajudar os velhos, mas não me querem aqui.

O médico ficou curioso. Perguntou ao jovem o que ele gostaria de fazer com os "velhos".

O adolescente puxou uma pequena câmera de vídeo da mochila.

– Gosto de fazer filmes.

Então, o médico decidiu convidá-lo a visitar a nossa casa de repouso.

Essa história mostra que não se deve julgar ninguém, porque no fim o garoto punk se mostrou incrivelmente afetuoso. Ele criou uma das intervenções terapêuticas mais surpreendentes que já testemunhei (embora eu tenha certeza de que ele não tinha a mínima noção disso).

O jovem fez uma pergunta simples a cada um dos nossos 38 moradores: "Se você pudesse deixar o hospital por um dia e ir a qualquer lugar, aonde iria?"

Grace disse: "Eu iria à praia. Adoro os pássaros nas rochas."

Sally escolheu: "O piano-bar Tiki Bob, onde eu costumava cantar e encontrar minha velha gangue."

Chester falou: "Eu voltaria à casa em que cresci."

Então o garoto foi a todos aqueles lugares com sua pequena câmera de vídeo. Em Ocean Beach, ele filmou os próprios dedos dos pés enterrados na areia e os pássaros ao longo da beira da água. No Tiki Bob, ele perguntou se alguém se lembrava de Sally. Em seguida, ele filmou sua velha gangue cantando. Depois, foi até a casa onde Chester passara a infância e, de alguma forma, conseguiu entrar nela. Mesmo cautelosos no começo por conta do visual do rapaz, os proprietários deixaram que ele filmasse a sala de estar, o antigo quarto de Chester e a casa na árvore, que continuava no quintal.

Algumas semanas depois, tivemos um festival de cinema no hospital. Todo mundo assistiu aos vídeos de sete minutos que o jovem produziu. Não eram muito bons tecnicamente: a qualidade do som era ruim e às vezes o enquadramento cortava a cabeça das pessoas. Mas isso não importava. Todos os residentes viram seus filmes e depois nós os convidamos para compartilhar suas histórias diante de todos. Encontramos fiapos de nossas próprias histórias em todas as outras.

O menino foi embora no dia seguinte e nós nunca mais o vimos. Bodisatvas são assim. Eles vêm, fazem seu trabalho e seguem em frente.

Histórias são formas de encontrarmos significados, mas é raro que surja um único significado. Em geral, são camadas deles. Talvez as coisas sejam assim. Mas talvez não. É nesse ponto que o não saber pode nos ajudar a compreender melhor a nós mesmos e os outros. Quando não somos muito rígidos em nossos pontos de vista, as histórias conseguem nos levar a uma jornada de enredos anteriores ou até mesmo de fatos que revelam uma verdade que deixaríamos passar se usássemos apenas nossa mente comum. A maioria das histórias da vida real não tem começo nem fim claros, mas ajudam a entender a vida e a aceitar seu mistério. Elas nos unem como família, comunidade e cultura a uma história humana maior.

Muitas tradições espirituais, bem como a maioria dos psicólogos transpessoais, apontam para dimensões da mente que vão além das visões convencionais da memória, das redes neurais e sinapses, bem como da ideia limitadora de que não passamos de máquinas pensantes. Antigos textos budistas falam de uma sequência contínua momento a momento em nossa mente sutil que não tem começo nem fim, o chamado *fluxo mental.* Mas mesmo cientistas contemporâneos concordam que existe algo além na mente humana, algo mais sutil e complexo, que chamamos de *consciência*.

Harrison Hoblitzelle, ou Hob, como era carinhosamente conhecido, era professor de literatura comparada, psicoterapeuta e mestre budista. Homem de grande bondade e bom humor, ele tinha imenso prazer na vida da mente.

Mesmo com Alzheimer diagnosticado, Hob continuou a ensinar práticas budistas. Às vezes, sua memória falhava durante a aula.

Jack Kornfield conta a história de uma noite em especial em que Hob dava uma palestra sobre o darma budista. Ele se viu de pé diante de um grupo de meditação sem saber quem era e por que estava ali. Então, em voz alta, foi apenas relatando tudo o que sentia: "Mente vazia... Curiosidade, nervosismo, calma, mente vazia, sentimentos de amor, mais quente, menos tremor, ainda incerteza" e assim por diante, durante vários minutos. Era tudo o que podia fazer. Ele parou, permaneceu em silêncio e se inclinou para agradecer ao auditório. Eles se levantaram e aplaudiram, agradecendo-lhe pela presença e a coragem. Foi, como vários disseram, "um dos melhores ensinamentos que já recebi". Por um momento, Hob transformou até mesmo o Alzheimer em liberdade.

A doença deixou Hob confuso. Ele perdeu determinadas capacidades cognitivas. Mas naquele momento ele encontrou repouso na consciência. Graças em grande parte às décadas de treinamento em atenção plena, ele pôde confiar no não saber. Para se valer da consciência e observar as emoções e experiências em curso, ele não precisava saber quem era, onde estava ou o que fazia. Ele foi capaz de lidar com a própria experiência usando a curiosidade e a admiração.

Quando cultivamos o não saber, não estamos jogando fora nosso conhecimento. A experiência de vida de Hob lhe permitiu estar em um estado intenso de desconhecer; ele usou seu conhecimento, sem se limitar por ele nem pela ignorância.

Mesmo sendo algo tão familiar, é difícil descrever a consciência e impossível localizá-la no cérebro. Se eu perguntasse: "Você está atento agora?", você provavelmente responderia "Sim" sem pensar. Ainda que tivéssemos alguma doença que confundisse nossa cabeça, a resposta seria a mesma.

O "sim" retumbante é baseado em nossas experiências diretas, íntimas e imediatas. Não somos apenas o que pensamos, o que dizemos ou o que fazemos, e certamente não apenas o que recordamos. As experiências não definem tudo o que somos. Nós somos mais do que isso. A percepção – a capacidade de presenciar a experiência – não é apenas uma função cognitiva, porque vai além do pensamento, do sentimento e da ação.

As histórias sobre quem somos e o que sabemos não passam de uma redução da consciência. O testemunho e a percepção estão sempre presentes. Podemos tomar posição a partir de nossa experiência de forma emocional e julgadora ou podemos ter uma postura não reativa.

Lembre-se: *tudo* vem e vai na nossa percepção atenta. Essa é a base do que somos. O resto é apenas ilusão.

16

NÃO SABER É MUITO ÍNTIMO

A sabedoria diz que sou nada.
O amor diz que sou tudo.
Minha vida flui entre os dois.

— NISARGADATTA MAHARAJ

A ideia do não saber se origina em uma história sobre dois monges budistas na China antiga: Fayan, um jovem andarilho, e Dizang, seu mestre.

Dizang vê que Fayan se prepara para começar uma viagem e pergunta aonde ele vai. "Sairei em peregrinação", diz Fayan, ao que o outro pergunta: "Qual é o objetivo de sua peregrinação?" Fayan responde: "Não sei." Então Dizang pondera: "Não saber é muito íntimo."

Este *koan* traz a peregrinação como metáfora para o cotidiano. Ele diz algo sobre a nossa jornada, sobre vagar a esmo ou definir um destino. Poderíamos reformular as perguntas de Dizang: para onde vai sua vida? Por que você acha que estar em outro lugar será melhor do que aqui? Qual é o objetivo dessa busca?

Desde bem pequenos nos perguntavam o que queríamos ser quando crescêssemos. Adultos, uma das primeiras perguntas que fazemos ao conhecer alguém é: "O que você faz na vida?" Quando respondemos, queremos dar a entender que temos tudo sob controle. Queremos ser percebidos como inteligentes e focados. Então temos as respostas preparadas, talvez até um discurso sobre o que fizemos e o que ainda pretendemos alcançar. A questão é demonstrar o que sabemos, porque, em nossa cultura, saber é poder.

Vamos lembrar que Fayan era um homem inteligente, que estudara muitos textos espirituais e praticava meditação fazia anos. Com certeza ele poderia ter oferecido uma resposta mais impressionante que "Não sei" ao professor. Mas o delicioso nessa história é que ele responde de maneira franca, com uma espécie de inocência infantil, como se dissesse: "Eu gostaria de saber, mas, honestamente, não tenho como." Talvez ele esperasse que o professor tivesse a resposta. Talvez, como muitos de nós, ele imaginasse que tinha um destino a cumprir e que uma pessoa sábia poderia direcioná-lo para o caminho certo.

Contudo um bom professor não diz o que você deve saber, ele mostra como descobrir. Assim, a resposta de Dizang foi afável, como se ele dissesse: "Isso é fantástico, Fayan. É ótimo que você não saiba. Não saber é muito íntimo."

No zen, "íntimo" é sinônimo de despertar, perceber ou iluminar. Mas todos esses termos parecem implicar um estado mental distante ou uma experiência sobrenatural, metafísica e transcendente que, de alguma forma, nos transporta para outra dimensão, para longe dos problemas cotidianos.

Eu prefiro a palavra "intimidade", porque é um convite à aproximação, à aceitação incondicional e ao compromisso amoroso com a vida de hoje, sem que seja preciso tentar ir além. É um reconhecimento de que já encontramos nosso lugar. Para mim, "intimidade" expressa melhor a percepção que tenho sobre a iluminação. Trata-se de uma sensação de relaxamento, de receptividade, até mesmo de normalidade. Como diz outro ensinamento zen: "O caminho está bem debaixo dos seus pés." A intimidade oferece um estímulo para nos conectarmos com o som dos pássaros, com a brisa da primavera, uns com os outros e com esta vida, aqui e agora.

Quando diminuímos o ritmo a ponto de escutar com atenção, podemos ouvir a intuição, uma característica da mente que percebe o que é necessário sem depender apenas de processos racionais. Todos nós tivemos momentos em que descobrimos soluções para nossos problemas sem precisar debatê-los. Em instantes assim, dizemos frases como "De repente, ficou claro", "A resposta simplesmente surgiu para mim", ou "Não restava dúvida sobre o que eu tinha que fazer".

Quando não sabemos aonde vamos, permanecemos plenamente presentes, tateamos o caminho com atenção, passo a passo, momento a momento. Nós nos mantemos próximos das experiências reais. Quando não sabemos, tudo é possível, porque não nos deixamos limitar por velhos hábitos nem pelo ponto de vista de outros. Enxergamos o cenário como um todo. Não saber deixa espaço para que a sabedoria desponte, para que a própria situação nos oriente.

No nível mais profundo da intimidade, a noção de sujeito e objeto desaparece. Não há mais limites fixos e o distanciamento se dissolve. É possível se abrir sem reservas, ter uma união completa. Essa é a verdadeira beleza do não saber.

Nos dias anteriores à sua morte, meu amigo John ficou em uma espécie de coma acordado. Seu rosto estava tenso, a cabeça jogada para trás, os músculos do pescoço rígidos. Cada respiração era uma batalha.

Uma noite, à cabeceira de John, eu estava preocupado, imaginando o que fazer. Um conhecido mestre budista com experiência em tais assuntos me disse que o espírito de John queria deixar o corpo e que eu deveria tocar o topo de sua cabeça para mostrar o caminho. Fiz isso e nada mudou. O médico de John telefonou e me orientou a aumentar a dose de morfina para relaxar a respiração dele. Obedeci e nada aconteceu. Mais tarde naquela noite, um fisioterapeuta se aproximou. Ele me encorajou a pressionar dois pontos especiais nos pés de John. A acupressão aliviaria a tensão. Tentei e nada mudou.

Tanto conhecimento não estava ajudando. Então eu me virei para dentro. Deixei para lá os conselhos e o próprio medo e fiz algumas respirações profundas.

Comecei a sentir um impulso dentro de mim e percebi que queria abraçar aquele homem sofredor. Não era algo que eu faria em condições normais, mas eu confiava na intuição. Subi na cama e aninhei John no meu braço. Espontaneamente, comecei a embalá-lo e a cantar cantigas de ninar – não as que se aprendem na escola, mas do tipo que você inventa à medida que canta. Eu as chamo de sons do amor. Qualquer pai ou mãe já fez isso para um filho doente ou assustado.

Enquanto eu cantava no ouvido de John e beijava sua testa, minhas mãos sabiam o que fazer, embora eu não tivesse nenhum objetivo em mente. Meus dedos acariciaram sua garganta e seu rosto e minhas mãos contornaram seu coração com muita suavidade.

Perdemos a noção do tempo. Eu sentia John afundar em mim e meu corpo amparar o que restava de sua forma carnal. Por fim, o pescoço dele relaxou e a cabeça se alinhou. Seus olhos se abriram por um momento. Pareciam aliviados. Então ele adormeceu.

Mais tarde, eu me perguntei se teria feito a coisa certa. Será que havia tirado John de um estado de quase morte e interrompido antes da hora o processo espiritual de libertação? Não sei. O que sei é que o coração precisa estar em paz para que possamos nos libertar.

Olhando em retrospecto, o que fiz naquele dia foi perceber o problema por trás de todas as hábeis estratégias que empreguei antes de abraçar John: todas surgiram da ideia de que o que estava acontecendo com ele não estava certo. Eram métodos que visavam aliviar sintomas, mas o faziam desaparecer como pessoa. Só quando esgotei todas as possibilidades e nada funcionou é que me rendi e deixei de lado as ideias preconcebidas sobre o que deveria acontecer. Então minha mente relaxou e meu coração começou a dar as cartas. Passei a ver outras possibilidades, que me permitiram agir com naturalidade e sem qualquer interferência da mente consciente. Tudo o que eu precisava fazer era escutar e parar de atrapalhar a mim mesmo. Assim que fiz isso, consegui honrar e me conectar com quem John era de verdade e com o que ele precisava naquele momento. Não saber é muito íntimo.

A disposição de não saber às vezes é nosso maior trunfo. Nossa capacidade de nos tornarmos realmente úteis é tão maior quanto maior for nossa aptidão para viver cada momento presente.

Tom, um amável voluntário da nossa casa de repouso, tentou tirar JD da cama para levá-lo ao banheiro, mas não conseguiu. As pernas finas de JD não sustentaram seu corpo e ele caiu. Por um instante, ficou deitado no frio piso de cerâmica, com as calças do pijama arriadas até os tornozelos, a fralda fora do lugar e os braços jogados. Ainda que JD tenha ficado bem fisicamente, Tom ficou arrasado e me telefonou muito nervoso, envergonhado e se culpando, e pediu que eu revisse os procedimentos de enfermagem no posicionamento de uma pessoa frágil. Tom queria se preparar melhor e ter mais informações para não "fazer tudo errado na próxima vez".

Eu mesmo havia treinado Tom e tinha certeza de que ele conhecia os procedimentos. Além do mais, tive a impressão de que receber mais informação não domaria o medo e a dúvida que o assaltavam. Por isso, tentei abordar suas preocupações dando uma instrução simples.

– Na próxima vez, antes de tirar JD da cama, verifique sua própria barriga. Observe se está firme ou contraída. Não faça nada até ela ficar mole.

– Sim, sim, sei de todas essas coisas, mas como eu cruzo as pernas dele? – respondeu Tom com impaciência. – E é melhor mover primeiro a parte inferior do corpo ou a parte superior?

– Apenas preste atenção à sua barriga – insisti. – Sinta a respiração lá e espere ela amolecer antes de fazer qualquer coisa.

Depois, pedi que me telefonasse no fim de seu turno.

Mais tarde, Tom me ligou entusiasmado e contou: "Fui posicionar JD e aconteceu uma coisa incrível. Quando me inclinei sobre a cama, pensei no que você disse. Percebi que minha barriga estava dura como uma pedra. Vi que eu estava com medo. Por um instante, foi como se o medo percorresse meu corpo. Então inspirei e expirei fundo, ele começou a se dissipar e minha barriga amoleceu. Logo eu estava com JD nos braços como se ele fosse uma criança pequena. Foi fácil levá-lo ao banheiro. Tudo correu bem. Entendi o que devia fazer de maneira instintiva. Foi realmente maravilhoso."

Não saber é a porta de entrada para uma análise mais profunda da potência de nossa natureza, que não pode ser acessada apenas pela mente presa a conceitos. Ela nos leva além do modo habitual de pensar e de ver as coisas, em direção à intimidade deste exato momento.

Uma característica do ser humano que a morte realça é o desejo de segurança num mundo em constante mutação. Acreditamos que o que somos e como as coisas são para nós devem permanecer imutáveis. Queremos saber o que o futuro nos trará. Acima de tudo, não queremos que a pessoa que a gente acha que é morra.

Quando tomamos nossa personalidade – nossa noção de afastamento – por tudo o que somos, a morte se torna "o outro" que tememos. Isso ameaça nossa crença na primazia de uma identidade determinada e única. Quem "eu" seria sem minha tão conhecida história de individualidade? Não é de admirar que tenhamos medo de abrir mão dela. Não conhecemos mais nada a não ser este "eu" todo-poderoso. Nós nos apegamos ao que é conhecido e tememos enfrentar o que é desconhecido.

Observe as crianças balançando-se no trepa-trepa do parquinho. Elas se movimentam de forma livre, soltam uma barra e alcançam a da frente com movimentos fluidos. Você já notou adultos na mesma estrutura?

Raramente acontece. Mas, quando acontece, eles seguram firme na barra e não a soltam até que tenham uma boa pegada na seguinte.

Mesmo com uma reflexão superficial, podemos ver que nossas tentativas de nos tornarmos sólidos, entidades separadas, se opõem à maneira como a realidade funciona. Quando tentamos fugir da mudança, acabamos nos sentindo cada vez mais sozinhos, isolados e com medo. Isso causa um grande sofrimento no momento de nossa morte, mas também agora, em plena vida. No final, ir atrás de segurança provoca uma sensação de mais insegurança, pois nos coloca em luta contra a natureza.

A realidade é viva, dinâmica e constantemente expressa tanto pela forma quanto pela ausência de forma. Não se trata de uma única verdade estática, e sim de um mistério sem fim que se desdobra.

O sutra do coração é um dos ensinamentos mais famosos, belos e confusos do budismo. Suas linhas centrais dizem:

A forma é vazio; a vacuidade é forma;
O vazio nada mais é do que a vacuidade;
A vacuidade nada mais é do que a forma.

As palavras são de difícil compreensão à primeira leitura. Quando leu este ensinamento pela primeira vez, meu filho disse: "Papai, é essa maluquice que você fala com as pessoas nos retiros de meditação? É isso que você faz para ganhar a vida?" Tive que rir.

Mas, se formos fiéis ao ensinamento, podemos ver que o sutra descreve com precisão a natureza da mente e da realidade. Assim como não podemos separar vida de morte, tampouco podemos separar forma de vacuidade. Elas são um pacote, sempre aparecem juntas.

"Vacuidade" é uma palavra difícil para a maioria dos ocidentais. Nós normalmente associamos "vazio" com "deficiência", "esterilidade", "falta". A maioria se relaciona melhor com termos como "abertura", "amplitude" ou, melhor ainda, "infinito". Gosto de pensar no vazio como vastidão, um campo sem fim, que não é limitado por quaisquer conceitos.

Pense em como percebemos primeiro os objetos quando entramos numa sala: as mesas, as cadeiras, o sofá, as obras de arte e luminárias. Com um pouco mais de atenção, pode-se observar que a luz muda a todo momento. Tomamos consciência do espaço ao redor dos objetos enquanto eles estão lá. Da mesma forma, quando prestamos atenção à nossa mente, primeiro vemos os objetos – os pensamentos, os sentimentos, as lembranças, os sonhos, os planos, as sensações corporais e as percepções dos eventos que estão nos acontecendo. Um pouco mais de reflexão, contudo, revela que notamos essas atividades porque elas ocorrem no espaço aberto de consciência.

A consciência está sempre presente. Apenas não prestamos atenção nela por estarmos preocupados com nossos propósitos, nossas percepções e emoções – da mesma forma que, ao entrarmos numa sala mobiliada, nossa atenção se desloca para as mesas e cadeiras, não para o espaço vazio. Poderíamos dizer que o espaço aberto da consciência ilimitada, que contém a "forma" do pensamento e da percepção, está "vazio".

O curioso é que geralmente pensamos em formas como algo fixo e nos concentramos nelas em busca de segurança. No entanto, analisando melhor, descobrimos que mesmo as formas são mutáveis. As ideias, as fantasias e as sensações físicas – podemos pensar nelas como sólidas, mas não passam de bolhas de sabão – aparecem por um tempo e depois se dissolvem. Vêm e vão. Como nós. Como tudo no Universo. Existimos e então deixamos de existir. Cada vida, ocorrência, sentimento, ato de amor, café da manhã, átomo, planeta e sistema solar é fugaz. Toda forma tem sua vez na roda da vida e da morte.

O vazio, por outro lado, nunca termina. Ele, na verdade, dá origem à forma. O vazio torna tudo possível.

Jennifer Welwood, psicoterapeuta, escritora e dedicada praticante do budismo, escreveu sobre a "beleza poética" da forma e do vazio:

> *Tanto no mundo interior quanto no exterior, sempre que olhamos bem para o vazio, descobrimos a forma, e sempre que analisamos a fundo a forma percebemos o vazio. É neste sentido que forma e vazio são inseparáveis, indivisíveis, não duais. Na linguagem tântrica, poderíamos dizer que são amantes unidos num abraço infinito – distintos, mas não separados; não um, não dois...*
>
> *Considerando que somos algum tipo de forma sólida, encaramos o vazio como algo que poderia nos enfraquecer ou destruir. Em vez de reconhecê-lo como nossa própria natureza, nós o encaramos como um inimigo a evitar ou derrotar. E consideramos a forma como algo que temos de inventar, defender ou promover. Assim, quando não reconhecemos a não dualidade da forma e do vazio, eles se dividem e, em vez de serem amantes inseparáveis, se opõem, se tornam antagonistas.*

Quando nos vemos como formas sólidas separadas, a morte vira inimiga, o vazio que ameaça nossa forma. Porém, quando percebemos que a nossa verdadeira natureza é generosa, vasta e infinita e que percorrer esse imenso vale vazio é um rio de constantes mudanças, podemos relaxar um pouco.

O vazio não precisa nos assustar porque ele não significa insignificância, que não existimos, não temos valor ou que não somos indivíduos singulares. Somos tudo isso. Apenas não vivemos separados de todo o resto. Somos uma tentativa de expressão do grande campo do vazio contínuo. A vacuidade não é um tipo de céu ou de realidade absoluta independente de nós, mas uma vastidão fértil da qual todas as formas surgem.

O grande mestre tibetano Kalu Rinpoche escreveu: "Vivemos na ilusão e na aparência. Existe uma realidade, e é você. Quando entender isso, verá que você não é nada. E, não sendo nada, você é tudo. É só isso."

A história de Tommy e da mãe, Ethel, é um bom exemplo da forma e do vazio em ação no mundo. Ethel tinha câncer no cérebro. Ela veio morar conosco na casa de repouso quando a família não conseguiu mais cuidar dela. O filho, Tommy, tinha síndrome de Down. Embora fosse adolescente, seu desenvolvimento emocional e psicológico era semelhante ao de uma criança de 6 anos. Ele visitava a mãe com frequência e desfrutávamos a companhia um do outro. Ao longo dos meses, desenvolvemos certo nível de confiança.

Na manhã em que Ethel morreu, liguei para o marido dela, Peter, pai de Tommy, e perguntei se ele gostaria de trazer a família para ter algum tempo ao lado do corpo de Ethel.

– Mas o que vou fazer com Tommy? – perguntou Peter.

Sugeri que ele o levasse junto. Peter hesitou e disse que conversaria com a terapeuta do filho primeiro. Alguns minutos depois, ele me ligou de volta.

– A terapeuta não acha boa ideia. Ela me disse que foi a um funeral quando era criança e que foi forçada a beijar o avô morto. Ela acha que expor a criança ao cadáver pode ser muito traumático.

Ele parou por um momento, então acrescentou:

– Não sei o que fazer, porque Tommy está pedindo para ver a mãe.

– Por que você não traz Tommy e convida a terapeuta a vir também? – sugeri.

Uma hora mais tarde, a campainha da casa de repouso tocou. Lá estavam Peter, Tommy, a terapeuta e outros membros da família. Tommy trazia uma pequena câmera fotográfica pendurada no pescoço.

– Oi, Tommy – cumprimentei-o. – Você trouxe sua câmera. O que vai fotografar hoje?

– Você, o Sr. Buda e a minha mãe – respondeu ele, sorrindo.

Então fomos para a sala de estar, onde Tommy tirou fotos de mim e da grande estátua de Buda. Depois subimos para o quarto de Ethel.

Todos estavam bastante apreensivos. Como Tommy reagiria ao ver a mãe morta? Ele e eu nos aproximamos de mãos dadas da cama dela. Ele então segurou na beirada da cama e beijou a mãe na testa, como tinha feito na maior parte das visitas. Depois se virou para mim, não com medo, e sim com inocente curiosidade, e perguntou:

– Para onde foi tudo?

Forma e vazio. O que antes era dinâmico e cheio de vida estava vazio. Tommy percebeu a ausência de Ethel, embora o corpo dela continuasse presente. Um silêncio caiu sobre o quarto. A maioria dos adultos se contorcia de nervosismo, sem saber como reagir.

Eu apenas disse o que costumo dizer:

– Não sei, Tommy. O que você acha?

Tommy refletiu por um minuto antes de apresentar uma descrição animada nascida da sua imaginação. A história do que poderia ter acontecido à sua mãe incluía imagens de uma borboleta emergindo de um casulo e cenas do popular *O exterminador do futuro 2*, no qual as formas humanas mudam.

Os adultos suspiraram de alívio ao ver que o garoto não estava assustado. Na verdade, ele estava incrivelmente curioso sobre o que faltava ali. Bebemos chá e refrigerante como se estivéssemos em uma visita social.

Antes que a família saísse, perguntei se Tommy e eu poderíamos passar alguns minutos sozinhos com Ethel. Senti sua necessidade de estar com a mãe uma última vez. Como tínhamos desenvolvido uma relação de confiança, Peter concordou.

Assim que o quarto ficou vazio, Tommy se aproximou da cama da mãe e fez mais algumas perguntas.

– Quando a pessoa morre, ela ainda sente? – perguntou ele.

– Não sei se os mortos sentem, Tommy, mas você consegue sentir sua mãe?

– Sim, consigo – respondeu ele. – Mas ela não está se mexendo.

– É verdade. Quando as pessoas morrem, elas não respiram, nem comem, nem conversam mais.

Minhas respostas simples e objetivas pareceram satisfazê-lo por um momento.

– Tommy, se houver algo que você queira dizer à sua mãe ou fazer por ela, agora seria um bom momento – sugeri.

Ele tocou de leve o braço da mãe para sentir sua textura e a mudança de temperatura. Depois de um momento, fez algo extremamente doce e impressionante: ele se inclinou sobre o corpo da mãe e a cheirou da cabeça aos pés. Isso me lembrou de quando vi uma pequena corça de rabo branco uma vez em uma estrada rural. A mãe tinha sido atropelada. O filhote se movimentava com ternura, cheirando o corpo da mãe com curiosidade. Os movimentos de Tommy davam a mesma impressão. Eram puros, sem censura.

Naturalmente, Tommy ainda precisaria passar pelo luto e levaria um tempo para compreender a perda da mãe. Mas, naquele momento, não havia nada mais que precisasse ser feito ou dito. O modo de saber visceral do garoto. Duvido que muitos adultos se permitiriam esse tipo de intimidade com a morte.

Eu me perguntei se a morte podia ser tão natural para os adultos em nossa cultura quanto se revelou para Tommy. E se fôssemos mais íntimos da forma e do vazio no cotidiano?

17

RENDIÇÃO AO SAGRADO

Agora é o momento de saber
que tudo o que você faz é sagrado.

– HAFIZ

O sagrado se manifesta de maneira surpreendente.

Passando pela sequência de 30 camas na única ala do hospital Laguna Honda dedicada a doentes terminais, notei Isaías pelo canto do olho. Afro-americano criado no Mississipi, Isaías estava em seus momentos finais. Ele ofegava e suava em bicas. Sentei-me ao lado dele.

– Você parece estar se esforçando muito – falei.

Isaías ergueu o braço, apontou para a frente e disse:

– Só preciso chegar lá.

– Esqueci meus óculos. Não consigo ver tão longe – falei. – Me conte o que está vendo.

Isaías descreveu uma pastagem verde-clara e uma longa colina que dava num planalto gramado.

– Se eu prometer andar no mesmo passo, posso ir junto? – perguntei.

Ele agarrou minha mão com força e começamos a subir. Sua respiração ficou mais curta e ele suava mais a cada passo. Foi uma caminhada longa e penosa.

– O que mais você vê? – perguntei.

Ele descreveu uma escola vermelha de uma única sala, com três degraus diante da porta.

Eu sabia que Isaías estava desorientado. Poderia ter lhe dito que suas visões provavelmente eram causadas por metástases cerebrais e morfina. Poderia ter lembrado que estávamos em uma enfermaria de hospital. Mas tudo isso só era verdade no nível mais superficial.

A verdade mais profunda era que íamos na direção de uma pequena escola vermelha.

– Você quer entrar? – perguntei.

Isaías suspirou.

– Sim. Eu tenho esperado por isso.

– Posso ir com você?

– Não.

– Tudo bem. Vá você, então – respondi.

Poucos minutos depois, Isaías morreu em paz.

Conhecer o sagrado não é ver coisas novas, mas vê-las de uma nova maneira. O sagrado não é separado nem diferente das demais coisas; ele está escondido em todas elas. E morrer é uma oportunidade para descobrir o que está escondido.

O amado mestre zen Thich Nhat Hanh recorre a um exercício simples para ilustrar essa questão. Ele ergue uma folha de papel em branco e pede que o público descreva o que vê.

A maioria responde: "Papel em branco." Crianças e poetas respondem de forma mais criativa: "Nuvens, chuva e árvores."

Thich Nhat Hanh explica: "Sem nuvens, não há chuva; sem chuva, as árvores não crescem e, sem árvores, não podemos produzir papel. Se continuarmos a olhar, veremos o madeireiro que cortou a árvore e a levou para ser transformada em papel. Sabemos que o madeireiro não sobrevive sem o pão diário, portanto o trigo que virou seu pão também está nesta folha de papel. O pai e a mãe do madeireiro também estão presentes nesta folha. Quando olhamos dessa maneira, vemos que, sem todas essas coisas, este papel não poderia existir. Olhando ainda mais fundo, percebemos que também estamos nela."

Esta é uma maneira de expressar nosso pertencimento e nossa interdependência profundos em relação a tudo e todos. É uma forma de entender que o sagrado não se afasta de nós, mas está aqui conosco em cada momento.

O sagrado sempre existiu. Tudo está impregnado dele. No entanto, na maior parte do tempo, andamos pelo mundo sagrado com um olhar banal. É como se fôssemos daltônicos, incapazes de distinguir os diferentes matizes do espectro de cores: nem sempre percebemos o sagrado. Quando prestamos atenção, no entanto, percebemos que o sagrado se revela a todo momento.

A palavra "sagrado" aponta para o que não pode ser nomeado. O sagrado não pode ser descrito de maneira completa. Tudo o que podemos fazer é abordar determinadas qualidades que caracterizam sua presença, sua influência na consciência e as maneiras pelas quais podemos acessá-lo.

No dicionário, "sagrado" significa "relativo ao culto religioso". Na raiz da palavra também encontramos "separar o que é altamente valorizado ou importante". Na tradição judaica, a sala conhecida como Santo dos Santos era a área mais íntima e sagrada do tabernáculo de Moisés e continha a Arca da Aliança, que era revestida de ouro e continha as tábuas gravadas com os Dez Mandamentos. Somente a pessoa mais sagrada, o sumo sacerdote, podia entrar nesse lugar e, mesmo assim, apenas uma vez por ano, no dia mais sagrado do calendário. Na igreja católica onde eu fui coroinha, o tabernáculo ficava no altar mais alto, tinha duas portas douradas e abrigava os objetos litúrgicos da Sagrada Eucaristia. Só os sacerdotes ordenados podiam abrir aquelas portas douradas.

Se ninguém houvesse nos ensinado o significado desses simbolismos, tradições e práticas, poderíamos erroneamente achar que nos faltam as qualificações necessárias para conhecer o sagrado. Poderíamos acreditar que o sagrado só pode ser alcançado por pessoas especiais, com treinamento especial e em momentos especiais. Mas pessoas comuns, como você e eu, podem e vivenciam com regularidade o sagrado de diversas maneiras, inclusive por meio de visões de pequenas escolas vermelhas.

Uluru, também conhecido como Ayers Rock, é uma formação maciça de arenito na área central da Austrália. Trata-se de uma pedra diferente de qualquer outra, que se destaca, majestosa, em uma planície. Os aborígines locais a consideram uma manifestação do sagrado. Quando nos postamos de forma reverente diante de Uluru, ou entramos na catedral de Chartres, ou observamos a cidadela inca de Machu Picchu, ou desfrutamos a quietude de um bosque de sequoias, sentimos que estamos em território sagrado.

Não tenho como explicar por que as pessoas fazem peregrinações a esses locais há milhares de anos. Talvez precisemos atribuir o poder do sagrado a algum lugar, objeto ou pessoa a fim de torná-lo mais real e acessível. Talvez esses lugares sejam portais que, de alguma forma, ajudam nossa percepção. Quem sabe? As perguntas mais importantes muitas vezes nos relembram que não podemos tirar conclusões precipitadas.

É certo que muitos de nós buscamos determinados lugares – o litoral, as montanhas ou os mosteiros – para aquietar a mente. Às vezes encontramos a quietude mesmo em um breve momento sem interrupções no sofá de casa. A intenção e a atenção aumentam a chance de entrarmos em contato com o sagrado. Mas a constatação da presença do sagrado também pode acontecer de maneira repentina, como ocorreu com Jacó quando, segundo a Bíblia, ele acordou de um sono profundo e disse: "Na verdade o Senhor está neste lugar, e eu não sabia."

Nossa reação ao sagrado pode incluir alegria, êxtase, inspiração, pertencimento, expansividade e um sentimento de reverência, como se tivéssemos encontrado o que há de divino na vida. Às vezes a experiência tem uma intensidade quase palpável. Podemos sentir a quietude interior, como se a força com que contávamos para nos manter em movimento já não fosse necessária. Os impulsos de fazer, de lutar e de controlar se resolvem no não fazer. Chegamos a reconhecer que aquilo que somos não pode ser separado da quietude e do silêncio que ela traz.

Zoe trabalhava como empacotadora numa fábrica de roupas antes de se mudar para nossa casa de repouso. Seu passatempo preferido era assistir aos programas de luta livre na TV. A doença hepática avançada deixara sua pele amarelada. O acúmulo de líquido fizera a barriga inchar e, devido ao desconforto, ela perdera o apetite e parara de comer.

No entanto, mesmo indisposta, Zoe manteve um espírito alegre. A doença causava forte sonolência, e ela dormia dezesseis horas por dia. Nas suas últimas semanas, ela entrou em estados ainda mais profundos de sono, que muitas vezes duravam até dois dias.

Quando Zoe retomava a consciência, contava o que havia ocorrido nessas viagens oníricas. Uma vez, ela comentou a visita que havia feito a um lugar totalmente tranquilo: "Se eu soubesse que o silêncio era tão bonito, teria passado muito mais tempo em silêncio na vida."

O silêncio profundo não é apenas a pausa entre os sons. É a quietude interior sentida no coração, um silêncio que lembra a neve recém-caída em um vale na montanha. Esse silêncio nos priva tanto da crença quanto da descrença. Ele nos leva além do que é conhecido, além da linguagem, direto ao sagrado.

O silêncio é a resposta natural à presença do sagrado, não importa onde ele apareça. Por meio do silêncio, nos tornamos conscientes do que há de majestoso no ordinário, da beleza, da unidade e da profundidade do sagrado que está sempre à nossa volta e dentro de nós.

O nascimento está entre os mais reais, honestos e intimidantes eventos humanos. No entanto, quem testemunha o nascimento de uma criança não pode deixar de sentir um silêncio reverente na presença de uma nova vida. No meio da confusão de sangue e lágrimas, dor, emoção, gritos e caos, há beleza, infinita alegria, força e autenticidade admiráveis expressas pela mulher que dá à luz.

O parto é um convite a que entremos no sagrado. A chave que abre essa porta é o amor, um amor diferente de qualquer outro que possamos ter conhecido. Pergunte a qualquer mãe.

A morte nos oferece o mesmo convite. De fato, nascimento e morte são muito próximos. Para nós, é difícil dizer exatamente quando a vida começa ou termina. Ambos podem ser momentos de grande vitalidade. Ambos pedem que aceitemos nossa vulnerabilidade, que fiquemos abertos ao inesperado e nos desapeguemos do que conhecemos.

Para muitos, a morte é um evento biológico comum, um aspecto da ciência desprovido de qualquer mistério. Alguns esperam a própria partida assistindo à televisão. Para outras pessoas, a morte é uma tragédia. Para outras, ainda, morrer é um momento de transformação espiritual que as leva além da identidade pessoal e traz à tona uma sensação de segurança, destemor e até mesmo perfeição diante do desconhecido. Nessa etapa final, muitas pessoas comuns vêm a se reconhecer no que chamo de "amor eterno".

Uma pesquisa da Gallup mostrou que "em sua grande maioria, as pessoas querem reivindicar e reafirmar as dimensões espirituais da morte". Mas isso não significa necessariamente que elas queiram ser alvo de mais religião ou crenças. Significa apenas que buscam mais do que o domínio da medicina moderna.

Apoio espiritual não precisa envolver práticas esotéricas e discussões existenciais. Pode ser algo simples: oferecer uma presença amável e reconfortante ou uma canja preparada com carinho. No Zen Hospice Project, adotamos a visão de que, quando as pessoas estão morrendo, elas precisam de cuidados intensivos – amor intensivo, compaixão intensiva, presença intensiva. Em última análise, o apoio espiritual é o compromisso destemido de honrar a maneira de o indivíduo encontrar a morte.

No início do processo de morrer, as pessoas muitas vezes precisam de ajuda para descobrir o que tem valor para elas. Uma vida sem significado fica mecânica, vazia, sem alma, pequena demais. Viktor Frankl identificou a autotranscendência como uma capacidade humana indispensável para que a vida tenha sentido: "O homem não é destruído pelo sofrimento; ele é destruído pelo sofrimento injustificado."

A morte chega para todos. Gostemos da ideia ou não, é certo que ela virá. Em vez de evitar essa verdade, é mais útil entendê-la. Enfrentar a própria mortalidade pode mudar nossas prioridades e valores e transformar nossa visão. Às vezes a adversidade é o que nos leva a descobrir nossos pontos fortes, assim como a morte pode nos ajudar a encontrar a beleza na vida. Aceitar a morte pode nos ajudar a passar da tragédia à transformação.

Nem sempre podemos explicar o sofrimento, muito menos controlá-lo. Contudo, é possível aceitá-lo com compaixão e com presença, assim como encará-lo, compreendê-lo e talvez encontrar significado em nosso relacionamento com ele. Essa busca de sentido não tem a ver com encontrar causas, mas com fortalecer a nós mesmos, desenvolver a resiliência e enfrentar o sofrimento sem fugir.

Claro que sofrer não é a única forma de encontrar significado. Algumas pessoas o descobrem por meio de atividades como ouvir música, estar em contato com a natureza, escrever um diário e contar histórias. Outras o encontram nos relacionamentos – em ter e fazer companhia, dar presentes, lembrar os velhos tempos junto a entes queridos e retomar amizades estremecidas.

Em determinado momento, no entanto, o significado perde a importância para quem está morrendo. A pessoa se afasta do mundo externo quando é levada para uma jornada mais interna. Se nós – os amigos bem-intencionados, familiares e cuidadores – distraímos a pessoa e a puxamos de volta para o mundo do tempo, dos objetos e do significado, interrompemos sua conexão com o fluxo do sagrado. É nessa etapa que a avó não quer mais falar sobre seu primeiro namorado, ou o pai já não fala do dia do seu casamento ao ouvir determinada música, ou a heroica expedição de uma tia à Antártida deixa de lhe parecer importante.

Lembra-se da quietude e do silêncio a que me referi quando comentei sobre a sensação de estar em lugares que são portais para o sagrado, como a catedral de Chartres, ou um bosque de sequoias? Agora imagine vários ônibus turísticos chegando de repente ali, com centenas de turistas desembarcando com suas câmeras e seu vozerio. Nossa atenção seria desviada pelo tumulto. Apesar do sagrado ainda estar presente, poderíamos perder a conexão com ele. Da mesma forma, quando cuidadores e entes queridos impõem os próprios planos, lembranças e necessidades, eles se tornam uma distração desagradável para quem está morrendo.

Não precisa ser assim. Ao cuidar ou ficar ao lado de alguém querido em seus últimos dias, podemos escolher agir como companheiros silenciosos e guias confiáveis enquanto a pessoa se embrenha na própria floresta sagrada.

É comum que, no momento de morrer, as pessoas tenham sintomas como angústia, agitação mental, estupor e turbulência emocional. Para cuidar delas, devemos tratar sua dor, gerenciar os sintomas e atender a quaisquer questões perturbadoras. Isso requer certa maestria. No entanto, se oferecermos apenas conhecimentos médicos e técnicos aos doentes, perderemos o significado divino de cuidar deles. Podemos até interromper uma oportunidade de crescimento e transformação.

A morte acontece em dois níveis de forma simultânea – o físico e o espiritual. O corpo se fecha enquanto a consciência se abre. A fim de acompanhar de maneira compassiva os doentes terminais, o ideal é atender aos dois processos ao mesmo tempo.

Não é um trabalho simples. Mesmo depois de três décadas de experiência, ainda acho difícil. É por isso que considero importante ter mais de uma pessoa na sala. Uma cuida das necessidades físicas do indivíduo; a outra o acompanha em sua jornada espiritual.

Jennifer estava morrendo depois de um processo longo e difícil de câncer de pulmão. Laurie, que é uma enfermeira incrível, deu toda a atenção de que ela precisava quanto ao físico. Laurie respirou junto com Jennifer em sua falta de ar, umedeceu seus lábios rachados e cuidou com habilidade e amor de todos os sintomas.

Eu me acomodei à cabeceira de Jennifer e busquei a consciência silenciosa e imperturbável que paira sob a agitação. Ao aquietar minha mente, evoquei a compaixão em meu coração. Harmonizei-me com o estado dela, com sua consciência mutável, permitindo que ela se imprimisse sobre a minha. Permaneci presente, lúcido e calmo, tentando enfrentar com serenidade qualquer coisa que ocorresse. Quando me livrei das distrações superficiais, senti que o eu essencial de Jennifer já havia embarcado na jornada. Viajamos juntos, assim como Isaías e eu visitamos a escola. Fui honesto comigo mesmo sobre as minhas limitações. Eu sabia que só podia acompanhá-la até certo ponto. Ofereci-lhe a vastidão da minha mente.

A morte é desconhecida e atemporal. Nós a descobrimos momento a momento. Então, me esforcei para não interferir no processo de Jennifer. Confiei na sabedoria da compaixão e em que nossos corações seriam guias confiáveis. Assim como duas parteiras ajudaram meu filho Gabe a respirar pela primeira vez, Laurie e eu ajudamos Jennifer a dar o último suspiro.

Sentado ao lado de Jennifer naquele dia, lembrei-me de um poema de Antonio Machado, que, na minha opinião, expressa lindamente como os doentes terminais podem parecer agitados, mas, no fundo, estar tranquilos.

Não, minha alma não está dormindo.
Está acordada, bem acordada.
Não dorme nem sonha, mas observa,
os olhos lúcidos abertos,
longe das coisas, e escuta
às margens do grande silêncio.

Não é incomum que as pessoas despertem de um sono profundo ou de um estado semicomatoso e se lembrem da minha companhia nessas ocasiões. Muitas vezes, elas me agradecem por acompanhá-las sem interferir. Esse contato não verbal, de ser humano para ser humano, é a essência da cura. Sentir a presença do outro ajuda a compreender que a percepção não é só nossa, ela se estende e continua além de nós mesmos. Os objetos, as experiências e até mesmo as pessoas vêm e vão na nossa percepção. Ela é o pano de fundo em que não há mudança. Toda mudança acontece diante dela. A percepção é como uma tela de cinema que sabe o que está sendo projetado nela.

Normalmente, vemos o sofrimento da transitoriedade – o ir e vir da mudança constante, união e desintegração – sem perceber que tudo isso aparece e desaparece em um cenário de perfeita harmonia. Quando damos o que no zen é chamado de "passo para trás", podemos olhar do ponto de vista da percepção livre, pois nos reconhecemos como parte do cenário, da consciência pura e vazia onde ocorre toda mudança pessoal e universal. É a isso que nos rendemos.

Testemunhei um aumento no brilho das pessoas comuns sem prática espiritual quando elas se tornam transparentes à sua natureza essencial. É semelhante ao processo de transformação que ocorre aos praticantes de meditação após décadas de exercícios contemplativos.

O potencial que essas experiências me revelaram é inegável. Sem dúvida, morrer oferece uma possibilidade inigualável de transformação. Pode ser algo inspirador e belo e pode também ser intenso, confuso e difícil. Mesmo na morte somos afetados por condições que estão fora do nosso controle.

A tecnologia médica transformou nossa experiência da morte. A ideia de "morte natural" está desaparecendo aos poucos na nossa cultura, sendo substituída por uma morte mais institucional e antisséptica, administrada por profissionais de saúde. Existem benefícios maravilhosos nos tratamentos e nas intervenções atuais. No entanto, existem também sérios retrocessos. Pense nos equipamentos hospitalares que deixam a linha entre a vida e a morte cada vez mais sutil. Parece que não resistimos a interferir na experiência da morte, tanto em termos tecnológicos como filosóficos.

Noções idealizadas de "boa morte" ou de "morte digna" são igualmente preocupantes. Elas podem nos cegar e nos levar a ignorar o desagradável e esmagar o sagrado. Padrões arbitrários assim exercem enorme pressão sobre as pessoas com doenças terminais, acrescentando culpa, vergonha, constrangimento e a sensação de fracasso num processo já desafiador. A dignidade não é um valor objetivo, é uma experiência subjetiva. Cuidar com dignidade promove o respeito, honra as diferenças individuais e apoia as pessoas na liberdade de vivenciar a própria vida e a própria morte de acordo com seus desejos.

Quando interferimos, podemos perder ou mesmo interromper as dimensões mais sutis dessa experiência. Por mais nobres que sejam nossas intenções, precisamos resistir à tentação de agir de acordo com nossos preconceitos ou de impor conselhos e crenças espirituais a quem está morrendo.

Hannah era uma cientista cristã com uma fé profunda e inabalável. Aos 93 anos, chegou a um ponto de aceitação da morte. Ela me contou que a imagem que tinha da morte era "descansar no colo de Jesus".

A neta bem-intencionada, Skye, foi visitá-la. Skye contou que tinha lido uma série de livros sobre experiências de quase morte. De acordo com esses livros, no momento da morte, as pessoas muitas vezes são recebidas por parentes falecidos. Skye disse: "Vovó, não se preocupe porque, quando você morrer, todo mundo que você conhece que já morreu estará lá para recebê-la."

Quando ouviu isso, Hannah ficou com medo de partir. O segredo que ela nunca tinha contado à família era que o marido, Edgar, a agredira durante grande parte da vida de casada. Como ele morrera havia cinco anos, a ideia de reencontrá-lo "do outro lado" e passar a eternidade com ele deixou Hannah desesperada.

Uma abordagem prudente da morte inclui opções como atenção plena, receptividade, autenticidade, estabilidade e uma escuta generosa. Isso nos permite abordar a questão da morte sem tentar oferecer respostas. Estar com um doente terminal exige humildade, aceitação e disposição de abrir mão do controle.

No processo de morrer, ocorre um despertar gradual. Quase imperceptivelmente, começamos um lento desapego, renunciando ao que temos ou controlamos.

Ao morrer, não podemos nos apegar às nossas preciosas posses. Um morador da casa de repouso, Brian, me ensinou isso quando chorou e depois doou sua guitarra. "Não somos o que possuímos", disse ele. "De qualquer maneira, não teria onde guardá-la no céu."

À medida que perdemos a capacidade de nos dedicarmos às nossas atividades favoritas, deixamos de viajar, cozinhar ou fazer amor e, em seguida, temos que abrir mão de prazeres mais simples, como engolir sem dificuldade. Renunciamos aos papéis que desempenhamos na família, no local de trabalho e na comunidade e liberamos os sonhos não realizados. Na hora da morte, precisamos abrir mão até do futuro e das pessoas que amamos.

O desapego nos prepara para morrer. Suzuki Roshi disse que renunciar não é desistir das coisas do mundo, mas aceitar que elas acabam. Aceitar a transitoriedade de tudo nos ajuda a aprender a morrer e revela também o outro lado da perda, que é o desapego como ato de generosidade. Abrimos mão de velhos rancores e nos concedemos a paz. Relaxamos nossa visão rígida e nos permitimos não saber. Desistimos da autossuficiência e nos entregamos aos cuidados de outros. Abandonamos o apego e nos entregamos à gratidão. Diminuímos o controle e permitimos a rendição.

Rendição não é o mesmo que o desapego. Normalmente, pensamos no desapego como renúncia, muitas vezes acompanhada pela sensação de liberdade das restrições prévias. A rendição está mais ligada à expansão. Ela traz certa liberdade, mas não se trata de largar algo ou se distanciar de um objeto, pessoa ou experiência, como acontece no desapego. Com a rendição, estamos livres porque nos expandimos na natureza ilimitada e vasta do ser que pode incluir as crenças anteriores que nos definiam e nos mantinham separados e distantes, porém não se deixa limitar por elas. Renunciamos ao hábito inútil de nos apegarmos a objetos como se fossem fontes de felicidade. Na rendição, nos recompomos. Não somos mais prisioneiros do passado, nem estamos atados às antigas identidades. Ficamos íntimos da verdade de nossa natureza. Na rendição, não sentimos que estamos nos distanciando, e sim nos aproximando.

Render-se significa seguir o fluxo. Eu me lembro do meu pai boiando no mar. Ele quase desaparecia no Atlântico. Tudo o que eu podia ver era sua barriga branca subindo e descendo nas ondas. Ninguém consegue flutuar se não relaxar.

A rendição acontece quando paramos de lutar – contra nós mesmos, a vida e a morte. Ela é um estado em que todo tipo de resistência deixa de ocorrer. Já não erguemos defesas.

Não estou convencido de que a rendição seja uma escolha. Ela me parece involuntária. Para mim, é como um fio que nos puxa para casa. As características que geram a rendição incluem a fé, o amor, a convicção religiosa, a confiança na sabedoria adquirida, uma sensação de reverência e também algo muito mais comum: a exaustão.

Uma vez, quando descia de bote um dos rios mais selvagens dos Estados Unidos, caí na água e fui pego num redemoinho. Fiz tudo errado. Tentei nadar na beira do redemoinho, imaginando que poderia de alguma forma sair da água como faria na borda de uma piscina. Meus companheiros me jogavam cordas e gritavam instruções, mas eu continuava lutando contra a força da água, tentando escapar. Logo fiquei exausto. No fim, fui derrotado.

O redemoinho me puxou para baixo. Fui jogado de um lado para outro por uma força muito superior à minha. Foi implacável. Não senti um desapego suave na direção da luz. Estava aterrorizado, desesperado e tentando sobreviver. A sensação era de que meu corpo se despedaçava.

Num determinando momento, fiquei sem energia para lutar. Foi quando sobreveio a rendição. Tive uma experiência que muitas pessoas descrevem ter sentido pouco antes de sofrerem um acidente de carro. O tempo parou, eu conseguia ver claramente os detalhes ao meu redor, mesmo na turbulência das águas turvas. Os padrões caóticos passaram a ter uma ordem. Senti uma crescente despreocupação, uma espécie de misericórdia, e depois a libertação total. A consciência não estava mais confinada à forma. O rio me sugou, me arrastou para o fundo e me descartou mais abaixo no curso. Quando vim à tona, foi como se eu tivesse um novo olhar. Eu podia encarar a vida de maneira diferente, com uma clareza renovada.

Eu não chamaria isso de experiência de quase morte. No entanto, meu embate com a rendição final permitiu que eu me aproximasse da realidade vivida e descrita pelos pacientes terminais. Eu tinha uma noção do que Barbara quis dizer quando afirmou: "Não estou mais no comando." Consegui perceber a sensação de alívio na voz de Ruth quando ela disse: "Agora eu simplesmente deixo a respiração me segurar." Reconheci o sorriso nos olhos de Joshua quando ele quase cantou: "Não tenho mais preocupações. Estou nas mãos de Jesus."

A rendição é infinitamente mais profunda que o desapego. O desapego ainda é uma estratégia da mente ocupada com o passado, uma atividade da personalidade que se preocupa com a perpetuação de si mesma. O desapego ainda sou *eu* fazendo uma escolha. Já a rendição é o não fazer fácil e tranquilo de nossa natureza essencial, sem interferências. Ficamos apenas cientes.

A rendição é mais como uma iniciação, na qual o dispensável é sacrificado e mantemos o essencial. Embora possamos resistir, a luta se mostra ineficaz. A dissolução do que é falso naturalmente causa certo medo e as vozes em nossa cabeça nos dizem para recuar. Mas o sagrado é tão atraente, e a rendição, tão convincente que o medo não nos impede. Com o tempo, a luta cessa. Nossa consciência reconhece que o poder que sentimos, até então aterrorizante, é nosso eu profundo. Nós nos rendemos à realidade da não separação.

A rendição é o fim do duo e o começo do uno.

EPÍLOGO

MORRENDO EM VIDA

A brisa do amanhecer tem segredos para lhe contar.
Não volte a dormir.
Você tem que pedir o que realmente almeja.
Não volte a dormir.
As pessoas vão e voltam pela porta onde os dois mundos se tocam.
A porta está aberta.
Não volte a dormir.

— RUMI

Morrer é um processo de despojamento, uma libertação, uma rendição, uma mudança que contém possibilidades profundas. Mudar, assim como morrer, é inevitável. A transitoriedade está na natureza de toda experiência. Ainda assim, a mudança em si não garante transformação.

A transformação é uma mudança interna profunda por meio da qual nossa identidade básica é recomposta. É uma metamorfose, tão radical quanto a transição da lagarta da crisálida à borboleta. Nesse processo, nosso olhar se renova e nós vemos e experimentamos tudo de maneira diferente. Percebemos que somos mais do que nossas histórias. Limites pessoais se desfazem. Uma paz profunda e uma sensação de pertencimento penetram nossa consciência. A liberdade expansiva de *Ser* está além de nosso entendimento atual e quase irreconhecível de nossos antigos eus.

A transformação da consciência, que é possível para cada um de nós, exige um envolvimento ativo. Não podemos apenas pensar no caminho. Não se trata de executar um plano estratégico. A transformação requer uma disposição ilimitada de ser vulnerável à experiência do desconhecido.

A morte talvez seja o maior desconhecido. E nossa relação com ela merece atenção. Certa vez, perguntei a uma chinesa chamada Shu-Li, que morria de câncer, o que ela achava que aconteceria depois que morresse.

Shu-Li respondeu: "Quando eu era jovem e imigrei sozinha para os Estados Unidos, eu via fotos das cidades, do campo, dos edifícios. Eu lia livros e assistia a filmes sobre os americanos, sua comida e seu estilo de vida. Eu tinha noção do que iria encontrar, mas a realidade foi diferente do que imaginei." Então, ela acrescentou: "Agora não tenho imagens. Viver com a incerteza da minha doença me preparou para a morte. Parece que a maioria das pessoas tem medo da morte porque não sabe como é estar com o desconhecido."

Nossa jornada de transformação fica mais fácil quando nos abrimos ao mistério – uma experiência intangível ou uma força que não podemos prever, medir nem explicar. A morte não pode ser resolvida, nem mesmo conhecida em sua totalidade pela mente abstrata. Ela não pode ser captada, mas, assim como acontece quando ouvimos uma música extraordinária, podemos nos entregar ao mistério de maneira plena. Nós não o observamos apenas: percebemos que *somos* o mistério. Ele vive em nós.

De acordo com a minha experiência e a de tantas pessoas que acompanhei, o encontro com o mistério é muitas vezes marcado por reverência e admiração, como quando ficamos de queixo caído diante de uma beleza inimaginável. A atividade normal da mente cessa e nossa consciência descansa. Somos testemunhas humildes e imersas em tranquilidade. O tempo já não passa rápido: nós entramos no eterno agora. O futuro não existe; ele ainda não aconteceu. O passado não existe; ele já se foi. Estando além da tirania do tempo, não existe medo da morte. E, sempre que o medo se ausenta, o amor se apresenta. O amor nos permite escapar dos limites do corpo, é a saudade que nos chama para casa.

Nos momentos de transformação da vida – tais como morrer, dar à luz, meditar, fazer amor, estar imerso na beleza da natureza, conectado com uma grande obra de arte ou em sintonia com uma criança –, temos a sensação de olhar para o vasto inominável. A sensação de segurança é total. Não há falhas. Tudo de que precisamos está ali. Cada parte dessa experiência amplia nosso amor e nos atrai para o mistério inesgotável e infinito do ser.

A contemplação da vida, da morte e do mistério inerente a cada momento é importante demais para ser deixada para nossos últimos momentos. Aceitar nossos medos e descobrir o que a morte tem a nos ensinar sobre a vida é essencial para nossa transformação. Os cinco convites que apresentei são um chamado a essa mudança, porém a decisão de aceitá-lo é sua. Como Rumi escreveu: "A porta está aberta. Não volte a dormir."

Toda tradição de sabedoria oferece um caminho para aproveitar o poder transformador da morte. Escolha um deles e comece a trilhá-lo, ou passeie pelas veredas não demarcadas. Não há um caminho certo. Em última análise, todos levam a um campo aberto. Eles pedem que nos livremos de hábitos e noções preconcebidas para descobrirmos a vida de maneira nova e curiosa. Como um professor me perguntou certa vez: "Você conseguiria abrir mão da sua história e abraçar o desconhecido?"

No budismo, refletir sobre a morte é uma prática essencial. Trata-se de uma oportunidade para compreendermos a morte como parte inevitável da vida. Embora essas reflexões pareçam mórbidas para alguns, para mim, cultivar essa franqueza é uma afirmação da vida. Por meio dessas reflexões, percebemos como nossas ideias e crenças sobre a morte nos afetam *aqui e agora.*

Mona morava sozinha e sobrevivia com o pouco que ganhava da Assistência Social. No final da vida, mudou-se para o Zen Hospice Project. Era uma mulher objetiva e prática. Um dia, pouco depois de sua chegada, eu lhe perguntei como ela imaginara que seria viver lá. Ela respondeu: "Achei que ficaria tudo bem, porque aqui posso morrer do jeito que preciso."

Ficou claro que Mona tinha vindo até nós para enfrentar a morte. Deduzi que iríamos nos dar bem.

Um dia, estávamos sentados à mesa da cozinha. Mona escrevia em seu diário e eu lia *Japanese Death Poems* (Poemas de morte japoneses). Há uma antiga tradição no Japão de monges zen, entre outros, escreverem versos curtos como preparação para a morte. Diz-se que os poemas compostos no dia da morte expressam uma verdade essencial descoberta na vida. Em geral, são linhas curtas e intensas, às vezes profundas, às vezes satíricas, quase sempre expressando a beleza imediata e a simplicidade natural. Os textos nos lembram que ficamos mais vivos quando estamos presentes no limiar do desconhecido.

Mona me pediu que lesse alguns para ela. Escolhi alguns dos meus favoritos.

Este poema intenso é atribuído ao fundador da Escola Soto Zen no Japão, Dogen Zenji, que morreu em 1253.

Cinquenta e quatro anos
Iluminando o céu.
Agora eu salto...
Que tremor!

Outro poema divertido, de Moriya Sen'an, que morreu em 1838, especula sobre a vida após a morte.

Enterre-me quando eu morrer
debaixo de um barril de vinho
em uma taberna.
Com sorte
Haverá um vazamento.

O poema corajoso de Sunao, que morreu em 1926, expressa a às vezes difícil realidade da morte.

Esguichar sangue
enxuga a realidade
e, junto, os sonhos.

E Kozan Ichikyo, que morreu em 1360, criou este poema simples e elegante:

De mãos vazias entrei no mundo
Descalço o deixo.
Minha vinda, minha ida...
Dois acontecimentos simples
Que se enredaram.

Depois de ouvir esses poemas de morte em alto e bom som, Mona se inspirou a escrever um também. Ela me perguntou sobre formato e tamanho. Sugeri que não se preocupasse com essas questões e que escrevesse simplesmente o que acreditava ser verdade.

Algum tempo depois, Mona me chamou em seu quarto.

– Escrevi o meu poema de morte – anunciou.

– Adoraria ouvir – respondi.

– Quero que você o decore – instruiu-me, então prosseguiu: – E, quando eu morrer, quero que você o coloque em minhas roupas. Quero ser cremada com meu poema.

– Eu prometo, Mona – afirmei, chorando por conta da honra que senti ao receber aquele presente.

O texto de Mona era um convite a sermos pessoas de mente aberta e coração generoso, mesmo em relação ao grande desconhecido que é a morte. Ela o leu para mim várias vezes. Depois, me fez recitá-lo outras tantas para ter certeza de que eu tinha decorado cada palavra.

O poema viveu desde então em meu coração. Eu nunca o tinha transcrito. Eu o compartilho aqui como um belo lembrete do que é possível quando vivemos plenamente à luz da morte. Mona encontrou o próprio caminho. Cabe a cada um de nós encontrar o seu.

POEMA DE MORTE DE MONA

Não fique aí parado enquanto seu cabelo fica grisalho,
logo os mares afundarão sua pequena ilha.
Portanto, enquanto ainda há a ilusão do tempo,
parta para a outra margem.
Não há por que fazer malas.
Você não terá condições de colocá-las no barco.
Doe todas as suas coleções.
Leve apenas sementes novas e um velho cajado.
Espalhe algumas orações ao vento antes de navegar.
Não tenha medo.
Alguém sabe que você está chegando.
Um peixe extra foi salgado.

– MONA SANTACROCE (1928-1995)

AGRADECIMENTOS

Minha gratidão aos muitos seres visíveis e invisíveis e às forças que moldaram minha vida e este livro.

Agradeço à minha linda esposa, Vanda Marlow, como fiz no dia do nosso casamento. Você tem sido incansável em seu apoio e encorajamento. Este livro foi impresso graças aos seus 15 anos de amor e persistência. Peço desculpas por me ausentar tanto quando escrevo e também quando não estou escrevendo. Como prometi, sempre voltarei. Eu te amo além das palavras.

Obrigado à minha família amorosa, que deu tanto e abriu mão do mesmo tanto para estimular que eu me pusesse a serviço do mundo. Gabe e Carin, seu amor me inspira diariamente. Contei com a fé de vocês ao escrever. O nascimento de Nico – um amor que ganhou vida – enquanto eu escrevia sobre a morte me lembrou da preciosidade da existência. O olhar de minha doce filha Gina, um coração apaixonado, quando li para ela alguns trechos deste livro me estimulou a continuar o trabalho. Pode contar sempre com o nosso amor. Meu irmão Mark, estou maravilhado em ver como você aceita os desafios da doença com tamanha alegria. Vickie, minha ex-mulher, obrigado por trazer Dominic, Nicolas e Gina para minha vida e pela alegria de criar nossos filhos juntos. Seu amor e apoio durante os primeiros tempos da casa de repouso permitiram que eu me dedicasse aos que estavam morrendo e ao chamado do meu coração para servir.

Rachel Naomi Remen, minha alma amiga há 30 anos, obrigado por escrever o prefácio inspirador, perspicaz e poético que é tão essencial a este livro e por viver inteiramente no mistério.

MeiMei Fox foi de grande ajuda na redação e edição deste livro. Sou imensamente agradecido por me ajudar desde a concepção até o nascimento desta obra. Demorou mais tempo do que qualquer um de nós previu. Obrigado por manter a fé, por lapidar o que era desnecessário e por iluminar o essencial.

Muito obrigado aos amigos que me envolveram em conversas corajosas, leram inúmeros rascunhos inéditos, deram feedbacks honestos e me fizeram refletir. Este livro teria sido uma bagunça sem a ajuda de Barry Boyce, Jessica Britt, Susan Kennedy, Sharda Rogell e Ange Stephens.

Agradeço muito a toda a equipe da Flatiron Books, em especial a Bob Miller, seu presidente e editor, que acreditou neste trabalho antes mesmo que estivesse escrito e esperou pacientemente por sua chegada. A Whitney Frick, editora executiva, pelo uso criterioso da caneta vermelha e por enxergar amor neste livro. E a Laura Yorke, minha agente literária, que viu o potencial deste livro e defendeu sua publicação com entusiasmo. Agradeço também a Hugh Delehanty, cujas primeiras entrevistas despertaram minhas histórias e ajudaram a moldar minha proposta para o livro.

Fui inspirado por muitos amigos e professores cujas palavras penetraram em meu coração e cuja sabedoria e compaixão peguei emprestadas e às vezes parafraseei nestas páginas. Por favor, perdoem meus erros e aceitem meu agradecimento por sua orientação. Agradecimentos especiais a Hameed Ali, a Ram Dass, a Norman Zoketsu Fischer, a Karen Johnson, a Jack Kornfield, a Elisabeth Kübler-Ross, a Stephen Levine, a Kathleen Dowling Singh, ao irmão David Steindl-Rast e a Shunryu Suzuki Roshi.

Agradeço ao corpo docente do Metta Institute, o grupo de amigos que me inspira com sua cumplicidade, conversa e sabedoria. Nosso projeto foi um legado de amor. Saudações a Ange Stephens, professora e amiga amável e paciente, e aos espíritos pioneiros de Angeles Arrien, Ram Dass, Norman Zoketsu Fischer, Charlie Garfield, rabino Alan Lew, Rachel Naomi Remen e Frances Vaughan. Um agradecimento especial a Patty Winter por sua abnegação, a Gregg Ruskusky por ser uma montanha de bondade e a Suzanne Retzinger por organizar minhas conversas com emoção e esperança.

Minha irmã de darma, Martha deBarros, deu à luz o Zen Hospice Project. Como cofundadores, trabalhamos lado a lado criando o que Martha chamou de “uma revolução pacífica cujo grito de guerra é tão silencioso e profundo quanto dois estranhos de mãos dadas antes da morte". Agradeço também aos mil voluntários que treinamos no Zen Hospice Project. Vocês são o coração do trabalho.

Obrigado às muitas pessoas que participaram de meus retiros e seminários e que estudaram comigo ao longo dos últimos trinta anos. Sua confiança e suas percepções ajudaram em minha formação e fizeram de mim um aluno mais aplicado e um professor melhor.

Obrigado àqueles que me deram permissão para compartilhar seus nomes e histórias, bem como àqueles cujos nomes e detalhes eu mudei para proteger sua privacidade. Vocês todos sabem quem são.

Meu profundo respeito às muitas pessoas que me convidaram a caminhar lado a lado em suas jornadas de perda e luto. E, por fim, agradeço àqueles que me permitiram acompanhá-los na vulnerável encruzilhada da vida com a morte. Vocês são meus verdadeiros mestres.

NOTAS

Página 9 *voar em paz*: NEPO, Mark. *O livro do despertar*. São Paulo: Gente, 2006.

Página 13 *passados adiante sem sequer serem abertos*: RILKE, Reiner Maria. Citação disponível em <https://www.quotemaster.org/q185ab7744462b8269b51d34a5aa5a3ed>.

Página 15 *o amor apaixonado, mais possível*: MAY, Rollo. *Amor e vontade: Eros e repressão*. Petrópolis: Vozes, 1992.

Página 18 *diagnosticados como portadores do HIV*: SAN FRANCISCO DEPARTMENT OF PUBLIC HEALTH. "HIV/AIDS Epidemiology Annual Report 2009". São Francisco: Disponível em <https://www.sfdph.org/dph/files/reports/RptsHIVAIDS/HIVAIDAnnlRpt2009.pdf>.

Página 21 *falecer em casa*: CLOUD, John. "A Kinder, Gentler Death". *Time*, 18 de setembro de 2000. Disponível em <http://content.time.com/time/magazine/article/0,9171,997968,00.html>.

Página 21 *instituições de cuidados paliativos*: CENTERS FOR DISEASE CONTROL AND PREVENTION. "Worktable 309: Deaths by Place of Death, Age, Race, and Sex: United States, 2005". Disponível em <https://www.cdc.gov/nchs/data/dvs/mortfinal2005_worktable_309.pdf>.

Página 25 *tudo, absolutamente tudo, conta*: SOGYAL, Rinpoche. *The Tibetan Book of Days*. Canadá: Harper-Collins, 1996.

Página 26 *verdadeiro a todo momento*: KORNFIELD, Jack. *Um caminho com o coração*. São Paulo: Cultrix, 1997.

Página 27 *tudo é metamorfose*: POPOVA, Maria. "Henry Miller on Art, War, and the Future of Humanity". *Brain Pickings*, 7 de novembro de 2012. Disponível em <https://www.brainpickings.org/2012/11/07/henry-miller-of-art-and-the-future/>.

Página 28 *hoje à noite em Samarra*: MAUGHAM, W. Somerset. *Sheppey*. Londres: W. Heinemann, 1933.

Página 30 *duas vezes no mesmo rio*: PLATÃO. *Cratylus*. The Internet Classics Archive. Disponível em <http://classics.mit.edu/Plato/cratylus.html>.

Página 31 *Rezamos por ela com amor e compaixão*: ABRAMS, Avi. "Creation and Destruction of Sand Mandalas". *Dark Roasted Blend*. Fevereiro de 2014. Disponível em <http://www.darkroastedblend.com/2014/02/creation-and-destruction-of-sand.html>.

Página 34 *libertadora em vez de uma ameaça*: HYMAN, Carol. "Living and Dying: A Buddhist Perspective". *Dharma Haven*. 31 de julho de 2016. Disponível em <http://www.dharma-haven.org/tibetan/mom.htm>.

Página 36 *o próprio desaparecimento gradual*: WHYTE, David. "On Belonging". *Coach's Corner*. Disponível em <http://coachingcounsel.com/awareness/david-whyte-%E2%80%93-on-belonging/>.

Página 46 *quando expiramos*: SUZUKI ROSHI, Shunryu. *Mente zen, mente de principiante*. São Paulo: Palas Athena, 1996.

Página 49 *morrer como um pequenino ser a cada momento*: SUZUKI ROSHI, Shunryu. Transcrição de palestra sobre darma feita pelo San Francisco Zen Center. 23 de março de 1967. Disponível em <http://suzukiroshi.sfzc.org/dharma-talks/tag/time/>.

Página 51 *em meio à escuridão*: SOLOMON, Deborah. "The Priest". *New York Times Magazine*. 4 de março de 2010. Disponível em <http://www.nytimes.com/2010/03/07/magazine/07fob-q4-t.html>.

Página 51 *uma orientação do espírito*: O'KEEFE, Tom. "Hope: An Orientation of the Heart". *Volunteacher*. 26 de janeiro de 2010. Disponível em <https://thevolunteacher.wordpress.com/2010/01/26/hope/>.

Página 52 *que são recursos humanos*: Arrien, Angeles. *O caminho quádruplo: Trilhando os caminhos do guerreiro, do mestre, do curador e do visionário*. São Paulo: Ágora, 1997.

Página 61 *uma atitude permanente*: LUTHER KING JR., Martin. Citação disponível em <http://www.goodreads.com/quotes/57037-forgiveness-is-not-an-occasional-act-it-is-a-constant>.

Página 63 *que a cura se inicie*: REMEN, Rachel Naomi. *Histórias que curam: Conversas sábias ao pé do fogão*. São Paulo: Ágora, 1998.

Página 69 *lei antiga e eterna*: *Dhammapada: A senda da virtude*. Verso 5. São Paulo: Palas Athena, 1985.

Página 75 *agora posso ver a lua*: STYRK, Lucien; IKEMOTO, Takashi (eds. e trad.). *Zen Poetry*. Nova York: Grove Press, 1995.

Página 77 *posso mudar*: ROGERS, Carl. *Tornar-se pessoa*. 6ª ed. São Paulo: Martins Fontes, 2009.

Página 79 *atitude mesquinha e arrogante*: TRUNGPA, Chogyam. *The Collected Works of Chogyam Trungpa*. vol. 5. Boston: Shambhala, 2004.

Página 85 *muito mais longa do que imaginei*: NOUWEN, Henri. *A volta do filho pródigo: A história de um retorno para casa*. São Paulo: Paulinas, 1997.

Página 93 *menos temeroso conforme envelhece*: SCHLESSINGER, Laura. "Heroes or Role Models?". *Dr. Laura Blog*. 11 de agosto de 2011. Disponível em <http://www.drlaura.com/b/Heroes-or-Role-Models/10003.html>.

Página 94 *é precioso*: CHAH, Ajahn. Disponível em <http://nalanda.org.br/chah/agua-parada-correndo>.

Página 95 *na medida do seu próprio ferimento*: JUNG, Carl. *A prática da psicoterapia* (Obra Completa de C. G. Jung). vol. 16/1. Petrópolis: Vozes, 2013.

Página 97 *homossexualidade e abuso infantil*: HEREK, Gregory. "Facts About Homosexuality and Child Molestation". Disponível em <http://facultysites.dss.ucdavis.edu/~gmherek/rainbow/html/facts_molestation.html>.

Página 100 *termina com amor*: TSOKNYI, Rinpoche. Citação disponível em <http://www.azquotes.com/quote/1141464>.

Página 100 *às coisas os próprios encantos*: KINNELL, Galway. "Saint Francis and the Sow". *New Selected Poems*. Nova York: Houghton Mifflin, 2000.

Página 101 *que o amor nos descubra*: O'DONOHUE, John. *Anam Cara: Um livro de sabedoria celta*. Rio de Janeiro: Rocco, 2000.

Página 105 *Nenhuma parte fica de fora*: NO KOMACHI, Ono; SHIKIBU, Izumi; HIRSHFIELD, Jane (trad.). *The Ink Dark Moon*. Nova York: Vintage, 1990.

Página 113 *amendoim para os macacos*: DAVIS, Dorothy Salisbury. *A Gentle Murderer*. Nova York: Open Road, 1951.

Página 123 *atender vem da alma*: REMEN, Rachel Naomi. "Helping, Fixing, or Serving?". *Shambhala Sun*. Setembro de 1999. Disponível em <https://www.lionsroar.com/helping-fixing-or-serving/>.

Página 126 *se você as amar o suficiente*: CLARK, Glenn. *The Man Who Talks with Flowers*. Nova York: Start Publishing, 2012.

Página 129 *a voz interior deles*: O'MARA, Peggy. Citação disponível em <https://www.goodreads.com/author/quotes/30657.PeggyOMara>.

Página 137 *uma forma de autoagressão*: CHÖDRÖN, Pema. *The Wisdom of No Escape*. Boston: Shambhala, 1991.

Página 137 *lidar com a ansiedade básica*: HORNEY, Karen. *Nossos conflitos interiores: Uma teoria construtiva das neuroses*. Rio de Janeiro: Civilização Brasileira, 1959.

Página 138 *quem você realmente é*: BURGESS, Matthew. *Enormous Smallness: A Story of E. E. Cummings*. Nova York: Enchanted Lion Books, 2015.

Página 143 *deve suportar o calor*: FRANKL, Viktor. *Em busca de sentido: Um psicólogo no campo de concentração*. São Leopoldo, RS; Petrópolis, RJ: Sinodal/Vozes, 2016.

Página 145 *espaço para que sejam eles mesmos*: ALMAAS, A. H. *The Unfolding Now*. Boston: Shambhala, 2008.

Página 150 *se assemelhava tanto ao medo*: LEWIS, C. S. *A anatomia de uma dor: Um luto em observação*. São Paulo: Vida, 2006.

Página 159 *Se você deseja ser feliz, pratique a compaixão*: DALAI LAMA; CUTLER, Howard C. *A arte da felicidade: Um manual para a vida*. São Paulo: Martins Fontes, 2000.

Página 161 *só a bondade faz sentido*: NYE, Naomi Shihab. "Kindness, in Words". *Words Under the Words: Selected Poems*. Portland, Oregon: Far Corner Books, 1995.

Página 161 *de amor e compaixão*: DALAI LAMA. *Uma ética para o novo milênio: Sabedoria milenar para o mundo de hoje*. Rio de Janeiro: Sextante, 2006.

Página 163 *quando quiserem*: ROGERS, Carl. *Um jeito de ser*. São Paulo: E.P.U., 1983.

Página 167 *pessoa que acreditávamos ser*: GLASSMAN, Bernie. "Dharma Talk: Bearing Witness". *Zen Peacemakers*. Disponível em <https://zenpeacemakers.org/bernie-glassman/>.

Página 169 *apenas aparentemente diferentes*: FISCHER, Norman. *Training in Compassion: Zen Teachings on the Practice of Lojong*. Boulder, Colorado: Shambahala, 2013.

Página 172 *tudo no Universo*: MUIR, John. *My First Summer in the Sierra*. Boston: Houghton Mifflin, 1911.

Página 173 *como amamos estar*: WHYTE, David. *Consolations*. Langley, Washington: Many Rivers Press, 2015.

Página 175 *oceano infinito de samsara*: SOGYAL, Rinpoche. "Natural Great Peace". Disponível em <http://inthefootstepsofthebuddha.com/natural-great-peace/>.

Página 176 *o momento seguinte*: PAREL, Anthony J. *Gandhi, Freedom, and Self-Rule*. Lanham, Maryland: Lexington Books, 2000.

Página 176 *acesso a seu telefone*: LANG, Marissa. "Smartphone Overuse Is Someone Else's Problem, Study Finds". *SF Gate*. 22 de junho de 2016. Disponível em <http://www.sfgate.com/business/article/Smartphone-overuse-is-someone-else-s-problem-8316381.php>.

Página 178 *a terra ao redor*: ARRIEN, Angeles. *The Second Half of Life: Opening the Eight Gates of Wisdom*. Boulder, Colorado: Sounds True, 2007.

Página 185 *quieto no seu canto*: PASCAL, Blaise; KRAILSHEIMER, A. J. (trad.). *Human Happiness*. Londres: Penguin, 1966.

Página 189 *No meu fim está o meu começo*: ELIOT, T. S. *Quatro quartetos*. Rio de Janeiro: Civilização Brasileira, 1967.

Página 192 *narinas da nova criatura*: BÍBLIA ONLINE. "Gênesis 2:7". Disponível em <https://www.bibliaonline.com.br/acf/gn/2>.

Página 192 *nos deixa sem teto*: O'DONOHUE, John. *Ecos eternos: Explorando a nossa ânsia de integração*. Rio de Janeiro: Rocco, 2001.

Página 193 *descansou do trabalho realizado*: BÍBLIA ONLINE. "Gênesis 2:3". Disponível em <https://www.bibliaonline.com.br/acf/gn/2>.

Página 197 *feito as pazes com ela*: FOSSELLA,Tina. "Human Nature, Buddha Nature: On Spiritual Bypassing, Relationship, and the Dharma. An interview with John Welwood". Disponível em <http://www.johnwelwood.com/articles/TRIC_interview_uncut.pdf >.

Página 199 *melhor maneira de controlá-la*: SUZUKI ROSHI, Shunryu. *Mente zen, mente de principiante*. São Paulo: Palas Athena, 1996.

Página 199 *à dor e à perda*: COHEN, Darlene. Citação disponível em <http://darlenecohen.net/quotes.html>.

Página 200 *com o mesmo título*: KORNFIELD, Jack. *Depois do êxtase, lave a roupa suja: Como o coração fica mais sábio no caminho espiritual*. São Pulo: Cultrix, 2006.

Página 201 *o coração o atravessa*: KORNFIELD, Jack. *Psicologia do amor: Ensinamentos universais para a busca da verdadeira felicidade*. São Paulo: Cultrix, 2010.

Página 201 *perdem o sentido*: MILOSZ, Czeslaw (ed.). *A Book of Luminous Things*. Orlando: Harcourt, 1996.

Página 201 *entre as notas*: VALLAS, Léon. *Claude Debussy: His Life and Works*. Londres: Oxford University Press, 1933.

Página 203 *não ter mais medo*: LORDE, Audre. Citação disponível em <https://www.goodreads.com/quotes/123813-i-realize-that-if-i-wait-until-i-am-no>.

Página 204 *desarmar toda hostilidade*: LONGFELLOW, Henry Wadsworth. *The Works of Henry Wadsworth Longfellow*. vol. 7. Boston: Houghton, Mifflin, 1885.

Página 212 *como se fossem meus filhos*: "'Hero' Teacher Stopped Shooting with Hug". *ABC News*. 16 de março de 2006. Disponível em <http://abcnews.go.com/GMA/story?id=1732518&page=1>.

Página 215 *convido para o chá*: DASS, Ram. Citação disponível em <https://www.ramdass.org/ram-dass-quotes/>. 2 de abril de 2015.

Página 215 *verá o ambiente com desconfiança*: WINNICOTT, D. W. *A criança e o seu mundo*. Rio de Janeiro: Zahar, 1985.

Página 216 *espalhando amor pelo mundo*: RUTTENBERG, Danya. *Nurture the Wow*. Nova York: Flatiron Books, 2016.

Página 217 *se não estiver aberta*: DEWAR, Lorde Thomas. Citação disponível em <https://www.brainyquote.com/quotes/quotes/t/thomasdewa142165.html>.

Página 218 *há poucas*: SUZUKI ROSHI, Shunryu. *Mente zen, mente de principiante*. São Paulo: Palas Athena, 1996.

Página 223 *acaba se tornando falsa*: PAUL, Maria. "Your Memory Is Like the Telephone Game". 19 de setembro de 2012. Disponível em <http://www.northwestern.edu/newscenter/stories/2012/09/your-memory-is-like-the-telephone-game.html>.

Página 229 *Alzheimer em liberdade*: KORNFIELD, Jack. *Psicologia do amor: Ensinamentos universais para a busca da verdadeira felicidade*. São Paulo: Cultrix, 2010.

Página 231 *Minha vida flui entre os dois*: DAVIDSON, Dasarath. *Freedom Dreams*. San Diego: Book Tree, 2003.

Página 237 *não reconhecemos a não dualidade*: WELWOOD, Jennifer. "Nonduality and the Psychodynamics of Samsara". Disponível em <http://jenniferwelwood.com/writings/>.

Página 238 *É só isso*: ROSENBERG, Larry. *Breath by Breath*. Boston: Shambhala, 1998.

Página 241 *o que você faz é sagrado*: HAFIZ; LADINSKY, Daniel (trad). *The Gift*. Nova York: Penguin Compass, 1999.

Página 242 *também estamos nela*: HANH, Thich Nhat. "The Fullness of Emptiness". *Lion's Roar*. 6 de agosto de 2012. Disponível em < https://www.lionsroar.com/the-fullness-of--emptiness/>.

Página 244 *eu não sabia*: BÍBLIA ONLINE. "Gênesis 28:16". Disponível em <https://www.bibliaonline.com.br/acf/gn/28>.

Página 245 *dimensões espirituais da morte*: NATHAN CUMMINGS FOUNDATION; FETZER INSTITUTE. "Spiritual Beliefs and the Dying Process: A Report on a National Survey". Princeton, Nova Jersey: George H. Gallup International Institute, 1997.

Página 246 *sofrimento injustificado*: FRANKL, Viktor. *Em busca de sentido: Um psicólogo no campo de concentração*. São Leopoldo, RS; Petrópolis, RJ: Sinodal/Vozes, 2016.

Página 248 *grande silêncio*: MACHADO, Antonio; BLY, Robert (trad.). *Times Alone*. Middletown, Connecticut: Wesleyan University Press, 1983.

Página 253 *Não volte a dormir*: MOYNE, John; BARKS, Coleman. *Open Secret*. Boston: Shambhala, 1999.

Página 255 *e eu lia* Japanese Death Poems: HOFFMAN, Yoel (comp.). *Japanese Death Poems*. Tóquio: Tuttle, 1986.

CONHEÇA OUTROS TÍTULOS DA EDITORA SEXTANTE:

Propósito

Sri Prem Baba

Por que existimos? Qual é a nossa missão durante esta vida? Sri Prem Baba é um mestre em ensinar o caminho do amor que renova os fundamentos da existência e pode alterar os rumos da vida pessoal e coletiva. O líder humanitário afirma que "não somos uma gota d'água no oceano", pois "o amor nos faz ser o próprio oceano". Também explica que a paisagem interna deverá ser esquadrinhada para que possamos discernir amorosamente qual é o nosso papel no mundo.

O livro está dividido em sete partes. Ao longo das seis primeiras, que tratam do nascimento à transcendência, o leitor encontrará as coordenadas para fazer a própria viagem interior. Na sétima, aprenderá as chaves práticas que vão guiar suas descobertas rumo ao despertar do amor.

O QUE O CÂNCER ME ENSINOU

Sophie Sabbage

Em outubro de 2014, aos 48 anos, Sophie Sabbage foi diagnosticada com câncer de pulmão e ouviu do médico um conselho: "Não se torne uma paciente. Viva a sua vida." Após um primeiro momento de pânico, aquelas palavras definiram a forma como viveria a partir de então.

Determinada a entender sua doença e a agir de acordo com o que se passava em seu corpo, Sophie leu, pesquisou, ouviu especialistas e decidiu aliar a medicina convencional a terapias complementares. Tomou as rédeas de seu tratamento e recusou-se a olhar para si mesma como vítima.

Nesse processo, descobriu que é possível conviver com o medo, a raiva e a tristeza de maneira saudável, sem se desesperar ou se voltar para o falso pensamento positivo. Aprendeu a preservar sua autonomia e a viver com intensidade, um dia de cada vez.

Em *O que o câncer me ensinou*, Sophie compartilha o resultado das pesquisas que fez, os tratamentos que testou, as lições que aprendeu, as mudanças que implementou e a maneira extraordinária como vem enfrentando a doença.

Com um olhar profundo e sensível, este livro leva a uma maior compreensão sobre o câncer, sobre como viver com ele e fortalecer sua capacidade de encará-lo com coragem, criatividade e gratidão.

A MORTE COMO DESPERTAR

Rajiv Parti com Paul Perry

Chefe de equipe de anestesia de um hospital, Dr. Rajiv Parti só pensava em trabalho, sucesso e dinheiro.

Até que um dia, ao ser operado, ele se viu sendo conduzido ao inferno, onde reencontrou seu pai e compreendeu a origem do ciclo de violência que assombrava sua família e que ele reproduzia com o filho.

Dois arcanjos então apareceram e lhe deram uma missão: libertar-se do materialismo, abandonar a carreira e dedicar-se à medicina espiritual, levando cura e conforto aos que sofrem de dependência, depressão, dores crônicas e câncer.

Quando despertou, Rajiv era um novo homem. Não foi fácil largar o status e a vida confortável que tinha, mas não havia outro caminho senão seguir aquele profundo chamado.

Compartilhando lições sobre o céu, o inferno, os anjos e a vida após a morte, esta emocionante história real nos faz compreender o que realmente importa aqui na Terra.

Uma prova do céu

Dr. Eben Alexander III

Cético, defensor da lógica científica e neurocirurgião há mais de 25 anos, o Dr. Eben Alexander viu sua vida virar do avesso quando passou por uma experiência que ele mesmo considerava impossível.

Vítima de uma meningite bacteriana grave, ficou em coma por sete dias. Enquanto os médicos tentavam controlar a doença, algo extraordinário aconteceu.

Eben embarcou numa jornada por um mundo completamente estranho. Sem consciência da própria identidade, foi mergulhando cada vez mais fundo nessa realidade difusa, onde conheceu seres celestiais e fez descobertas transformadoras sobre a existência da vida após a morte e a profunda relação que todos nós temos com Deus.

Quando os médicos já pensavam em suspender seu tratamento, o inesperado aconteceu: seus olhos se abriram. Ele estava de volta. Mas nunca mais seria o mesmo.

Aquela experiência o levou a questionar tudo em que acreditava até então. Afinal, como neurocirurgião, ele sabia que o que vivenciou não poderia ter sido uma mera fantasia produzida por seu cérebro, que estava praticamente destruído.

Analisando as evidências à luz dos conhecimentos científicos, o Dr. Eben decidiu compartilhar essa incrível história para mostrar que ciência e espiritualidade podem – e devem – andar juntas.

Narrado com o fascínio de um paciente que visitou o outro lado e com a objetividade de um médico que tenta comprovar a veracidade de sua experiência, este é um livro emocionante sobre a cura física e espiritual e a vida que se esconde nas diversas dimensões do Universo.